ひょうと　グラフ

なまえ　2 年　　組

答え→153 ページ　　月　　日

時間 20 分　合かく 80 点　とく点　　点

算数
生活
国語
答え

1　2 人で　じゃんけんを　しました。 (50 点《てん》) 1 つ 10

回《かい》	1	2	3	4	5	6	7	8	9	10
あきら	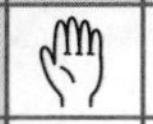				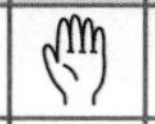			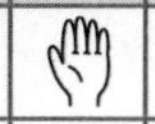		
たけし				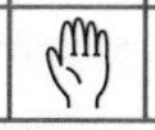						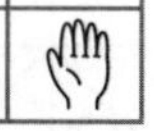

(1) 1 回目に　かったのは　だれですか。

[　　　　　]

(2) あいこに　なったのは，何《なん》回目ですか。[　　　]回目

(3) あきらさんの　せいせきを，かちは　○，まけは　×，あいこは　△で，ひょうに　かきましょう。

回	1	2	3	4	5	6	7	8	9	10
あきら										

(4) あきらさんの　せいせきを，右の　グラフに　○で　あらわしましょう。

かち	まけ	あいこ

(5) あきらさんは　何回　かちましたか。[　　　]回

2　すきな　くだものを　しらべて，絵《え》に　しました。

(50 点) 1 つ 25

(1) えらんだ　人数《にんずう》を，下の　ひょうに　かきましょう。

くだもの	いちご	りんご	みかん	ぶどう	メロン
人数（人）					

(2) えらんだ　人数を，右の　グラフに　○を　つかって　あらわしましょう。

いちご	りんご	みかん	ぶどう	メロン

色《いろ》いたの 数《かず》①

答え→153ページ　月　日

もんだい　色《いろ》いたの 数《かず》を 数《かぞ》えましょう。

目ひょう時間　4分《ぷん》

むきは ちがっても ◣と
同《おな》じ 色いたの 数を
数えるよ。

(1)

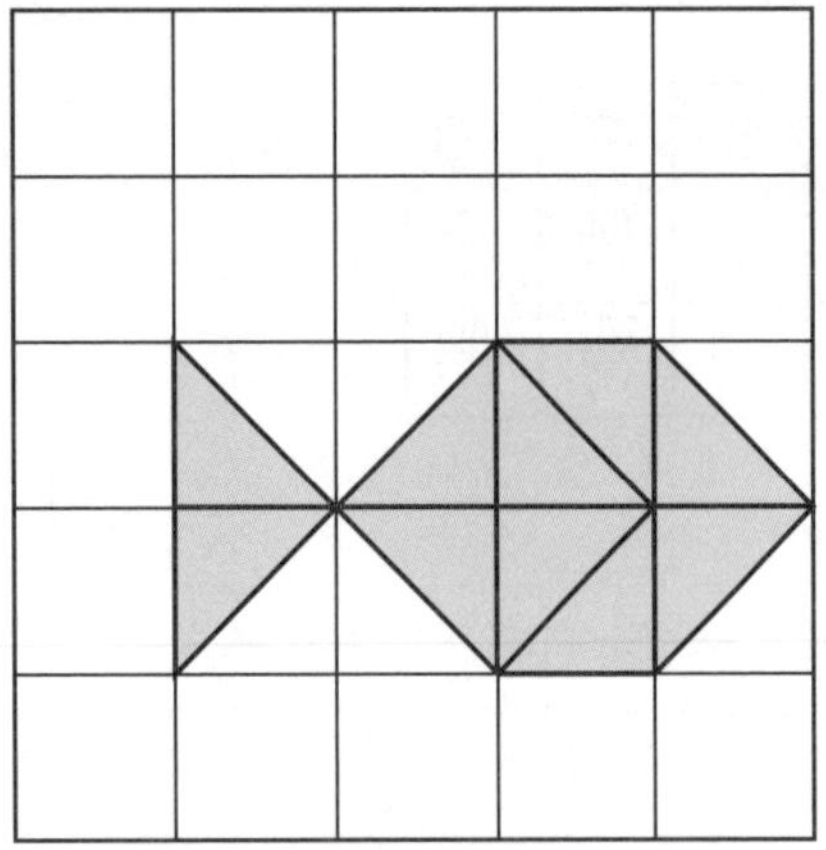

[　　]まい

(2)

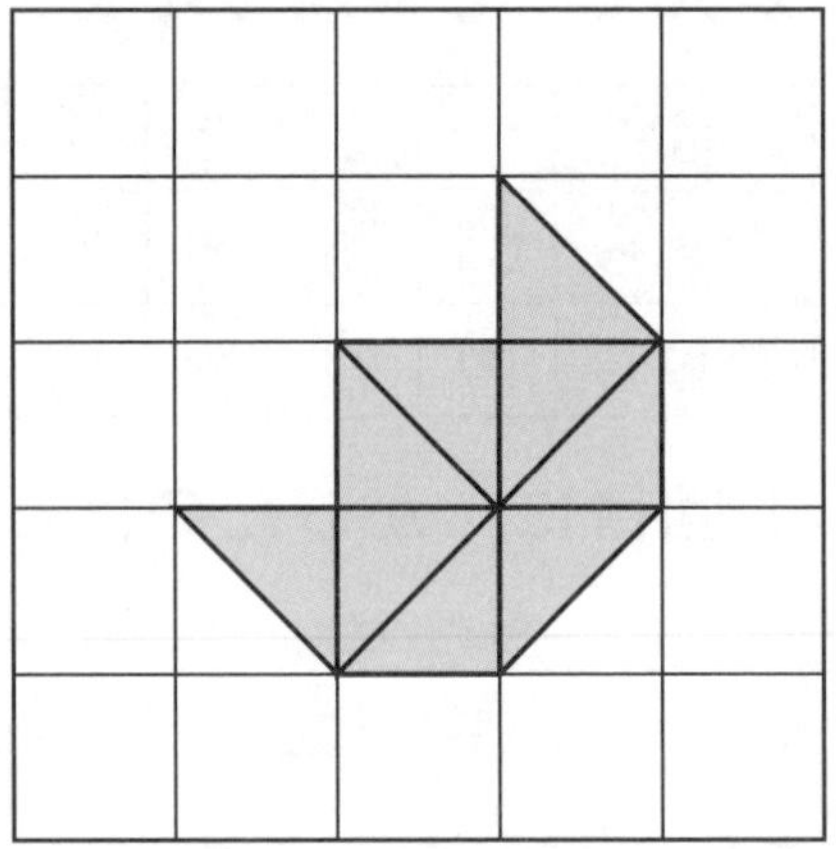

[　　]まい

(3)

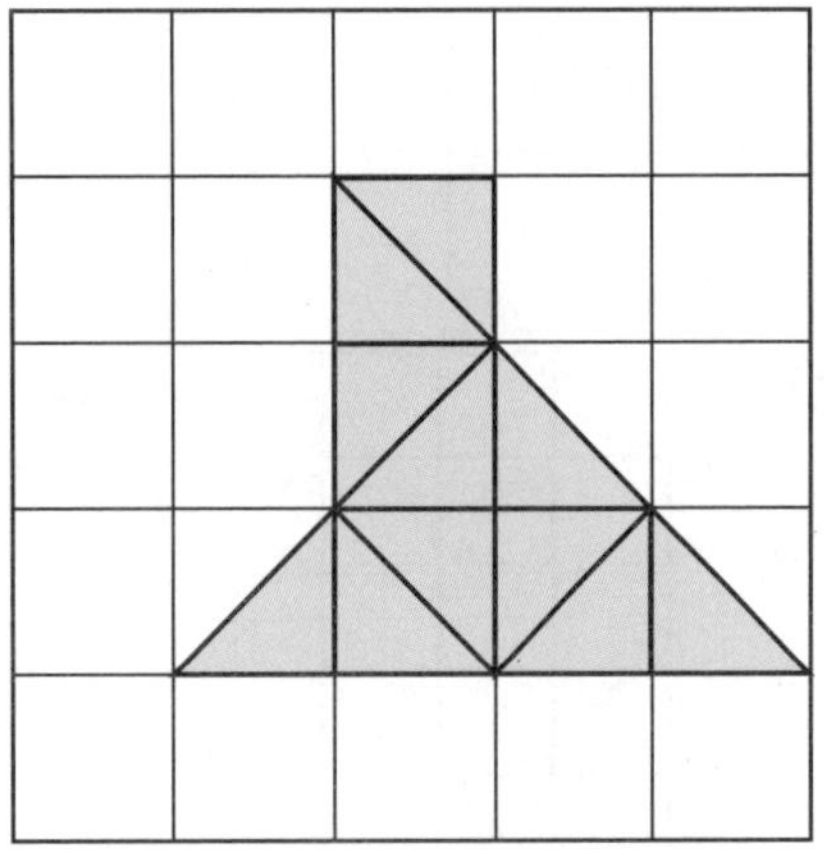

[　　]まい

(4)

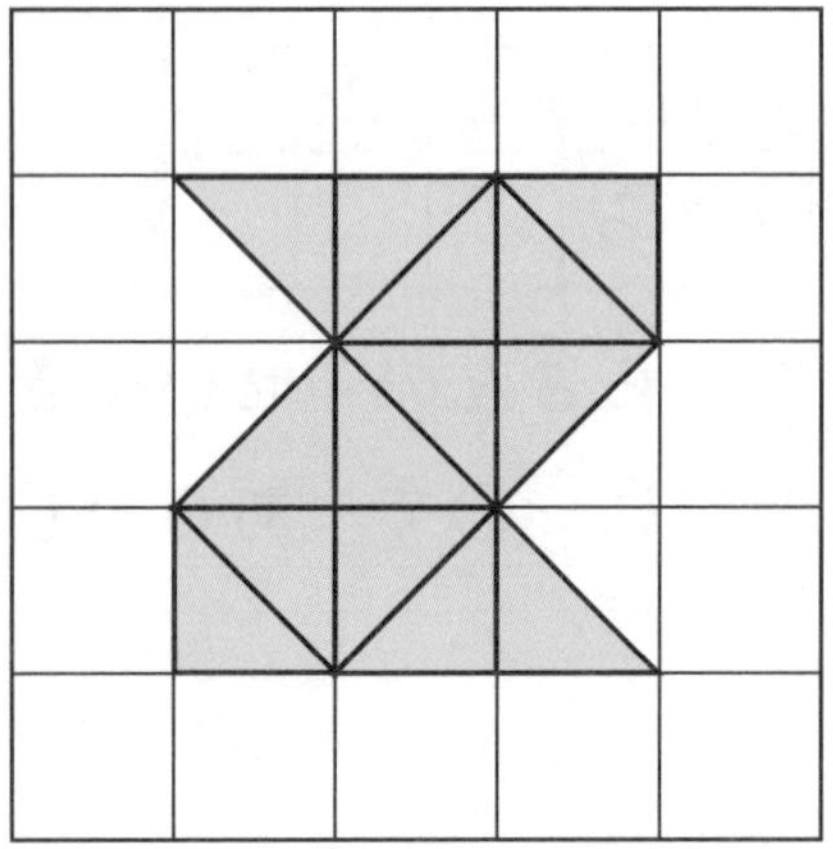

[　　]まい

たし算《ざん》 ①

シール

なまえ　2年　組

答え→153ページ　月　日

時間 20分　合かく 80点　とく点　点

1 □に　あてはまる　数《かず》を　書《か》きましょう。（20点《てん》）1つ4

（23＋14 の　計算《けいさん》の　しかた）

23 は，20 と　3

14 は，10 と □

□ と □ で，30

3 と □ で，7

30 と　7 で，答《こた》えは □

2 たし算《ざん》を　ひっ算で　しましょう。（30点）1つ10

(1) 27＋41

＋		

(2) 59＋14

＋		

(3) 8＋72

＋		

3 たし算を　しましょう。（40点）1つ5

(1)
```
  18
+ 21
```

(2)
```
  35
+ 40
```

(3)
```
  19
+ 34
```

(4)
```
  63
+ 17
```

(5)
```
  28
+ 65
```

(6)
```
  72
+ 18
```

(7)
```
  29
+ 52
```

(8)
```
  85
+  5
```

4 みゆさんは　本を，きのうは　27 ページ，今日《きょう》は　46 ページ　読《よ》みました。あわせて　何《なん》ページ　読みましたか。（10点）

（しき）

（答え）□ページ

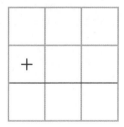

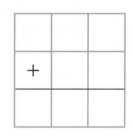

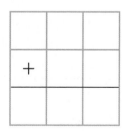

形《かたち》づくり（つなぐ）①

答え→153ページ
月　日

もんだい　点《てん》と　点を　直線《ちょくせん》で　つないで，左の　形《かたち》と　同《おな》じ　形を　かきましょう。

目ひょう時間　3分《ぷん》

(1)

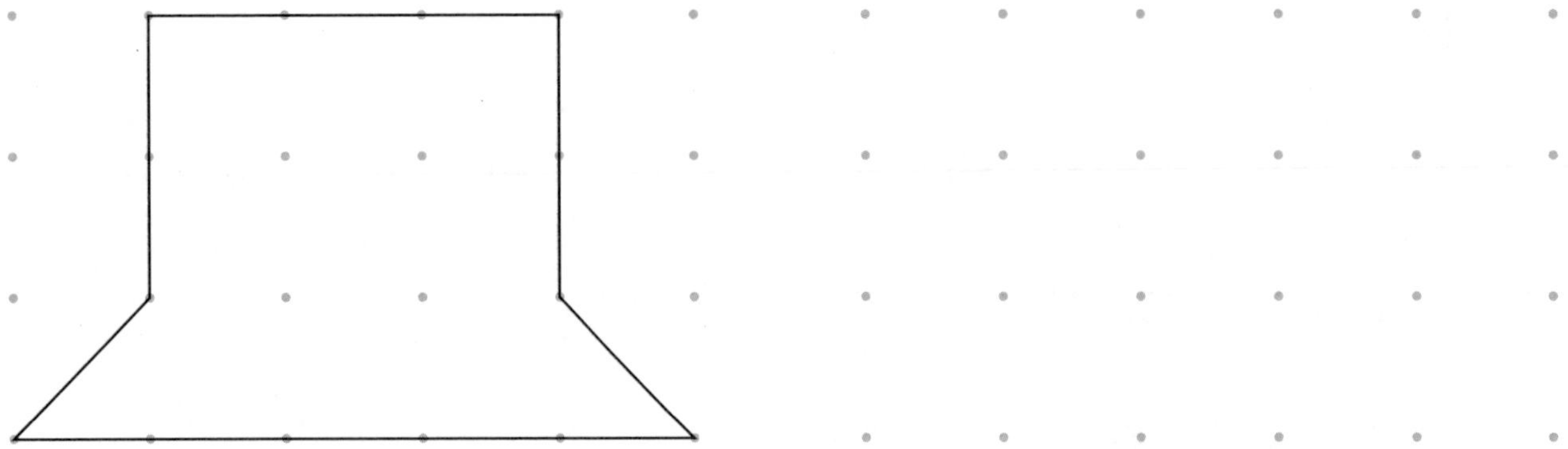

(2)

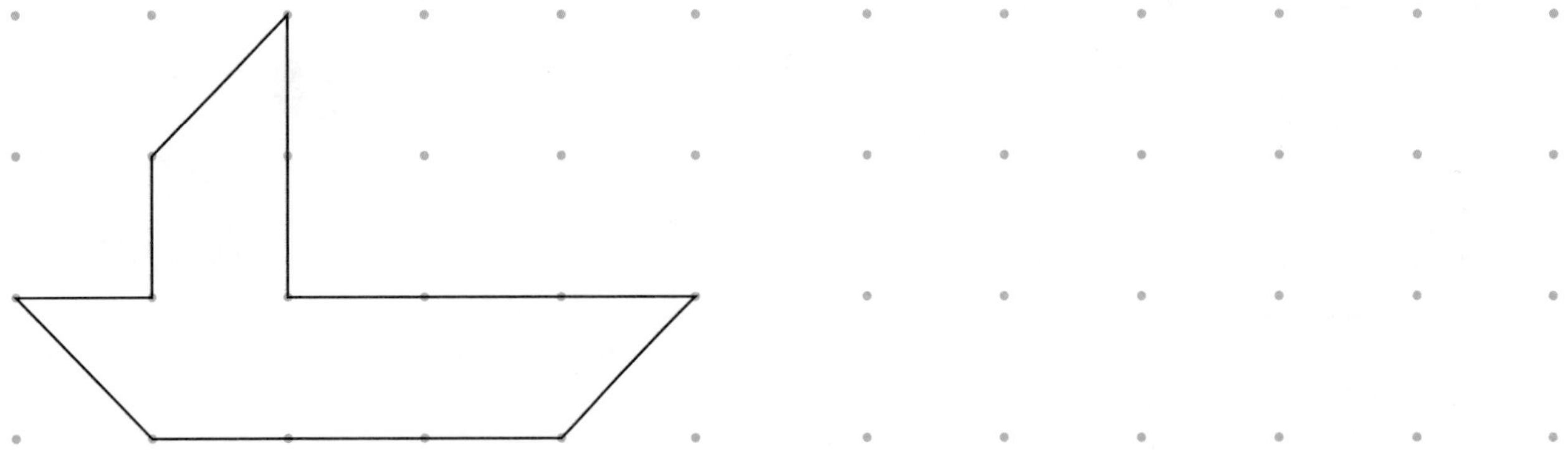

ひき算《ざん》 ①

シール

なまえ　2年　組

答え→153ページ　月　日

時間 20分　合かく 80点　とく点　点

1 □に　あてはまる　数《かず》や　ことばを　書《か》きましょう。(20点《てん》) 1つ4

$$\begin{array}{r} 97 \\ -\ 38 \\ \hline 59 \end{array}$$

(1) □のくらいから　計算《けいさん》します。

(2) 7から　8は　ひけないので，□の
くらいから　1　くり下げます。

(3) □−8＝9

(4) □のくらいの　計算は，1　くり下げたので，
□−3＝5

2 ひき算《ざん》を　ひっ算で　しましょう。(30点) 1つ10

(1) 78−15　(2) 32−4　(3) 86−80

−		

−		

−		

3 ひき算を　しましょう。(40点) 1つ5

(1) $\begin{array}{r} 79 \\ -\ 40 \\ \hline \end{array}$　(2) $\begin{array}{r} 59 \\ -\ 14 \\ \hline \end{array}$　(3) $\begin{array}{r} 86 \\ -\ 81 \\ \hline \end{array}$

(4) $\begin{array}{r} 93 \\ -\ 43 \\ \hline \end{array}$　(5) $\begin{array}{r} 67 \\ -\ 39 \\ \hline \end{array}$　(6) $\begin{array}{r} 80 \\ -\ 18 \\ \hline \end{array}$

(7) $\begin{array}{r} 52 \\ -\ \ 6 \\ \hline \end{array}$　(8) $\begin{array}{r} 26 \\ -\ 18 \\ \hline \end{array}$

4 色紙《いろがみ》が　81まい　ありました。そのうち　47まい　つかいました。
何《なん》まい　のこって　いますか。(10点)

(しき)

(答《こた》え) □まい

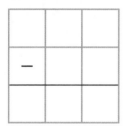

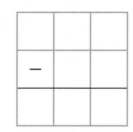

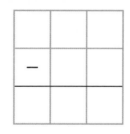

さいころの 目の 数《かず》①

答え→153ページ　月　日

もんだい　さいころの むかい合《あ》った 面《めん》の 目の 数《かず》を たすと 7に なります。色《いろ》の ついた 面の 目の 数は いくつですか。

目ひょう時間　5分《ふん》

(1)
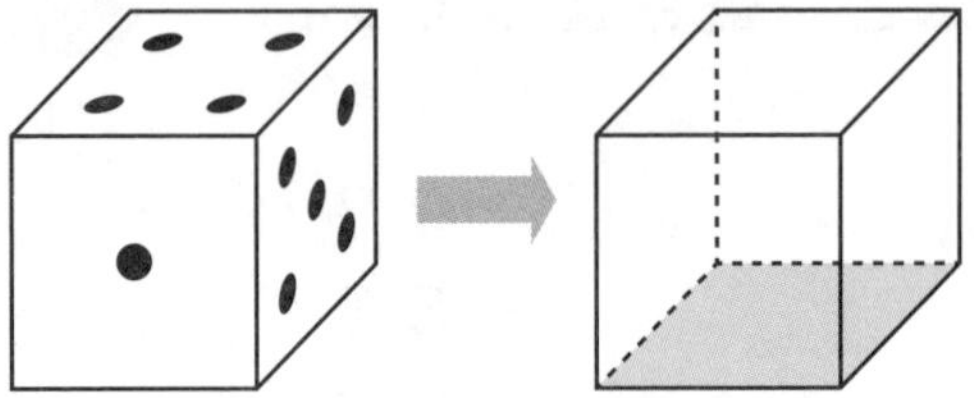
[　　]

(2)
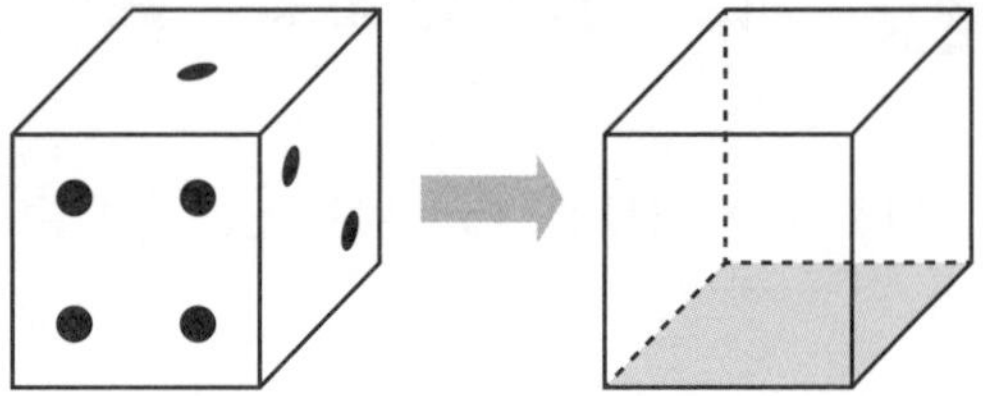
[　　]

(3)
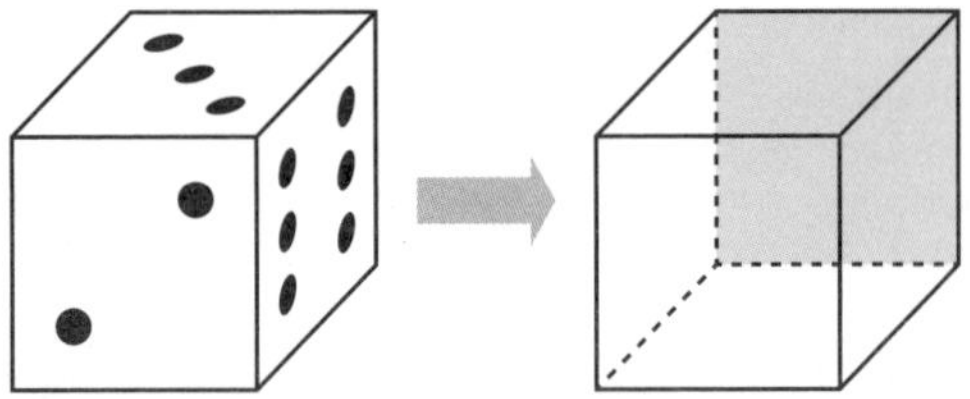
[　　]

(4)
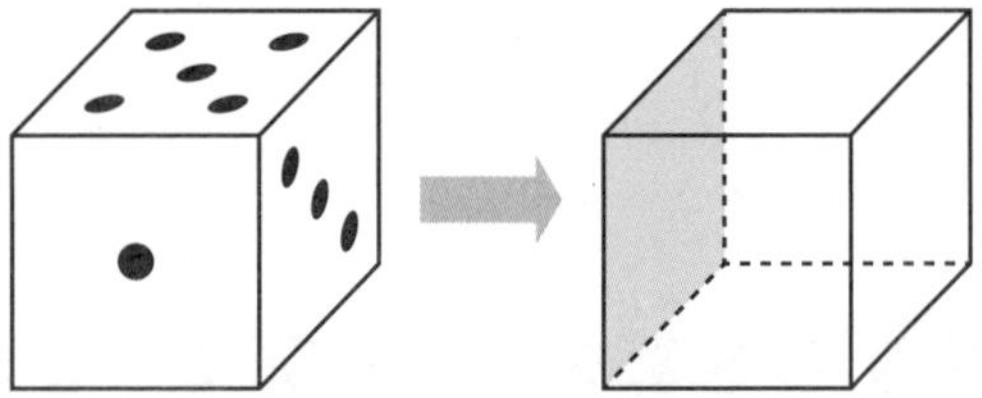
[　　]

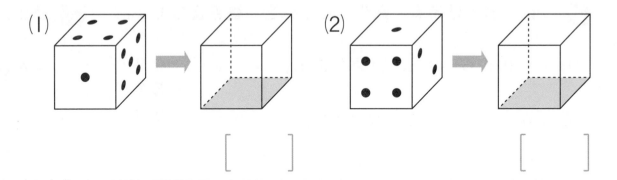

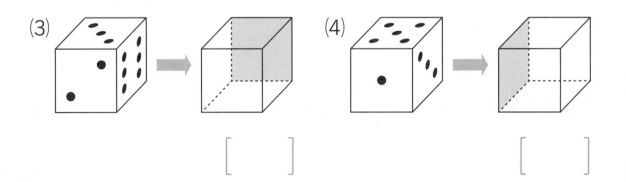

たし算《ざん》と　ひき算　①

シール

なまえ　2年　　組

答え→153ページ　　月　　日

時間 25分　合かく 80点　とく点　　点

1 図《ず》の　□を　だす　しきを　書《か》きましょう。（40点《てん》）1つ10

(1)

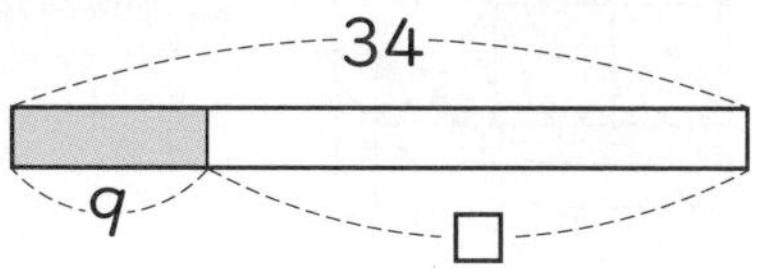
34
9
□

[　　　　]

(2)

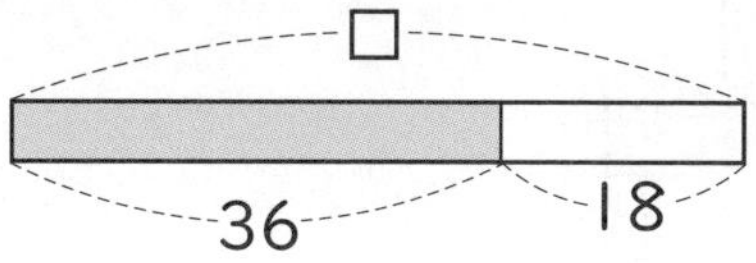
□
36
18

[　　　　]

(3)

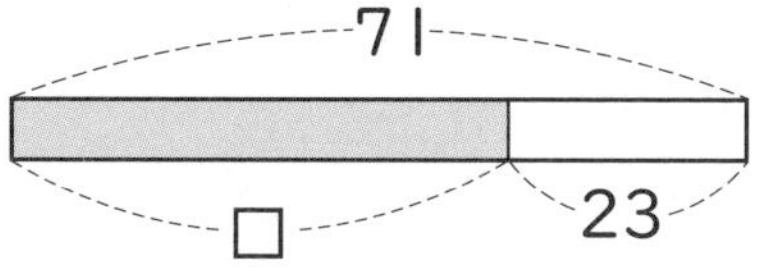
71
□
23

[　　　　]

(4)

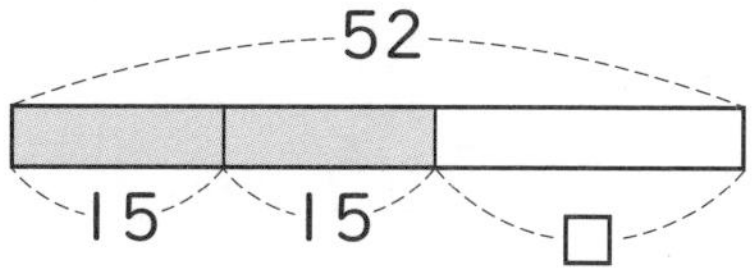
52
15
15
□

[　　　　]

2 まさとさんは，色紙《いろがみ》で　つるを　8こ　おりました。いままでに　おったのと　あわせると，35こに　なります。つるは，はじめに　何《なん》こ　ありましたか。（図を　かいて，答《こた》えを　だしましょう。）（15点）

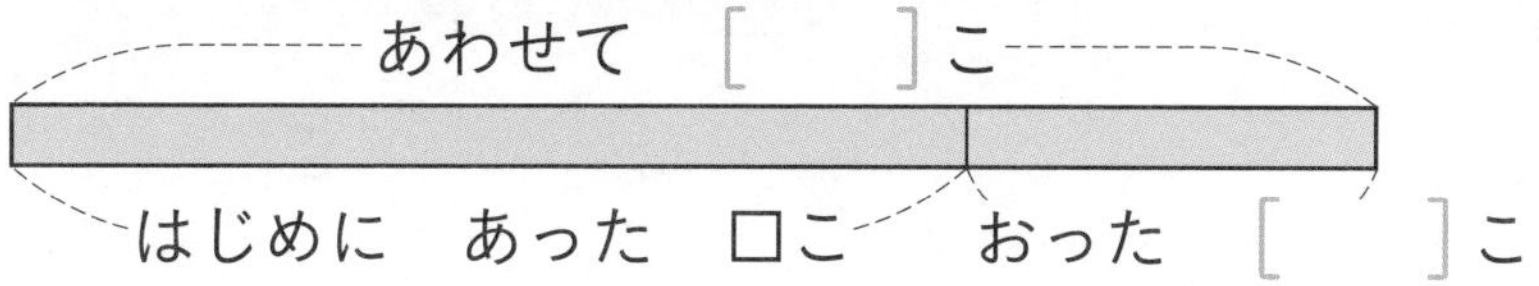
あわせて [　]こ
はじめに　あった　□こ
おった [　]こ

（しき）

（答え）□こ

3 バスに　34人　のって　いました。バスていで　何人かが　おりたので，いま　27人　のって　います。おりたのは　何人ですか。（15点）

（しき）

（答え）□人

4 みほさんは　シールを　妹《いもうと》に　13まい　あげました。のこりを　数《かぞ》えたら　29まい　ありました。みほさんは　はじめに　何まい　もって　いましたか。（15点）

（しき）

（答え）□まい

チャレンジ

5 3人で　おはじきとりを　しました。はる子さんは　23こ，なつ子さんは　19こ　とりました。あき子さんの　とったのと　あわせると，ぜんぶで　60こです。あき子さんは　何こ　とりましたか。（15点）

（しき）

（答え）□こ

思考力《しこうりょく》トレーニング

算数 ④

同《おな》じ　形《かたち》の　つみ木の　数《かず》 ①

答え→153ページ

月　　日

もんだい　同《おな》じ　形《かたち》の　つみ木を　ならべました。
つみ木の　数《かず》を　数《かぞ》えましょう。

目ひょう時間　5分《ふん》

(1)

[　　]こ

(2)

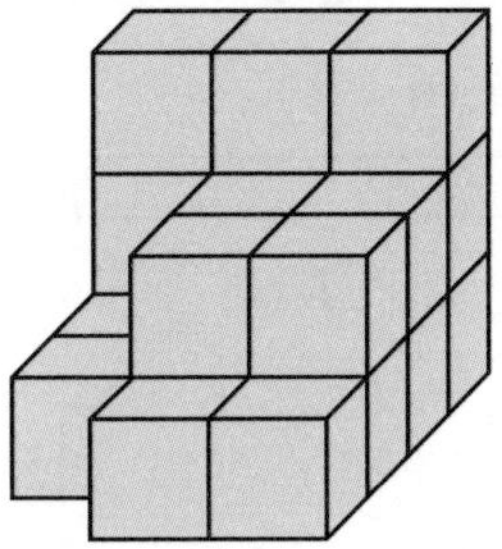

[　　]こ

見えない　つみ木は
いくつ　あるかな。

(3)

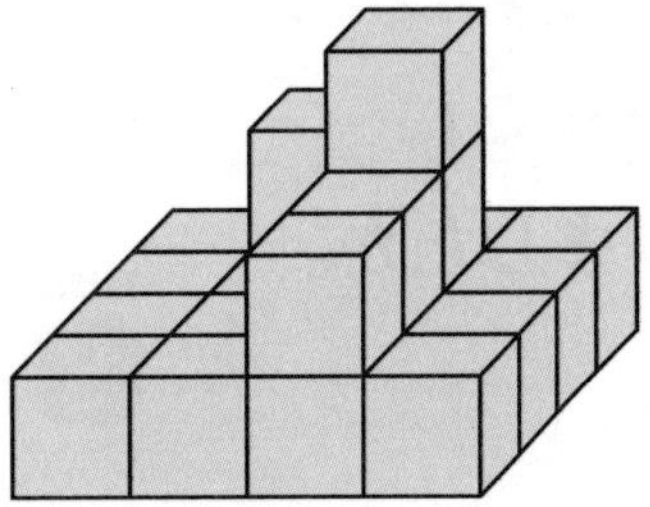

[　　]こ

(4)

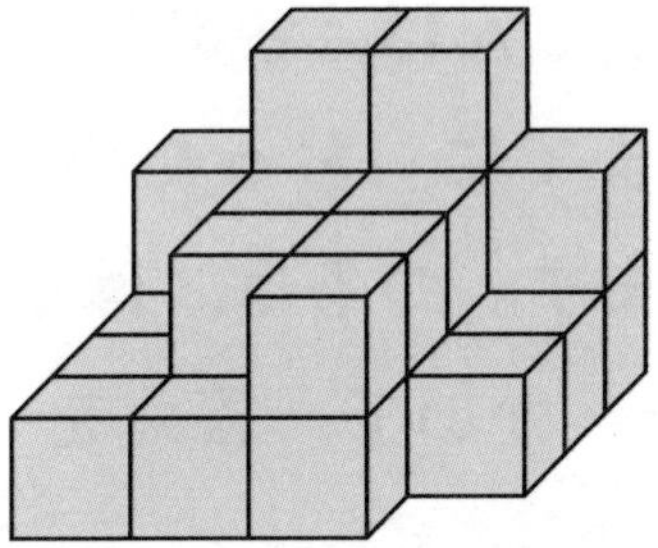

[　　]こ

1000までの 数《かず》 ①

シール

なまえ 2年 組

答え→153ページ

月 日

時間 20分 合かく 80点 とく点 点

1 ぼうの 数《かず》を，数字《すうじ》で 書《か》きましょう。(8点《てん》) 1つ4

(1)

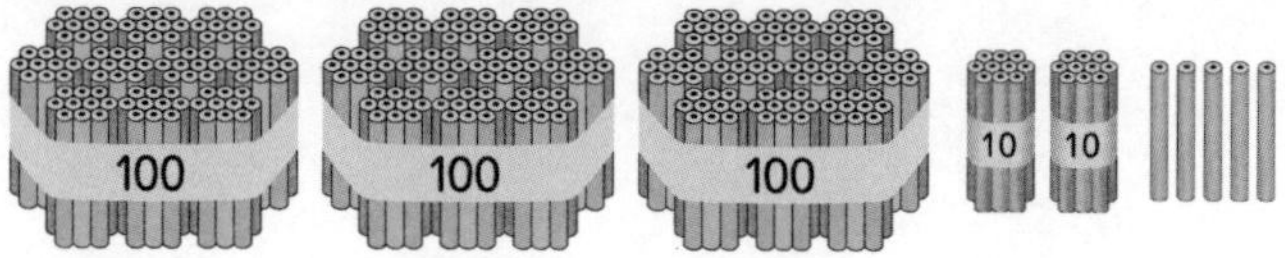

100
100
100
10
10

[ ]

(2)

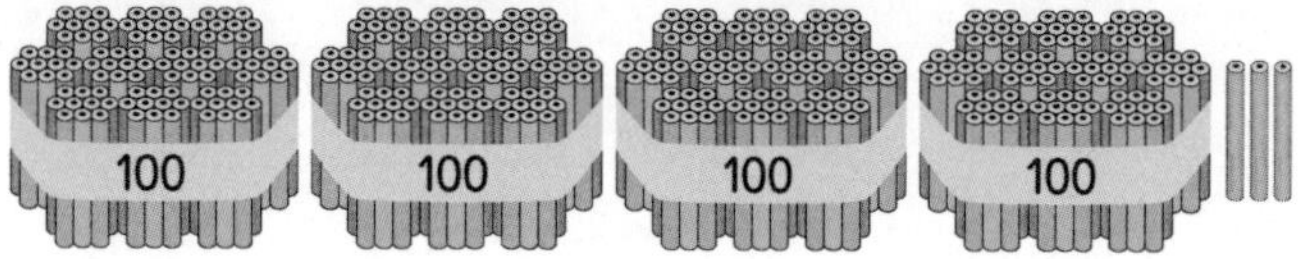

100
100
100
100

[ ]

2 数字で 書きましょう。(16点) 1つ4

(1) 八百十六 (2) 九百九 (3) 二百五十 (4) 四百

[ ] [ ] [ ] [ ]

3 □に あてはまる 数を 書きましょう。(36点) 1つ3

(1) 465 は，100 を □ つと，10 を □ つと，1 を □ つ あわせた 数です。

(2) 350 は，10 を □ あつめた 数です。

(3) 698 ― □ ― □ ― □ ― 702 ― 703

(4)

370
380
390
430

(5) 998 より 2 大きい 数は □

(6) 1000 より 20 小さい 数は □

4 □に あてはまる >，<，=を 書きましょう。(10点) 1つ5

(1) 398 □ 401

(2) 900 □ 970−70

5 つぎの 計算《けいさん》を しましょう。(30点) 1つ5

(1) 90+50

(2) 150−70

(3) 500+60

(4) 503−3

(5) 300+400

(6) 1000−200

形《かたち》づくり（つなぐ）②

答え→154ページ　月　日

もんだい　点《てん》と　点を　直線《ちょくせん》で　つないで，左の　形《かたち》と　同《おな》じ　形を　かきましょう。

目ひょう時間　3分《ぷん》

(1)

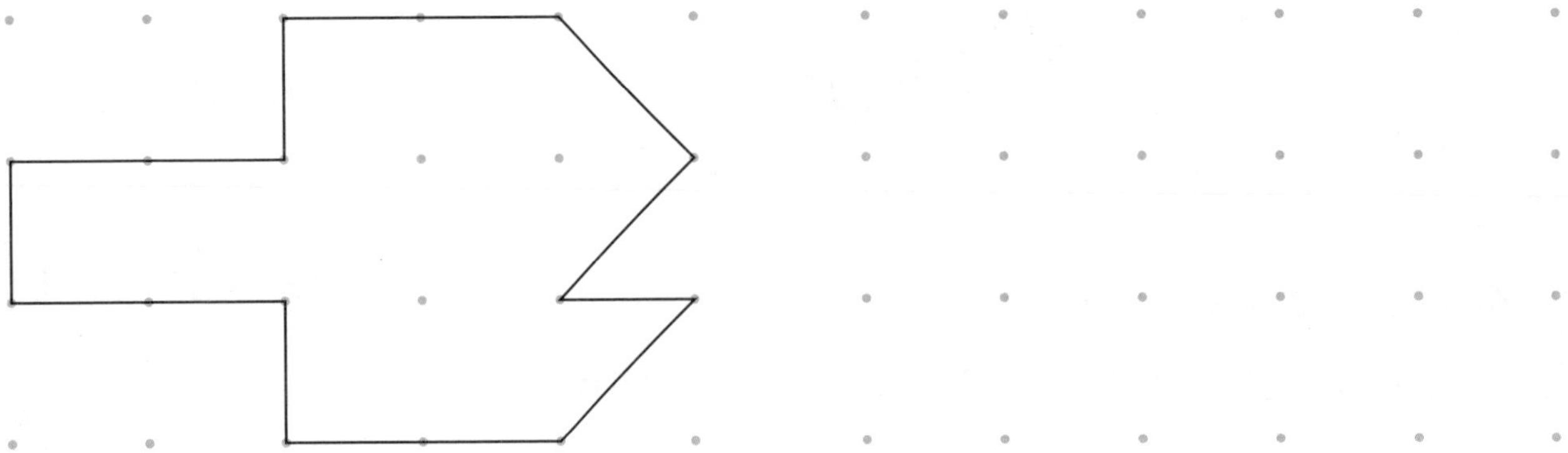

(2)

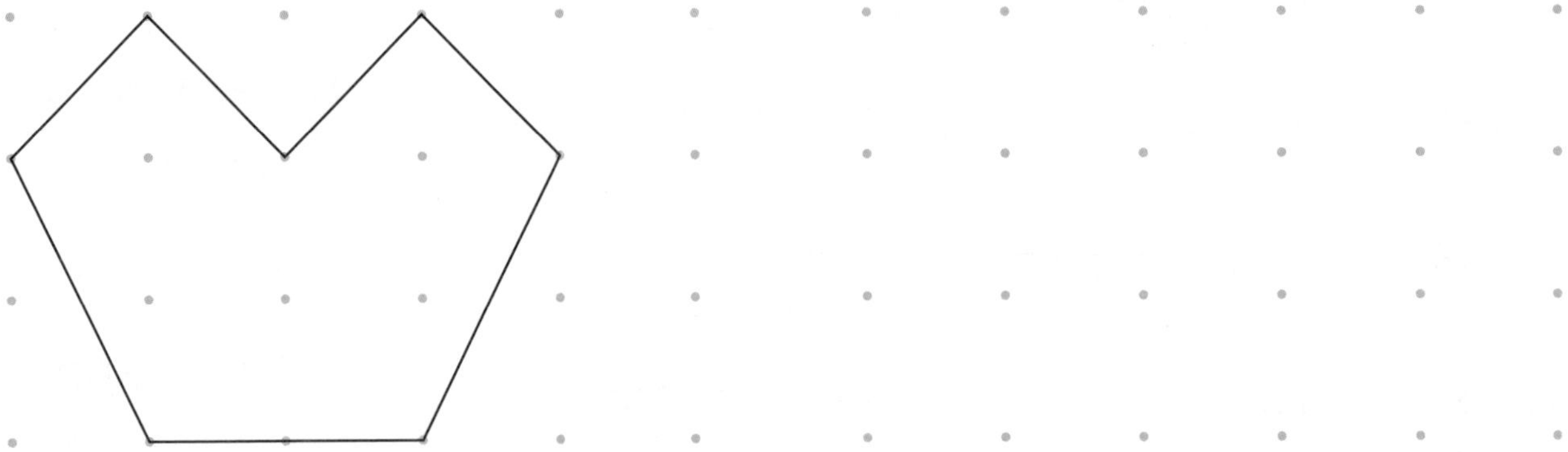

つなぐ　点の　数《かず》に
気を　つけよう。

1000までの 数《かず》 ②

シール

なまえ　2 年　組

答え→154 ページ　月　日

時間 20分　合かく 80点　とく点　点

1 □に あてはまる 数《かず》を 書《か》きましょう。(40点《てん》) 1つ5

(1) 100 が　7 こと，　1 が　7 こで，□

(2) 491 は，100 が □ こと，10 が □ こと，1 が □ こ　あつまった　数

(3) 10 が　43 こで，□

(4) 1000 より　10　小さい　数は □

(5) 500 より　1　小さい　数は □

(6) 300 より　20　大きい　数は □

2 □に あてはまる ＞，＜を 書きましょう。(10点) 1つ5

(1) 546 □ 456　　(2) 799 □ 801

3 3 人の 子どもが もって いる お金は，それぞれ 何円《なんえん》ですか。(30点) 1つ10

(1) みさきさん

100 を　4こ
10 を　4こ
1 を　7こ

[　　　　]

(2) ともみさん

100 を　3こ
1 を　47こ

[　　　　]

(3) けんたさん

10 を　42こ
1 を　7こ

[　　　　]

4 あきなさんは 120 円 もって います。80 円の えんぴつを 買《か》うと，何円 のこりますか。(10点)

(しき)

(答《こた》え) □ 円

5 □に あてはまる 数を 書きましょう。(10点) 1つ5

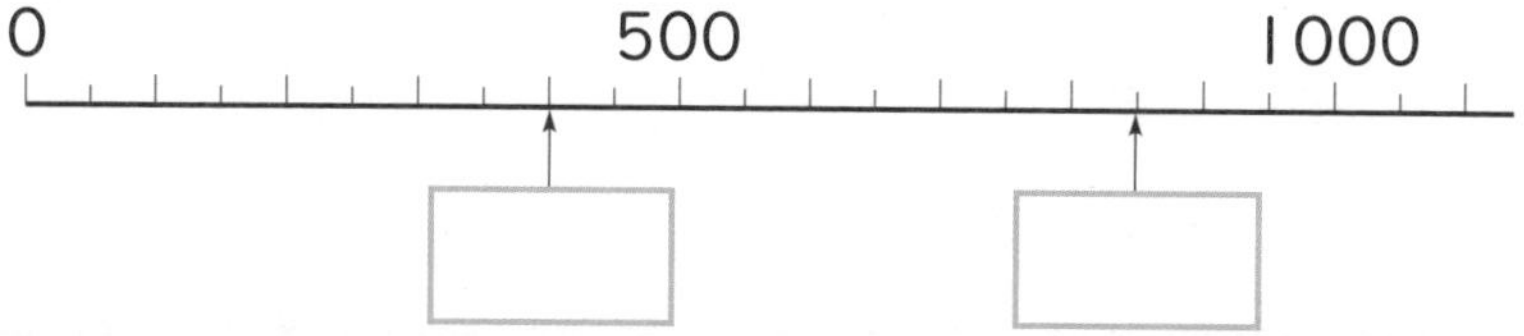
0
500
1000

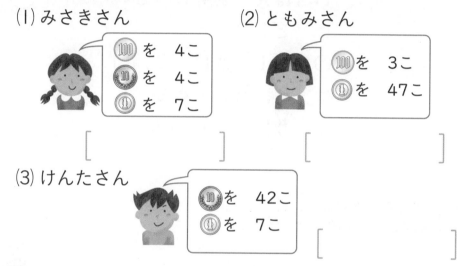

思考力《しこうりょく》トレーニング

算数⑥　大小かんけい ①

答え→154ページ　月　日

もんだい

○，△，□，☆の　中で，いちばん　おもい　ものは　どれですか。
○は　1，△は　2，□は　3，☆は　4として　数字《すうじ》で　答《こた》えましょう。

目ひょう時間　3分《ぷん》

(1)

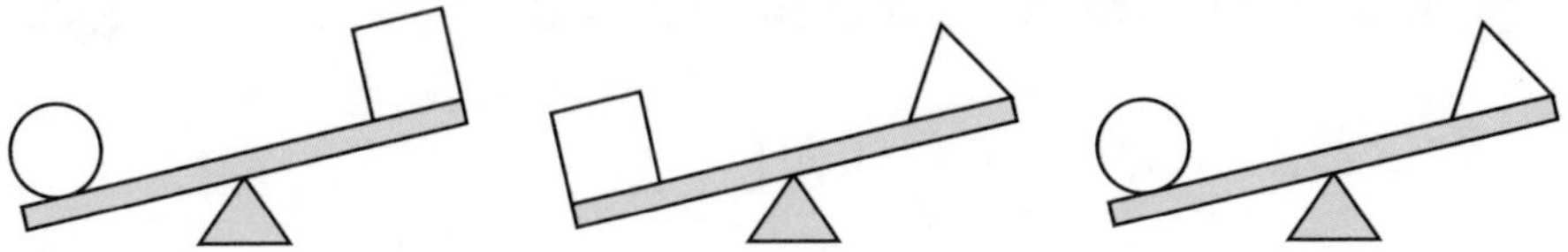

(2)

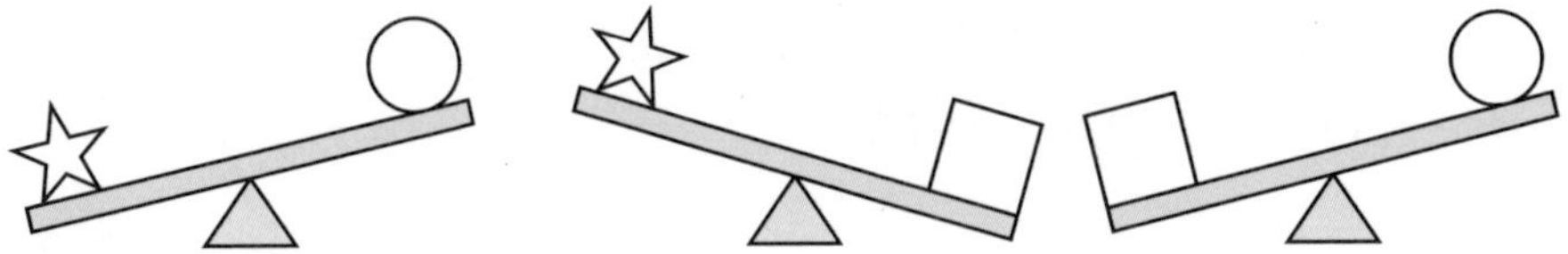

『パズル道場（トレーニングⅠ）』（受験研究社）

時《じ》こくと　時間《じかん》 ①

シール

なまえ　2年　組

答え→154ページ

月　日

時間 20分　合かく 80点　とく点　点

1 つぎの　時間《じかん》を　答《こた》えましょう。(20点《てん》) 1つ10

(1) 午前《ごぜん》  から　午前  までの　時間

[　　　　]

(2) 午前  から　午前  までの　時間

[　　　　]

2 つぎの　時こくを　答えましょう。(20点) 1つ10

(1) 午後《ごご》  から　15分《ふん》　たった　時こく

[　　　　]

(2) 午後  から　4時間　たった　時こく

[　　　　]

3 右の　時計《とけい》を　見て，あとの　もんだいに　答えましょう。(20点) 1つ10

午後 

(1) 30分あとは　何時何分ですか。

[　　　　]

(2) 30分前《まえ》は　何時何分ですか。

[　　　　]

4 □に　あてはまる　数《かず》を　書《か》きましょう。(40点) 1つ8

(1) 1時間15分は □ 分です。

(2) 2時間30分は □ 分です。

(3) 3時間は □ 分です。

(4) 130分は □ 時間 □ 分です。

(5) 210分は □ 時間 □ 分です。

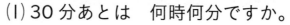

つみ木の 数《かず》 ①

答え→154ページ 月 日

もんだい つみ木の 数《かず》を 数《かぞ》えましょう。

目ひょう時間 3分《ぷん》

同《おな》じような 形《かたち》の つみ木は 大きさに 気を つけよう。

(1)

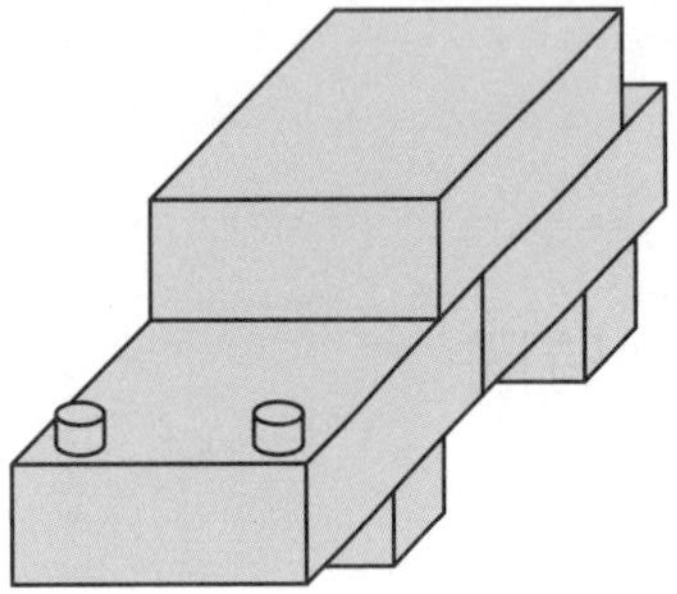

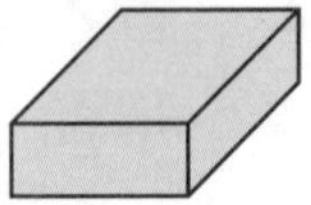 が [ ]つ

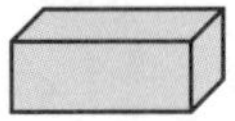 が [ ]つ

 が [ ]つ

(2)

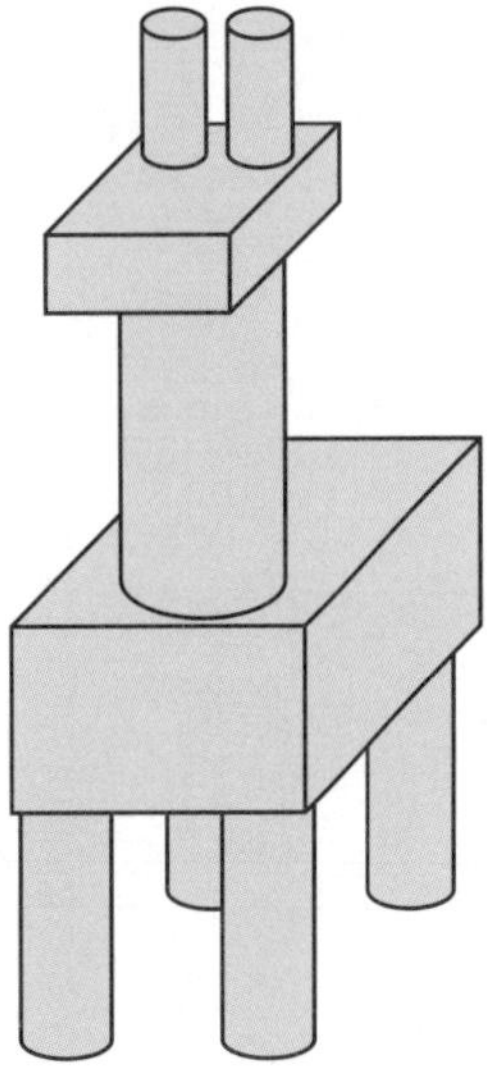

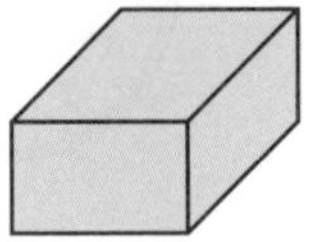 が [ ]つ

 が [ ]つ

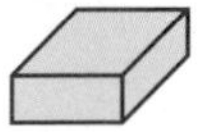 が [ ]つ

 が [ ]つ

 が [ ]つ

時《じ》こくと　時間《じかん》 ②

シール

なまえ　2年　　組

答え→154ページ　　月　　日

時間 20分　合かく 80点　とく点　　点

1 □に　あてはまる　ことばや　数字《すうじ》を　書《か》きましょう。(40点《てん》) 1つ10

(1) 朝《あさ》の　8時《じ》を　□　8時と　いいます。

(2) 夜《よる》の　8時を　□　8時と　いいます。

(3) 1日は　□　時間《じかん》です。

(4) みじかい　はりは，1日に　□　回《かい》　まわります。

2 下の　図《ず》を　見て，つぎの　時こくを，午前《ごぜん》，午後《ごご》を　つけて　書きましょう。(20点) 1つ10

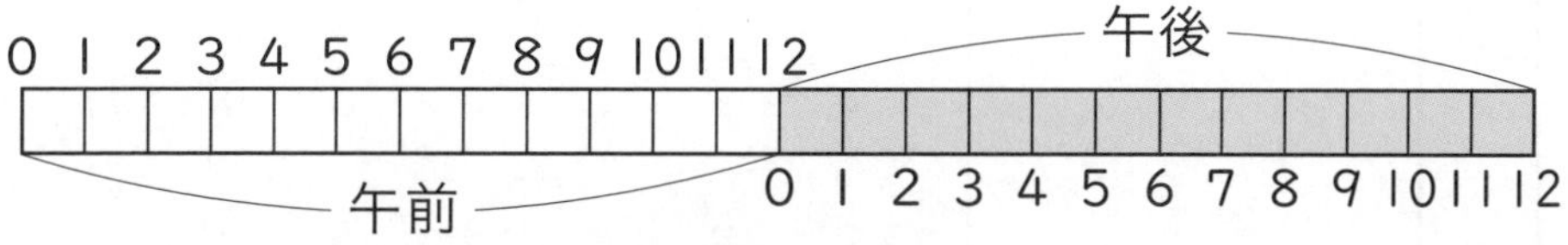

(1) 午前 11 時の　30 分前《ぷんまえ》の　時こく

[　　　　]

(2) 午前 11 時の　2時間あとの　時こく

[　　　　]

3 しょうたさんは，午後4時10分から　午後4時35分まで　本を　読《よ》みました。本を　読んで　いた　時間は　何分間ですか。(15点)

[　　　　]

4 みさきさんは，午後5時45分から　午後6時15分まで　テレビを　見ました。テレビを　見て　いた　時間は　何分間ですか。(15点)

[　　　　]

チャレンジ

5 けいたさんは，けさ　右の　時計《とけい》の　時こくに　おきました。妹《いもうと》は，けいたさんより　20分　あとに　おきました。妹は，いつ　おきましたか。(10点)

[　　　　]

点《てん》むすび ①

答え→154ページ 月 日

もんだい 左の 図《ず》と 同《おな》じように，右の 図の 点《てん》を 線《せん》で むすびましょう。

目ひょう時間 3分《ぷん》

(1)

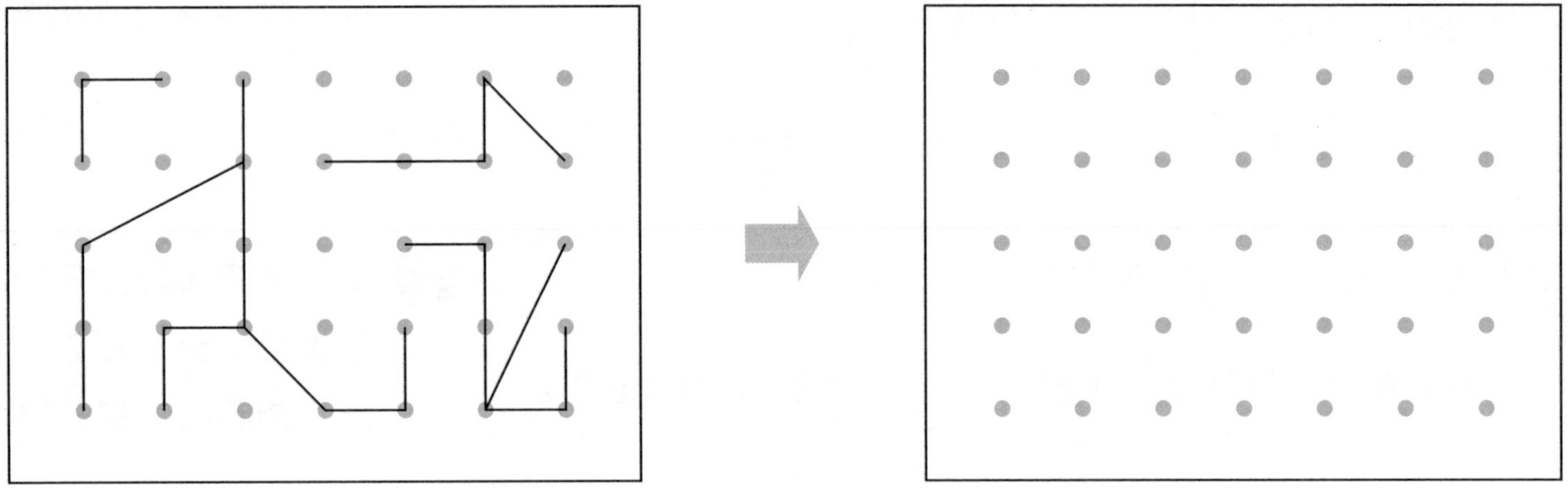

(2)

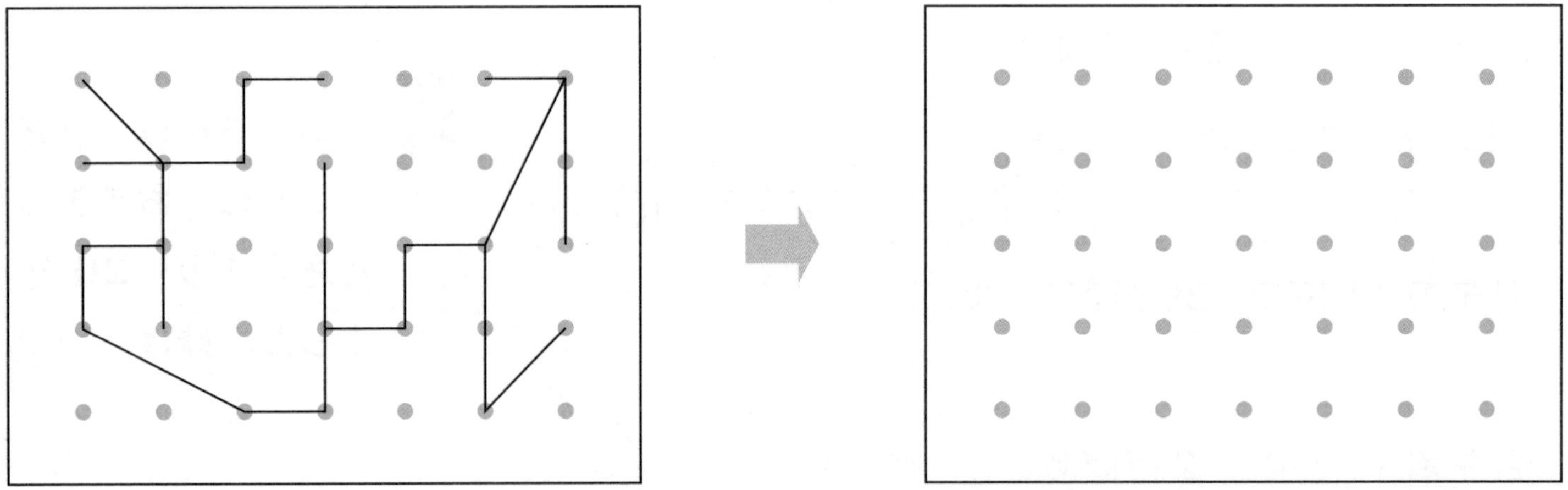

『パズル道場(トレーニングⅠ)』(受験研究社)

チャレンジテスト 1

シール

なまえ 2年　組

答え→154ページ

月　日

時間	合かく	とく点
20分	80点	点

1 □に　あてはまる　数《かず》を　書《か》きましょう。(21点《てん》) 1つ7

(1) 百が　2こと　十が　4こと　あと　5で,

□です。

(2) 375 ― 380 ― □ ― □ ― 395

(3) 857の　百のくらいの　数は　□で,十のくらいの　数は　□です。

2 □に　あてはまる　数は　いくつですか。(16点) 1つ8

(1)

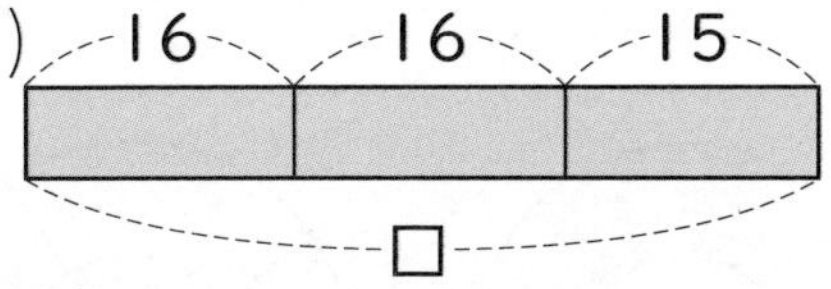

[　　]

(2)

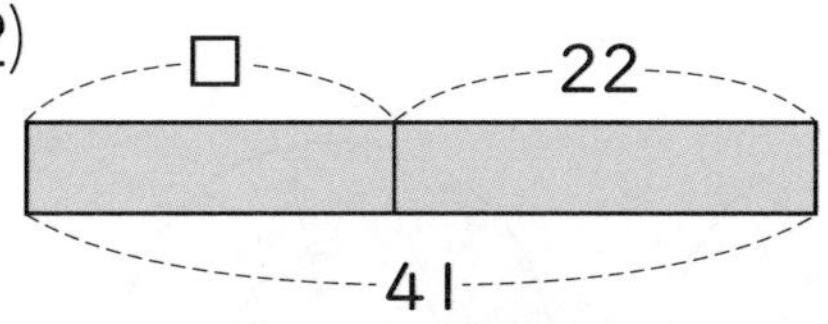

[　　]

3 計算《けいさん》を　しましょう。(24点) 1つ6

(1) $\begin{array}{r} 32 \\ +56 \\ \hline \end{array}$　(2) $\begin{array}{r} 73 \\ +17 \\ \hline \end{array}$　(3) $\begin{array}{r} 45 \\ -\ 8 \\ \hline \end{array}$　(4) $\begin{array}{r} 76 \\ -29 \\ \hline \end{array}$

4 午前《ごぜん》10時《じ》から　午後《ごご》3時までに,長《なが》い　はりは　何回《なんかい》　まわりますか。(12点)

[　　]

5 みかんが　18こ　ありました。何こか　もらったので,52こに　なりました。何こ　もらいましたか。(12点)

(しき)

(答《こた》え) □こ

6 5月の　天気を　しらべました。

1	2	3	4	5
☀	☀	☁	☂	☁
6	7	8	9	10
☂	☁	☀	☀	☀

(1) 天気を　グラフに　あらわしましょう。(○を　つける。)(10点)

☀					
☁					
☂					

(2) いちばん　少《すく》ない　天気は　何でしたか。(5点)

[　　]

どれと どれが 同《おな》じ ①

答え→154ページ

月　日

もんだい　□の 中と 同《おな》じ ものを 見つけて，○を つけましょう。

目ひょう時間　5分《ふん》

図《ず》を 左や 右に
回《まわ》すと 見つけ
やすいよ。

(1)

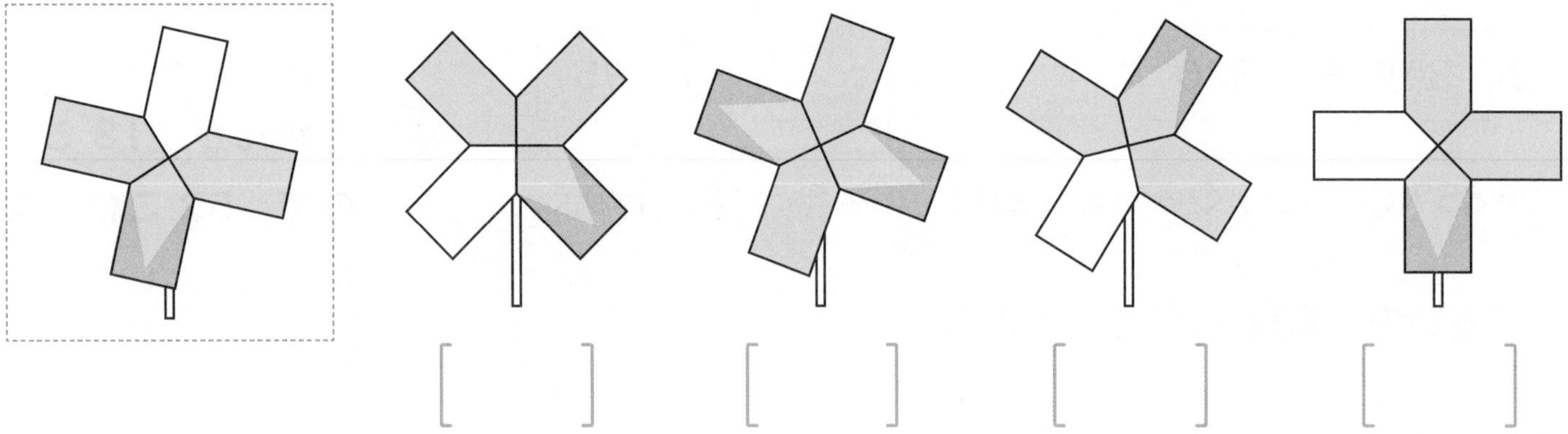

(2)

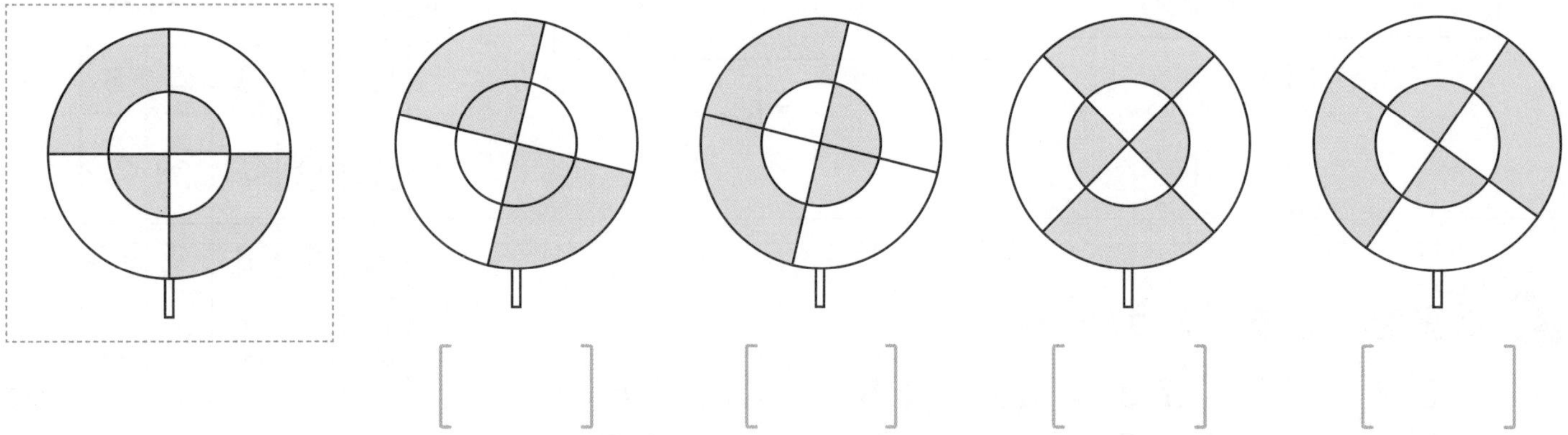

長《なが》さ ①

シール

なまえ　2 年　組

答え→154 ページ

月　日

時間 20分　合かく 80点　とく点　点

1 下のような　ものさしが　あります。↓の　目もりを　読《よ》んで　書《か》きましょう。(25点《てん》) 1つ5

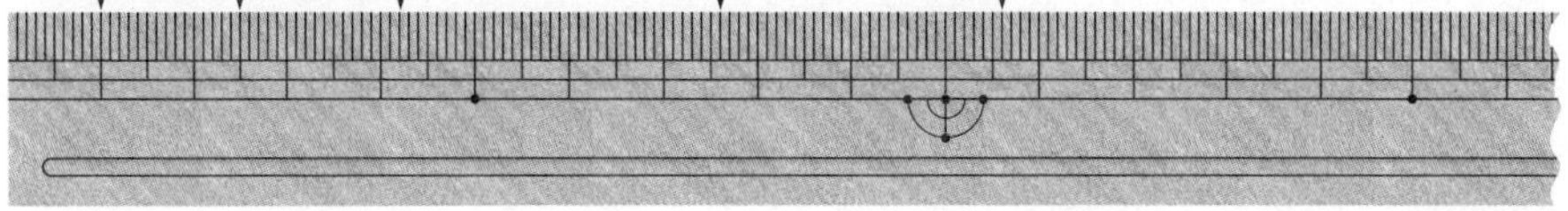

(1) [　　cm]　　(2) [　　cm　　mm]

(3) [　　cm　　mm]　　(4) [　　cm　　mm]

(5) [　　cm　　mm]

2 つぎの　線《せん》の　長《なが》さを　はかりましょう。(15点) 1つ5

(1) 　[　　　]

(2) 　[　　　]

(3) 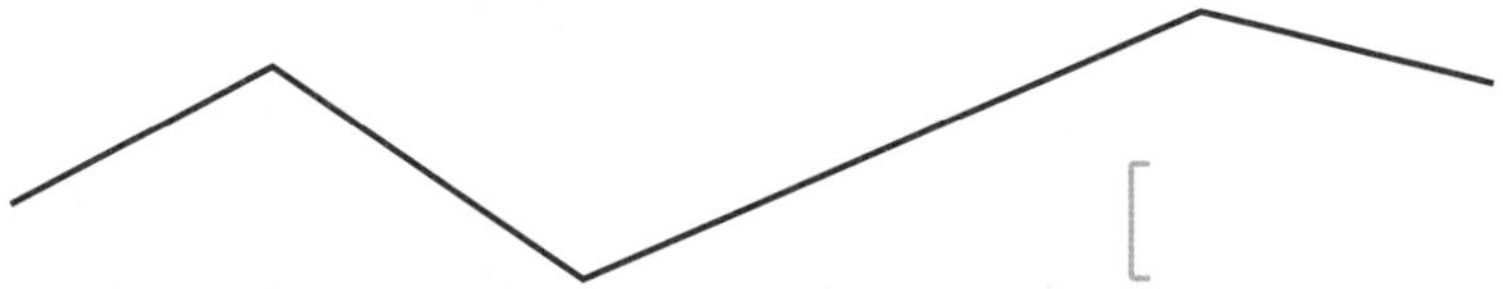　[　　　]

3 つぎの　計算《けいさん》を　しましょう。(30点) 1つ5

(1) 1 cm＝□mm　　(2) 5 cm＝□mm

(3) 7 cm＋6 cm＝□cm

(4) 10 cm－5 cm＝□cm

(5) 5 cm＋46 mm＝□cm□mm

(6) 12 cm－87 mm＝□cm□mm

4 100 cm の　ひもから，つぎの　長さの　ひもは，何本《なんぼん》　とれますか。(20点) 1つ10

(1) 50 cm　[　　]本　(2) 20 cm　[　　]本

5 70 cm の　テープから，32 cm の　テープと　16 cm の　テープを　1本ずつ　きりとりました。のこりの　テープは　何 cm ですか。(10点)

(しき)

(答《こた》え) □cm

思考力《しこうりょく》トレーニング

算数 ⑩　はじめは　いくつ ①

答え→154ページ　　月　　日

もんだい　あめ玉を　7こ　もらったので，ぜんぶで　14こに　なりました。
はじめ　あめ玉は　何《なん》こ　ありましたか。

目ひょう時間　3分《ぷん》

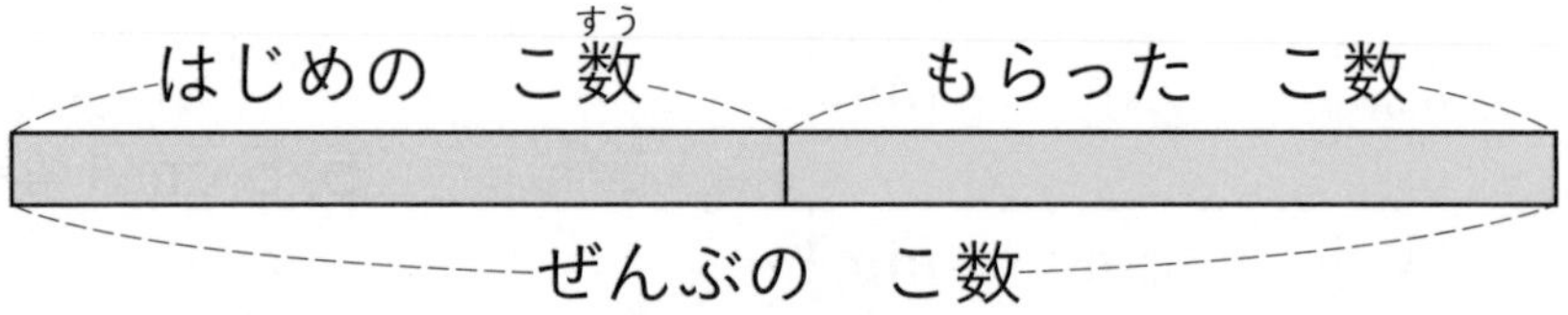
はじめの　こ数《すう》
もらった　こ数
ぜんぶの　こ数

ひき算《ざん》の　しきに　あらわして
考《かんが》えよう。

（ことばの　しき）

□ － □ ＝ □

（しき）

□ － □ ＝ □

（答《こた》え）□

長《なが》さ ②

シール

なまえ 2年　組

答え→154ページ　月　日

時間 20分　合かく 80点　とく点　点

1 □に　あてはまる　数《かず》を　書《か》きましょう。(10点《てん》) 1つ5

1 m＝□cm＝□mm

2 □に　あてはまる　数を　書きましょう。(25点) 1つ5

(1) 400 cm＝□m

(2) 8 m＝□cm

(3) 2 m 80 cm＝□cm

(4) 60 cm 4 mm＝□mm

(5) 8 m 6 cm＝□cm

3 長《なが》い　じゅんに，左から　記《き》ごうで　書きましょう。(25点) 1つ5

ア　1 m 1 cm　　イ　2 m 1 cm　　ウ　21 cm

エ　121 cm　　オ　21 mm

○→○→○→○→○

4 計算《けいさん》を　しましょう。(20点) 1つ5

(1) 3 m 35 cm＋2 m 25 cm＝□m□cm

(2) 4 m 80 cm＋3 m 55 cm＝□m□cm

(3) 2 m－40 cm＝□m□cm

(4) 6 m 5 cm－2 m＝□m□cm

5 たけるさんの　身長《しんちょう》は　1 m 37 cm で，お姉《ねえ》さんは　たけるさんより　15 cm　高いそうです。お姉さんの　身長は　何《なん》m 何 cm ありますか。(10点)

(しき)

(答《こた》え)□m□cm

チャレンジ

6 はばとびで，つよしさんは　1 m 35 cm，たくやさんは　1 m 82 cm　とびました。ちがいは　何 cm ですか。(10点)

(しき)

(答え)□cm

算数⑪　フォープレイス①

答え→155ページ　月　日

もんだい　ルールに　したがって　あいている　マスに　1～4の　数字《すうじ》を　入れましょう。

目ひょう時間　5分《ふん》

ルール

①たて，よこの　それぞれの　4れつに　1～4が　1回《かい》ずつ　入ります。

②太線《ふとせん》で　かこまれた　2×2の　4つの　ブロックにも，1～4が　1回ずつ　入ります。

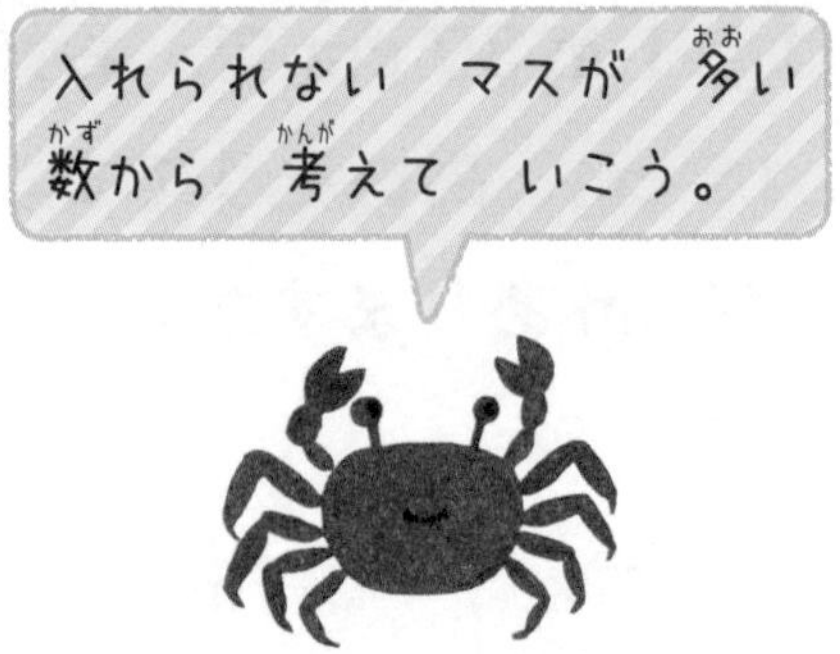
入れられない　マスが　多《おお》い
数《かず》から　考《かんが》えて　いこう。

1			
		4	
	2		
			3

『パズル道場(トレーニングⅠ)』(受験研究社)

水の　かさ ①

シール

なまえ　2 年　組

答え→155 ページ　月　日

時間 20分　合かく 80点　とく点　点

1 さくらさんは，いろいろな　入れものを，小さな　コップで　水が　何《なん》ばい　入るか　しらべました。たくさん　入る　じゅんに，記《き》ごうを　書《か》きましょう。（15点《てん》）

ア　イ　ウ　エ

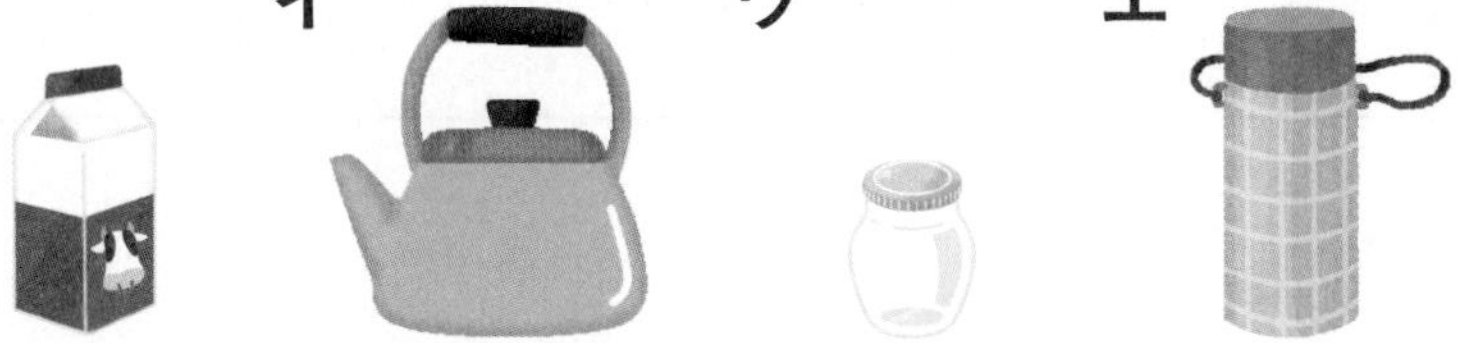

（5はい）　（10ぱい）　（2はい）　（8はい）

［　→　→　→　］

2 □に　あてはまる　数《かず》を　書きましょう。（30点）1つ6

(1) 30 dL＝□ L

(2) 56 dL＝□ L □ dL

(3) 2 L 5 dL＝□ dL

(4) 1 dL＝□ mL

(5) 400 mL＝□ dL

3 水の　かさは　どれだけですか。（40点）1つ20

(1) 1 L ますと　1 dL ますで　はかりました。

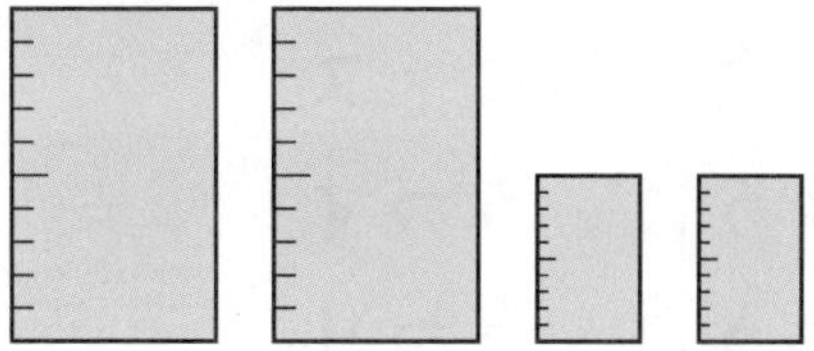

□ L □ dL　または，□ dL

(2) 1 L ますだけで　はかりました。

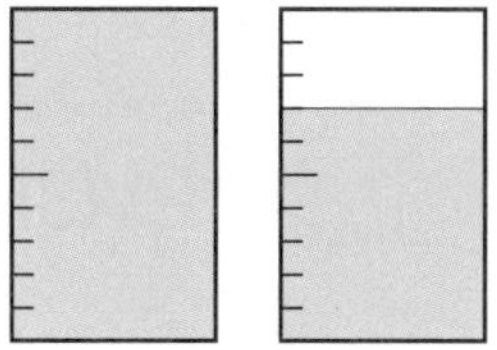

□ L □ dL　または，□ dL

4 1 L 4 dL　入る　びんと，2 L 4 dL　入る　やかんが　あります。あわせて　何 L 何 dL　入りますか。（15点）

（しき）

（答《こた》え）［　L　dL］

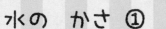

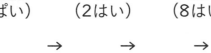

どのように　うつる ①

もんだい　まん中の　太《ふと》い線《せん》の　ところで　おって，左がわの　図《ず》を　右がわに　スタンプのように　うつすと　どのように　うつりますか。
うつった　図を　かきましょう。

目ひょう時間　5分《ふん》

(1)

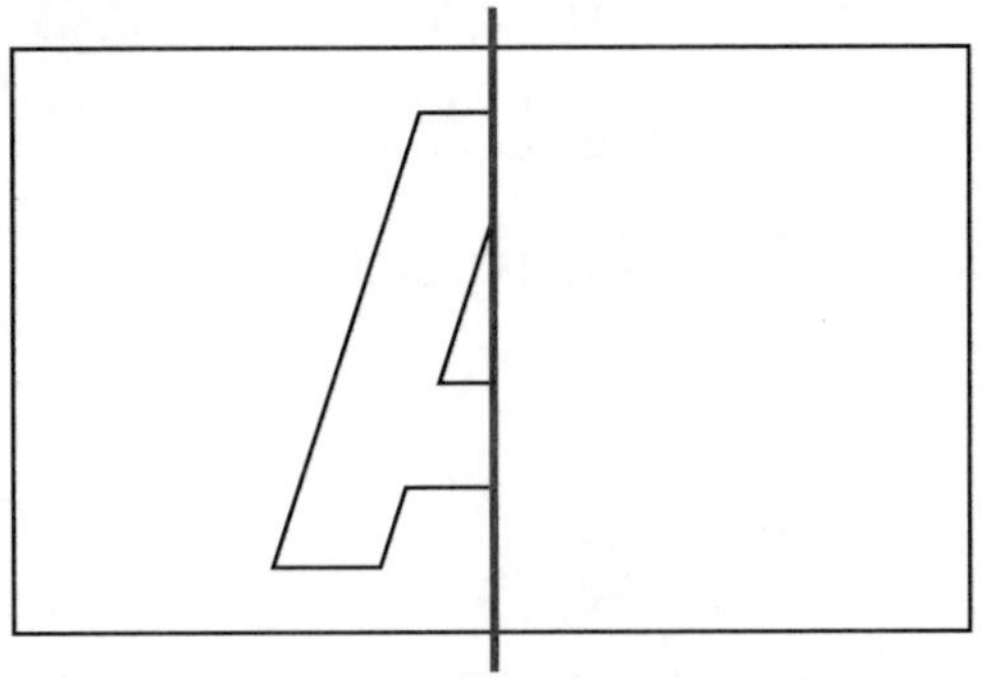

(2)

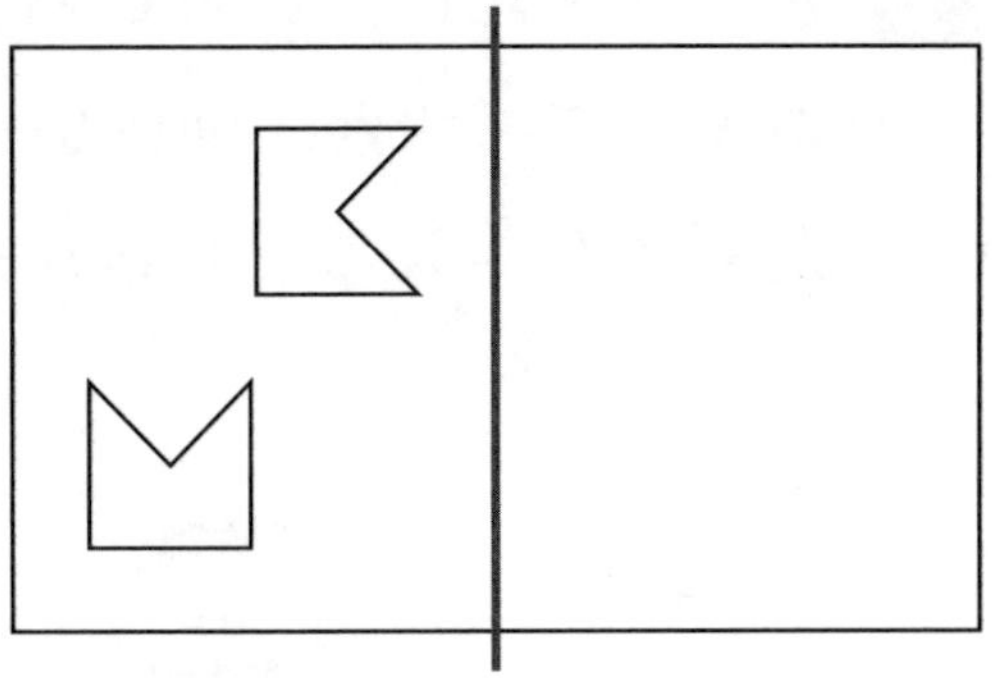

(3)

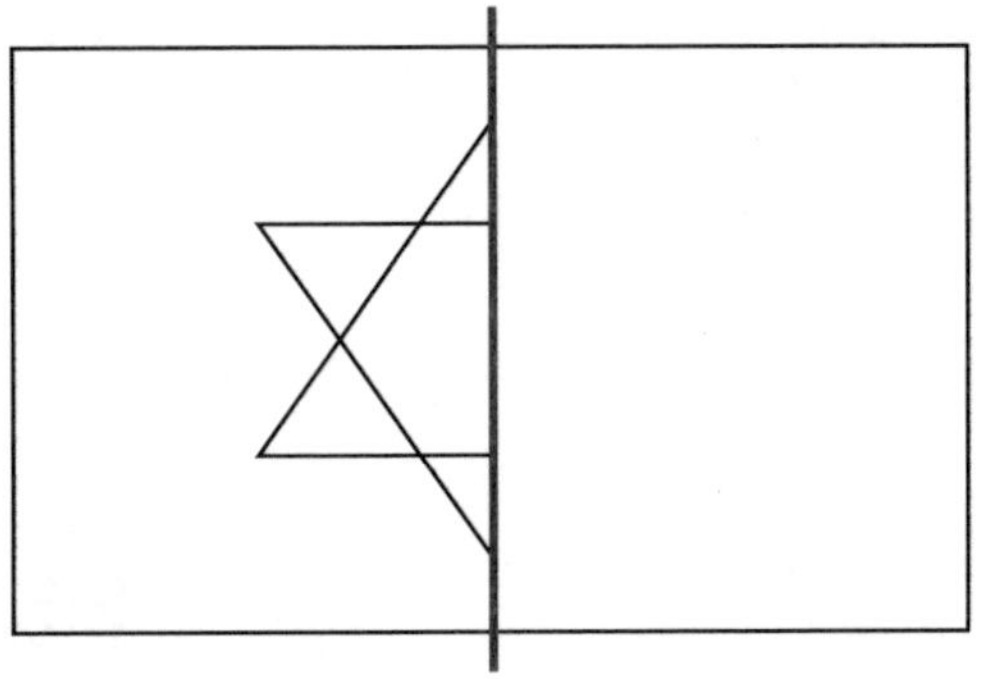

(4)

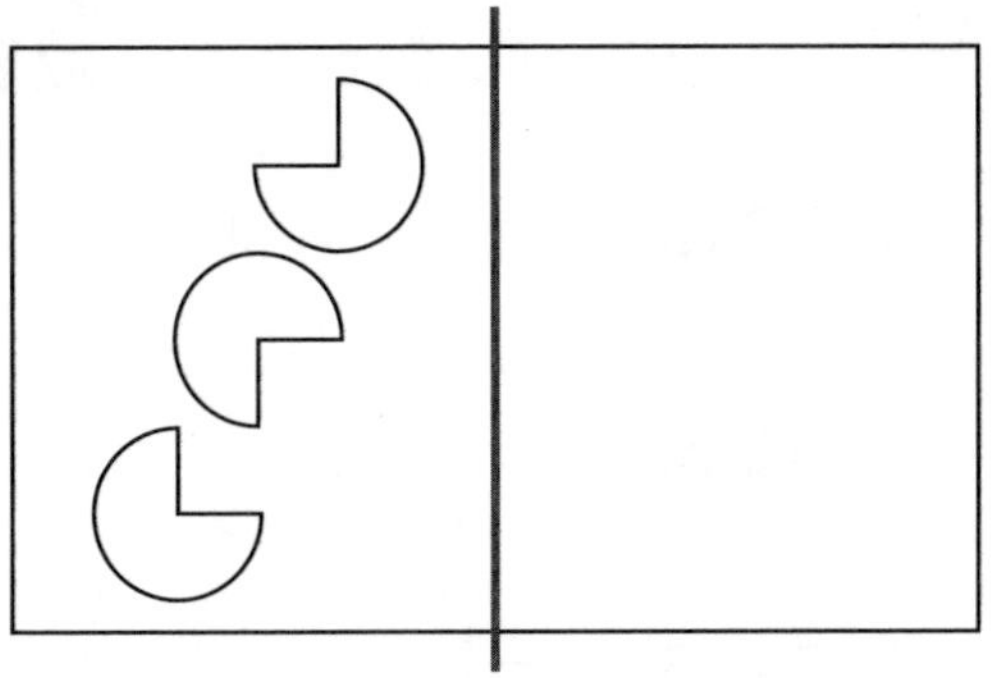

かがみに　うつした　ときと
同《おな》じに　なるよ。

水の　かさ ②

シール

なまえ　2 年　組

答え→155 ページ　月　日

時間 20分　合かく 80点　とく点　点

1 □に　あてはまる　数《かず》を　書《か》きましょう。(30点《てん》) 1つ5

(1) 2 L＝□ dL　(2) 3 dL＝□ mL

(3) 1 L＝□ mL　(4) 50 dL＝□ L

(5) 500 mL＝□ dL　(6) 4 L 5 dL＝□ dL

2 □に　あてはまる　＞，＜，＝を　書きましょう。(35点) 1つ5

(1) 8 dL □ 7 L　(2) 500 mL □ 4 dL

(3) 8 L □ 79 dL　(4) 100 dL □ 10 L

(5) 1 L 3 dL □ 12 dL　(6) 3 dL □ 350 mL

(7)

3 大きい　やかんに，1 dL ますで　30 ぱいの　水が　入って　います。この　水を　1 L ますで　はかると，何《なん》ばいぶん　ありますか。(10点)

[　　] ばいぶん

4 計算《けいさん》を　しましょう。(15点) 1つ5

(1) 3 L 4 dL＋2 L＝□ L □ dL

(2) 6 L 7 dL＋3 dL＝□ L

(3) 5 L 7 dL－3 L＝□ L □ dL

5 ジュースが　2 L　ありました。きのう　2 dL だけ　のみました。のこりの　ジュースは　何 L 何 dL ですか。(10点)

(しき)

(答《こた》え) [　　L　　dL]

大小かんけい②

答え→155ページ 月 日

もんだい ○，△，□，☆の 中で，いちばん おもい ものは どれですか。
○は 1，△は 2，□は 3，☆は 4として 数字《すうじ》で 答《こた》えましょう。

目ひょう時間 3分《ぷん》

(1)

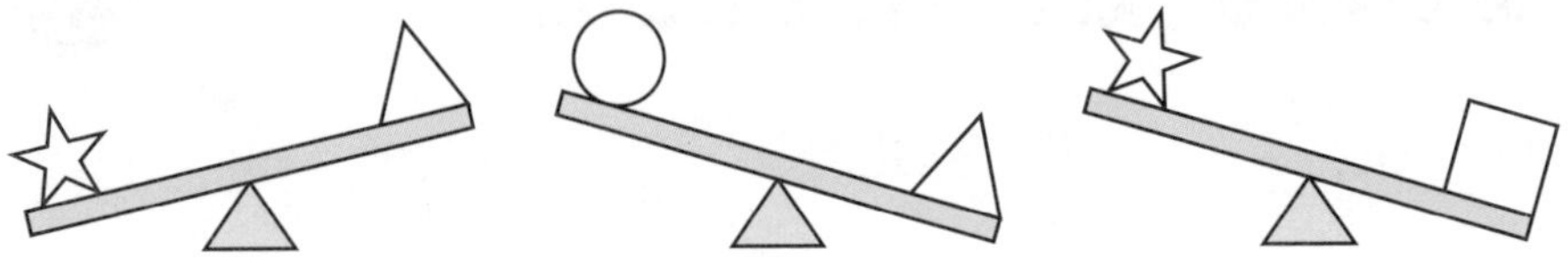

(2)

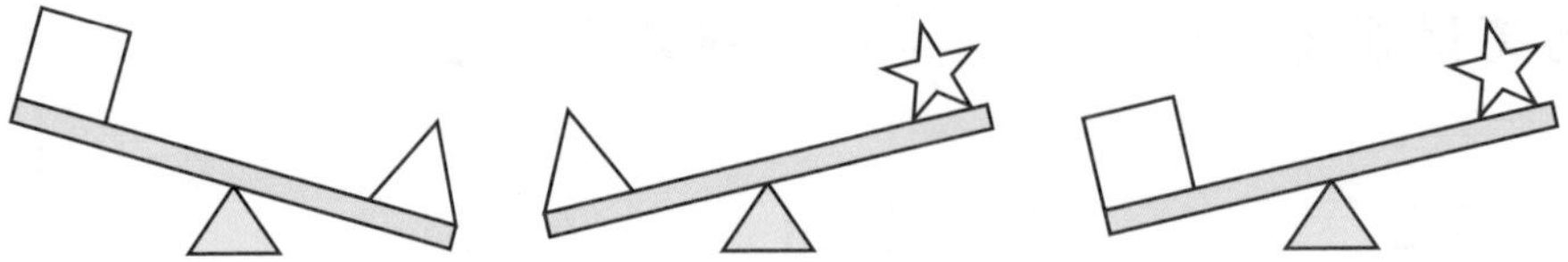

『パズル道場(トレーニングⅠ)』(受験研究社)

たし算《ざん》 ②

シール

なまえ　2年　組

答え→155ページ　月　日

時間 20分　合かく 80点　とく点　点

1 たし算《ざん》を　しましょう。（70点《てん》）1つ5

(1)
$$\begin{array}{r} 84 \\ +68 \\ \hline \end{array}$$

(2)
$$\begin{array}{r} 36 \\ +97 \\ \hline \end{array}$$

(3)
$$\begin{array}{r} 75 \\ +37 \\ \hline \end{array}$$

(4)
$$\begin{array}{r} 86 \\ +64 \\ \hline \end{array}$$

(5)
$$\begin{array}{r} 67 \\ +48 \\ \hline \end{array}$$

(6)
$$\begin{array}{r} 89 \\ +47 \\ \hline \end{array}$$

(7)
$$\begin{array}{r} 51 \\ +77 \\ \hline \end{array}$$

(8)
$$\begin{array}{r} 63 \\ +89 \\ \hline \end{array}$$

(9)
$$\begin{array}{r} 100 \\ +200 \\ \hline \end{array}$$

(10)
$$\begin{array}{r} 300 \\ +600 \\ \hline \end{array}$$

(11)
$$\begin{array}{r} 500 \\ +400 \\ \hline \end{array}$$

(12)
$$\begin{array}{r} 217 \\ +265 \\ \hline \end{array}$$

(13)
$$\begin{array}{r} 539 \\ +117 \\ \hline \end{array}$$

(14)
$$\begin{array}{r} 756 \\ +136 \\ \hline \end{array}$$

2 たし算を　ひっ算《さん》で　しましょう。（15点）1つ5

(1) 78＋27　(2) 24＋99　(3) 76＋38

3 右の　絵《え》を　見て，もんだいに　答《こた》えましょう。

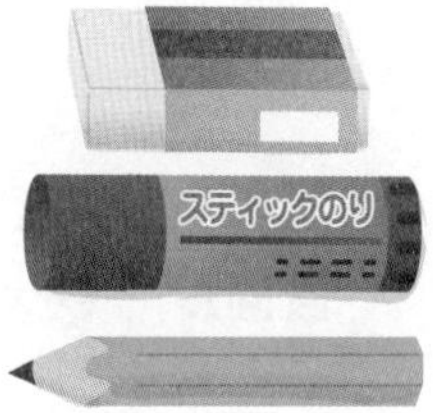

35円
63円
50円

(1) けしゴムと　のりを　買《か》うと　いくらですか。（5点）

（しき）

（答え）　円

(2) ぜんぶ　買うと　いくらですか。（10点）

（しき）

（答え）　円

色《いろ》いたの 数《かず》 ②

答え→155ページ
月　日

もんだい　色《いろ》いたの 数《かず》を 数《かぞ》えましょう。

目ひょう時間　4分《ぷん》

数えわすれや 同《おな》じ 色いたを 何回《なんかい》も 数えないように しよう。

(1)
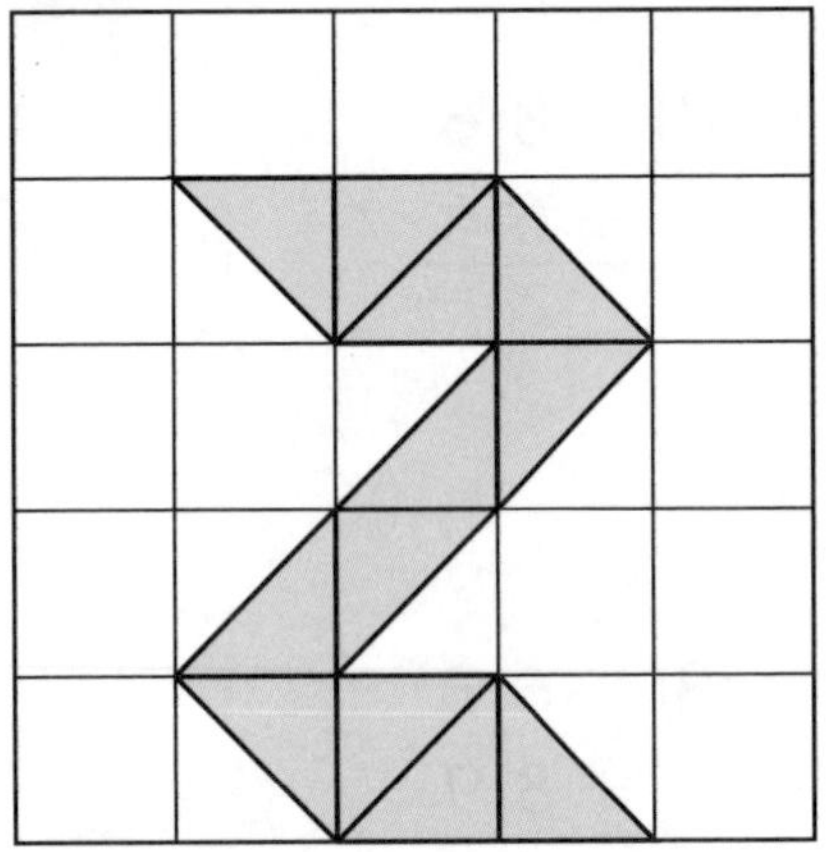
[　　]まい

(2)
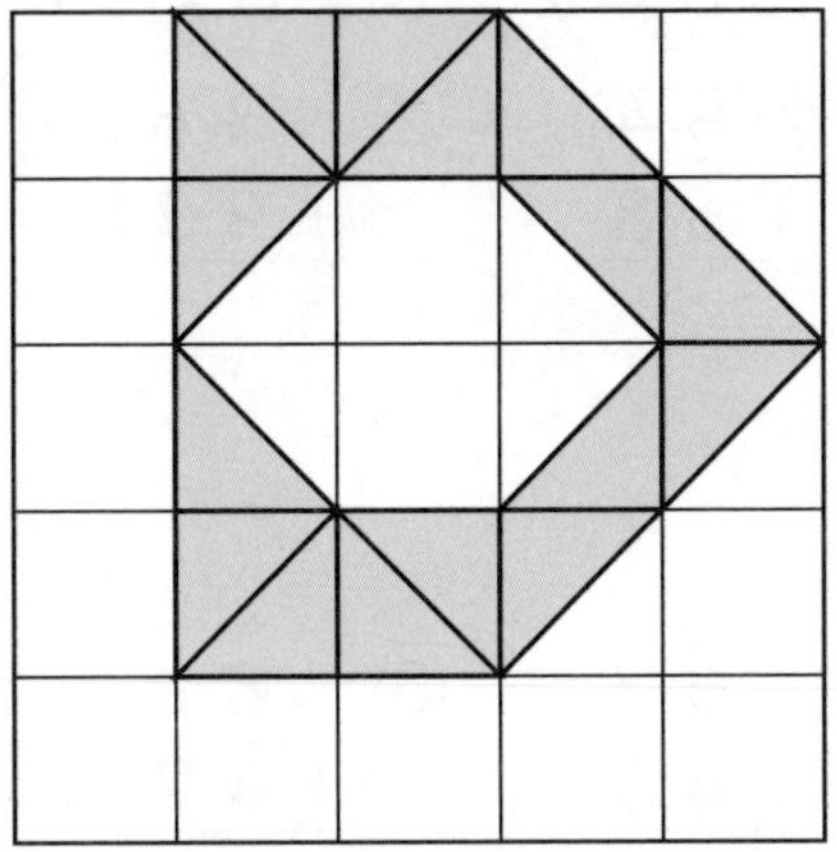
[　　]まい

(3)
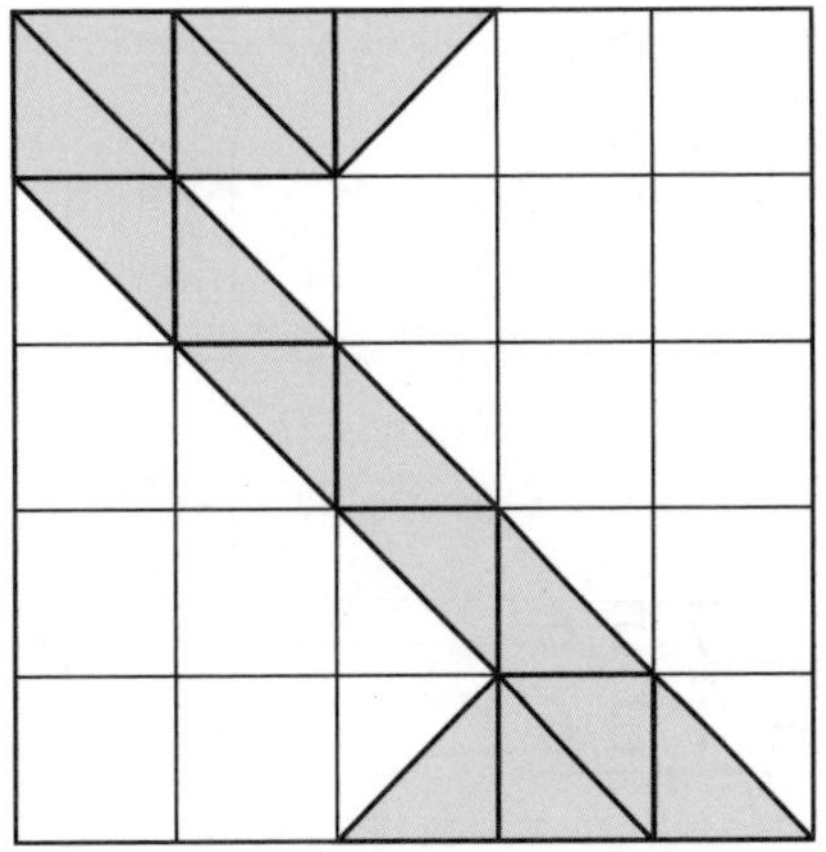
[　　]まい

(4)
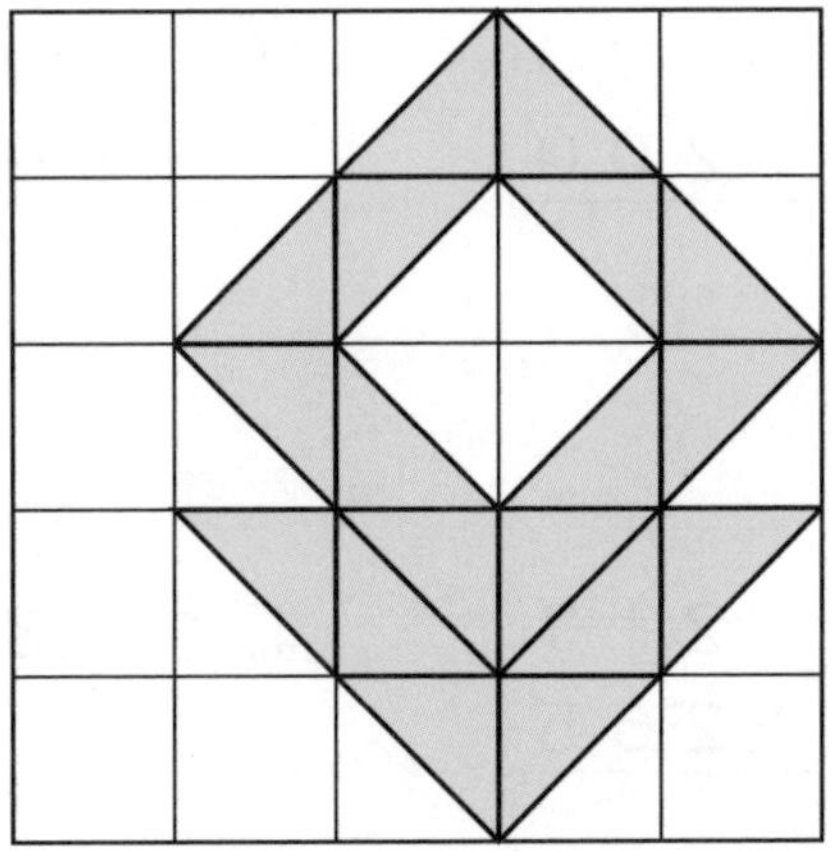
[　　]まい

ひき算《ざん》 ②

シール

なまえ　2年　組

答え→155ページ　月　日

時間 20分　合かく 80点　とく点　点

1 ひき算《ざん》を　しましょう。(60点《てん》) 1つ5

(1)
$$\begin{array}{r} 116 \\ -\ \ 43 \\ \hline \end{array}$$

(2)
$$\begin{array}{r} 124 \\ -\ \ 40 \\ \hline \end{array}$$

(3)
$$\begin{array}{r} 120 \\ -\ \ 37 \\ \hline \end{array}$$

(4)
$$\begin{array}{r} 103 \\ -\ \ 64 \\ \hline \end{array}$$

(5)
$$\begin{array}{r} 116 \\ -\ \ 69 \\ \hline \end{array}$$

(6)
$$\begin{array}{r} 135 \\ -\ \ 83 \\ \hline \end{array}$$

(7)
$$\begin{array}{r} 400 \\ -200 \\ \hline \end{array}$$

(8)
$$\begin{array}{r} 700 \\ -300 \\ \hline \end{array}$$

(9)
$$\begin{array}{r} 900 \\ -400 \\ \hline \end{array}$$

(10)
$$\begin{array}{r} 552 \\ -147 \\ \hline \end{array}$$

(11)
$$\begin{array}{r} 475 \\ -358 \\ \hline \end{array}$$

(12)
$$\begin{array}{r} 893 \\ -329 \\ \hline \end{array}$$

2 ひき算を　ひっ算《さん》で　しましょう。(15点) 1つ5

(1) 108－43　(2) 100－36　(3) 125－78

3 128ページの　本を　34ページ　読《よ》みました。あと　何《なん》ページ　のこって　いますか。(10点)

(しき)

(答《こた》え) □ ページ

4 男の子が　176人，女の子が　88人　います。どちらが　何人　多《おお》いですか。(15点)

(しき)

(答え) □ が □ 人　多い

思《し》考《こう》力《りょく》トレーニング

算数⑮　はじめは　いくつ ②

答え→155ページ　月　日

もんだい　教室《きょうしつ》に，子どもが　います。
そのうち　６人　出て　いったので，のこりは　５人に　なりました。
はじめ，何人《なんにん》　いましたか。

目ひょう時間　３分《ぷん》

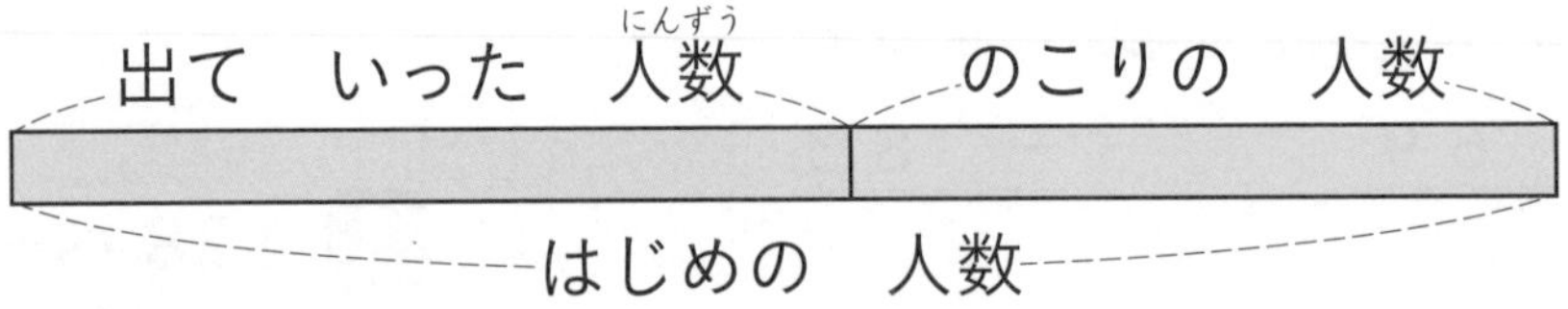

たし算《ざん》の　しきに　あらわして
考《かんが》えよう。

（ことばの　しき）
□ ＋ □ ＝ □

（しき）
□ ＋ □ ＝ □

（答《こた》え）□

たし算《ざん》と　ひき算　②

シール

なまえ　2年　組

答え→155ページ　月　日

時間 20分　合かく 75点　とく点　点

1 あきらさんは　カードを　25まい　もって　います。ただしさんは，あきらさんより　7まい　多《おお》く　もって　います。
ただしさんは　何《なん》まい　もって　いますか。(25点《てん》)

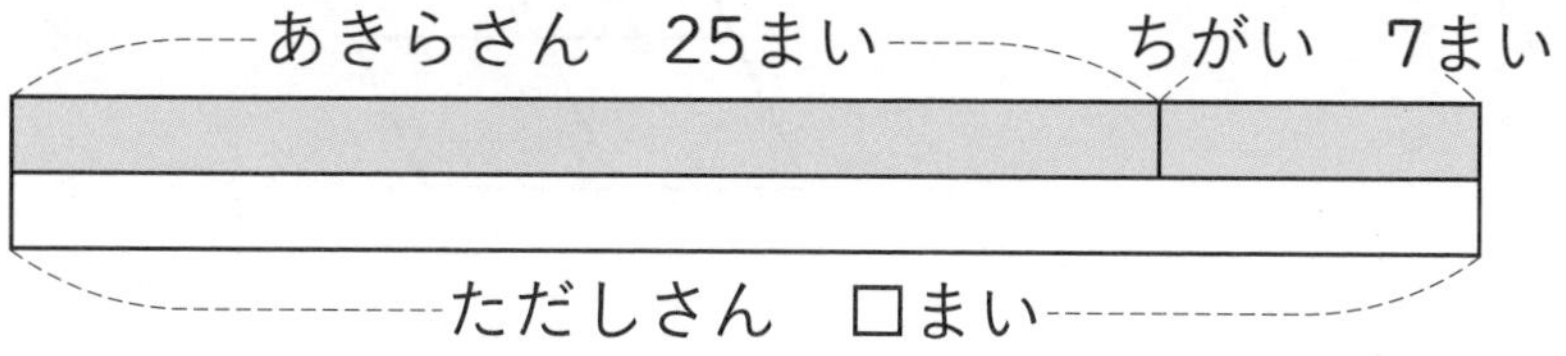
あきらさん　25まい
ちがい　7まい
ただしさん　□まい

(しき)

(答《こた》え)　□　まい

2 みかんが　32こ　あります。子どもが　18人　います。1人《ひとり》に　1こずつ　くばると，何こ　のこりますか。(25点)

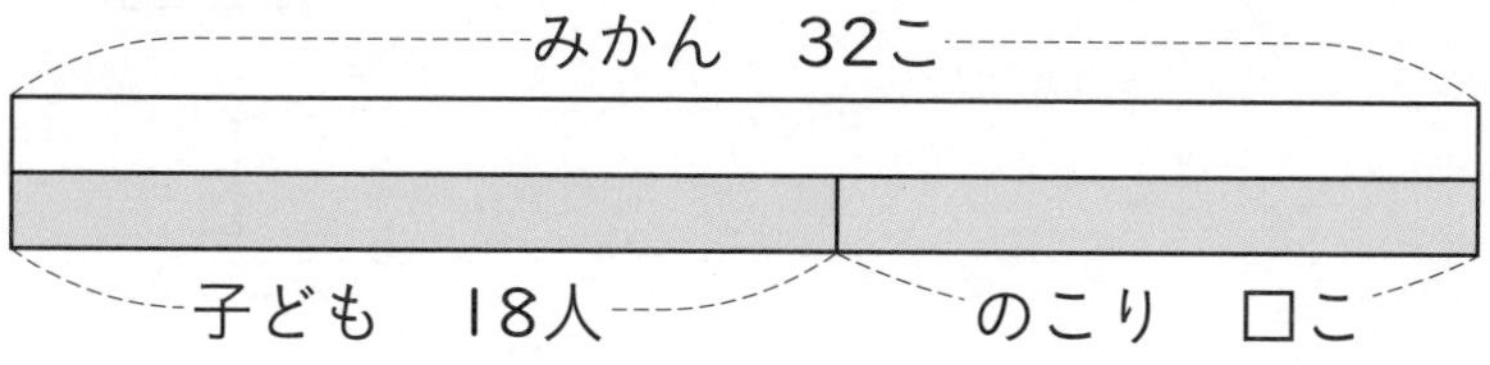
みかん　32こ
子ども　18人
のこり　□こ

(しき)

(答え)　□　こ

3 えんぴつが　19本と　キャップが　28こ　あります。えんぴつに　キャップを　1こずつ　かぶせると，キャップは　何こ　のこりますか。(25点)

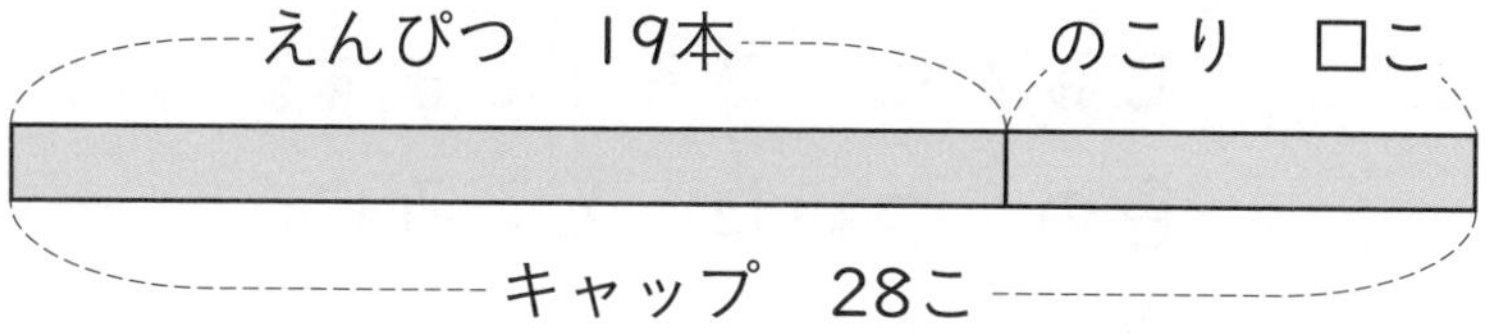
えんぴつ　19本
のこり　□こ
キャップ　28こ

(しき)

(答え)　□　こ

4 いすが　69こ　あります。子どもは　108人　います。いすに　すわれないのは　何人ですか。(25点)
(テープ図《ず》を　かいて　答えを　だしましょう。)

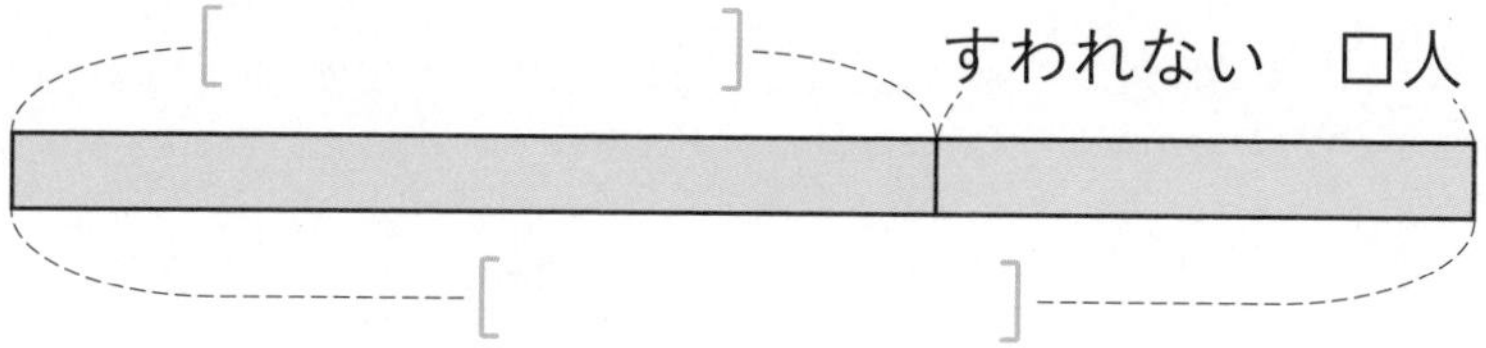
すわれない　□人

(しき)

(答え)　□　人

さいころ ころがし ①

答え→155ページ　月　日

もんだい

むかい合《あ》う　面《めん》の　目の　数《かず》を　たすと　7になる　さいころを，やじるしの　じゅんに　ころがします。色の　ついた　ところに　きた　とき，さいころの　上の　面の　目の　数は　いくつですか。

目ひょう時間　6分《ぷん》

(1)

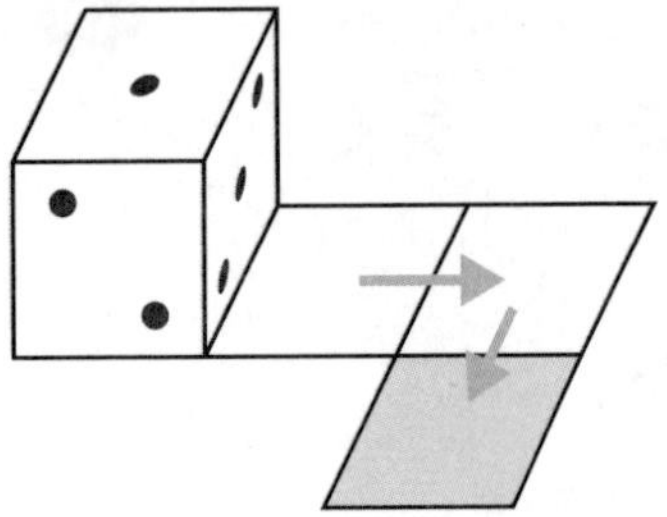

[　　]

(2)

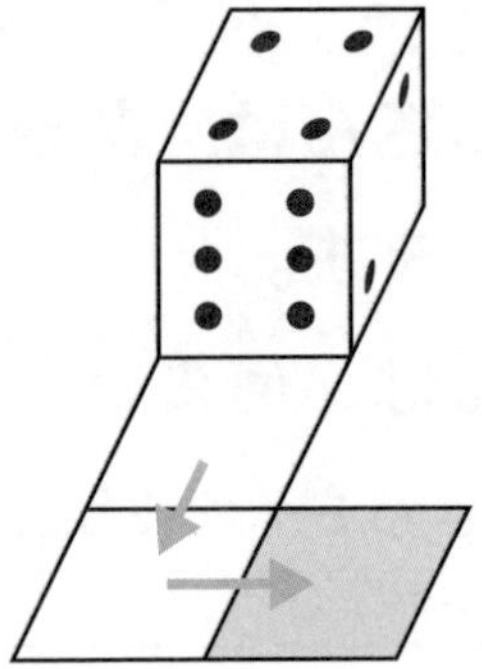

[　　]

(3)

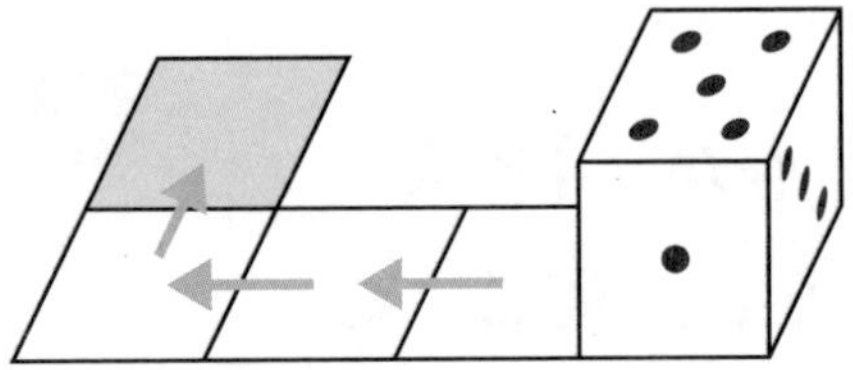

[　　]

(4)

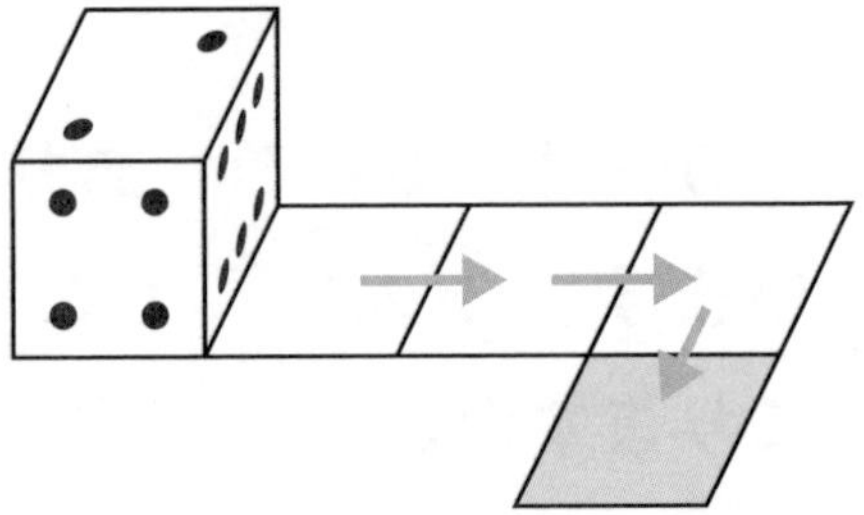

[　　]

3つの 数《かず》の 計算《けいさん》

シール

なまえ　2 年　組

答え→155 ページ

月　日

時間 20分　合かく 80点　とく点　点

1 **計算《けいさん》を　しましょう。** (30点《てん》) 1つ6

(1) 25＋5＋50

(2) 24＋9＋11

(3) 5＋48－8

(4) 74－36＋26

(5) 40－(11＋9)

2 **つぎの　計算を　ひっ算で　しましょう。** (20点) 1つ10

(1) 25＋16＋41

　　25
　　16
＋ □
―――
　 □

(2) 17＋28＋19

　 □
　 □
＋ □
―――
　 □

3 **男の子が　29 人，女の子が　28 人　います。** (20点) 1つ10

(1) 子どもは　あわせて　何人《なんにん》　いますか。

(しき)

(答《こた》え) □ 人

(2) いすが　49 こ　ある　とき，いすに　すわれない　のは　何人ですか。

(しき)

(答え) □ 人

チャレンジ

4 **(　)の　ある　1つの　しきに　あらわして，もんだいに　答えましょう。** (30点) 1つ15

(1) みのりさんは，どんぐりを　15 こ　もって　いました。朝《あさ》　28 こ，夕方《ゆうがた》　27 こ　ひろいました。どんぐりは，ぜんぶで　何こに　なったでしょう。

(しき)

(答え) □ こ

(2) たまごが　43 こ　ありました。となりの　人に　17 こ，むかいの　人に　16 こ　あげました。あと，何こ　のこって　いますか。

(しき)

(答え) □ こ

計算《けいさん》パズル（＋と　－）①

答え→155ページ　月　日

もんだい　□に　あてはまる　＋や　－を　入れましょう。

目ひょう時間　8分《ふん》

まず　＋や　－を　入れて
計算して　みよう。

(1) 6 □ 3 □ 2＝7

(2) 6 □ 3 □ 2＝1

(3) 6 □ 3 □ 2＝5

(4) 6 □ 3 □ 2＝11

(5) 9 □ 5 □ 3＝7

(6) 9 □ 5 □ 3＝1

(7) 9 □ 5 □ 3＝17

(8) 9 □ 5 □ 3＝11

10000までの 数《かず》

シール

なまえ	2 年　　組

答え→156 ページ　　月　　日

時間	合かく	とく点
20 分	80 点	点

1 つぎの 数《かず》を 書《か》きましょう。 (18 点《てん》) 1つ6

(1) 1000 を 4 つ, 100 を 3 つ, 1 を 7 つ あわせた 数 [　　　]

(2) 100 を 45 こ あつめた 数 [　　　]

(3) 3000 と 400 と 50 と 8 を あわせた 数 [　　　]

2 数字《すうじ》で 書きましょう。 (15 点) 1つ5

(1) 三千八百九十四 [　　　]　(2) 五千四十 [　　　]　(3) 八千七 [　　　]

3 □に あてはまる 数を 書きましょう。 (18 点) 1つ6

(1)	980	□	□	1010	□
(2)	4900	□	5100	□	□
(3)	□	□	9998	9999	□

4 大きい じゅんに, 左から 記《き》ごうで 書きましょう。 (9 点)

ア 3019　イ 2999　ウ 3100　エ 3016

○ → ○ → ○ → ○

5 計算《けいさん》を しましょう。 (30 点) 1つ5

(1) 700＋600　(2) 300＋900

(3) 400＋8000　(4) 3000－2000

(5) 1600－800　(6) 10000－5000

6 こづかいを つばささんは 1400 円, 弟《おとうと》は 700 円 もって います。2 人の こづかいの ちがいは 何円《なんえん》ですか。 (10 点)

(しき)

(答《こた》え) □ 円

思考力《しこうりょく》トレーニング

算数 ⑱

どのように うつる ②

答え→156ページ

月 日

もんだい まん中の 太《ふと》い線《せん》の ところで おって，左がわの 図《ず》を 右がわに スタンプのように うつすと どのように うつりますか。
うつった 図を かきましょう。

目ひょう時間 6分《ぷん》

(1)

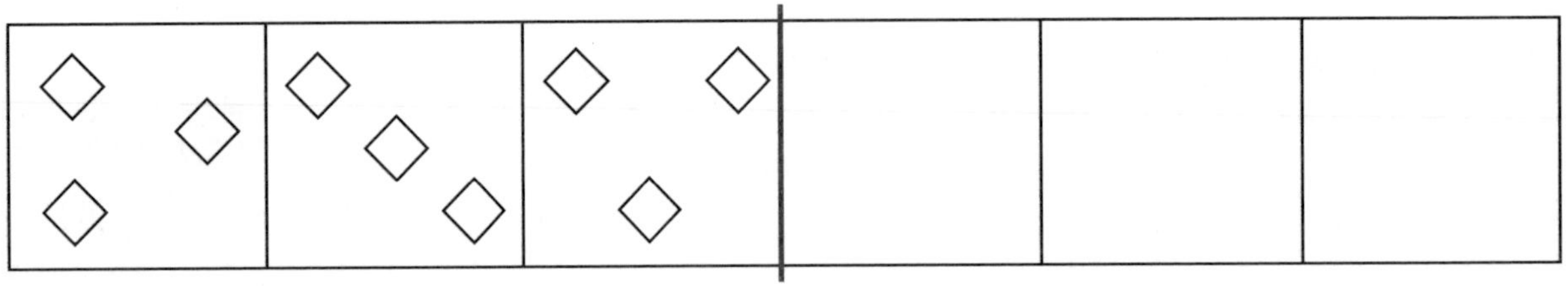

(2)

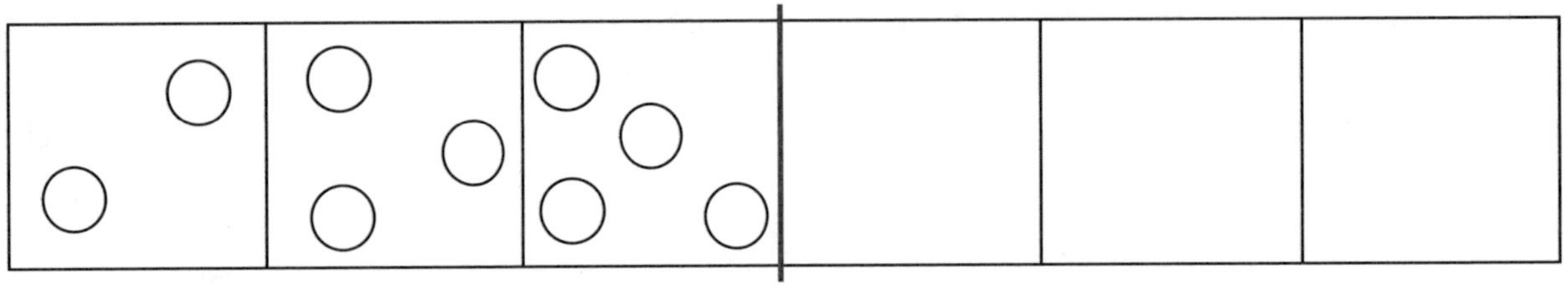

(3)

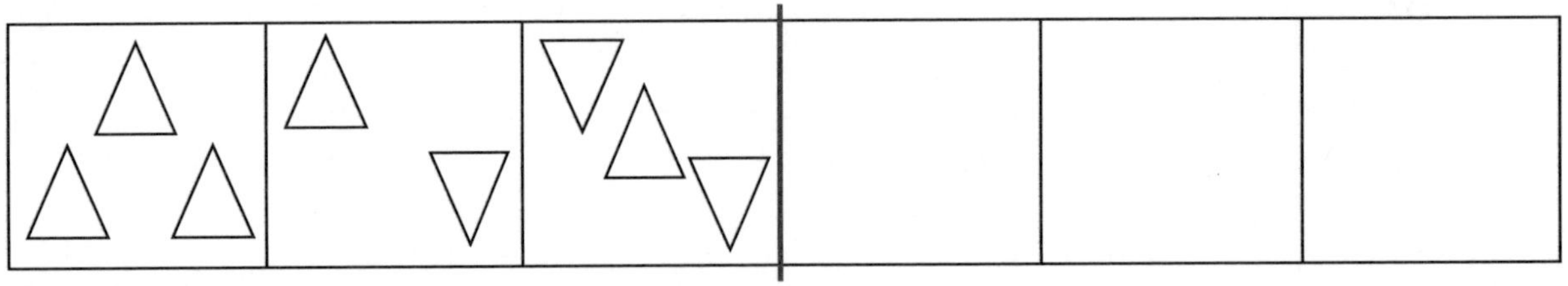

算数 19 チャレンジテスト 2

シール

なまえ　2年　　組

答え→156ページ　月　日

時間 20分　合かく 80点　とく点　点

1 計算《けいさん》を　しましょう。(32点《てん》) 1つ4

(1) $\begin{array}{r} 25 \\ +86 \\ \hline \end{array}$　(2) $\begin{array}{r} 44 \\ +79 \\ \hline \end{array}$　(3) $\begin{array}{r} 67 \\ +85 \\ \hline \end{array}$　(4) $\begin{array}{r} 94 \\ +68 \\ \hline \end{array}$

(5) $\begin{array}{r} 153 \\ -\ \ 59 \\ \hline \end{array}$　(6) $\begin{array}{r} 120 \\ -\ \ 37 \\ \hline \end{array}$　(7) $\begin{array}{r} 105 \\ -\ \ 38 \\ \hline \end{array}$　(8) $\begin{array}{r} 134 \\ -\ \ 75 \\ \hline \end{array}$

2 計算を　しましょう。(28点) 1つ4

(1) 5＋6＋15　　(2) 17＋72＋21

(3) 100－65－15　　(4) 70－48＋8

(5) 75 cm＋1 m 56 cm

(6) 4 m 87 cm－2 m 58 cm

(7) 10 m－5 cm

3 □に　あてはまる　＞，＜，＝を　書《か》きましょう。(8点) 1つ4

(1) 700 mL □ 7 dL　　(2) 9 L □ 89 dL

4 つぎの　数《かず》を　書きましょう。(12点) 1つ4

(1) 10000 より　1　小さい　数　[　　　]

(2) 1000 を　10 こ　あつめた　数　[　　　]

(3) 100 を　50 こ　あつめた　数　[　　　]

5 バスに　36人　のって　いました。8人　おりて，17人　のって　きました。いま，何人《なんにん》　のって　いますか。(10点)

(しき)

(答《こた》え) □人

6 長《なが》さが　1 m 40 cm の　くいを　50 cm だけ　土の　中に　うちこみたいと　思《おも》います。いま　地《じ》めんの　上には，1 m 25 cm　出て　います。あと　何 cm　うちこめば　よいですか。(10点)

(しき)

(答え) □cm

同《おな》じ 形《かたち》の つみ木の 数《かず》 ②

答え→156ページ

月　日

もんだい　同《おな》じ 形《かたち》の つみ木を ならべました。 つみ木の 数《かず》を 数《かぞ》えましょう。

目ひょう時間　5分《ふん》

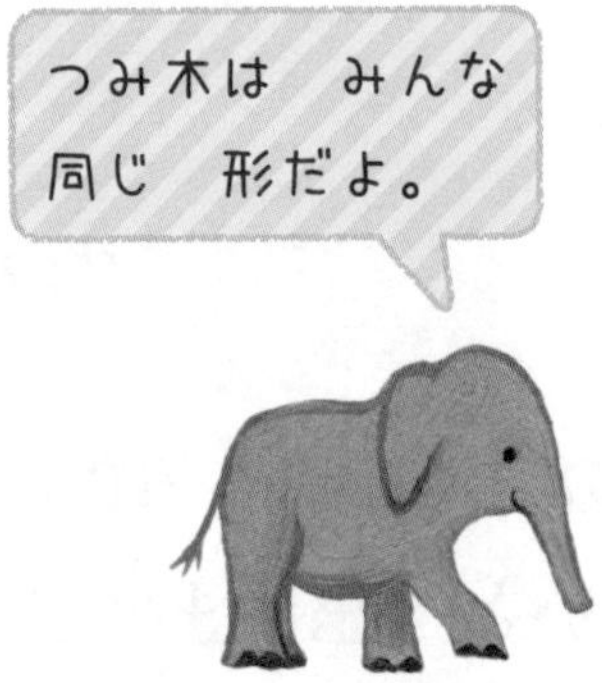

(1)

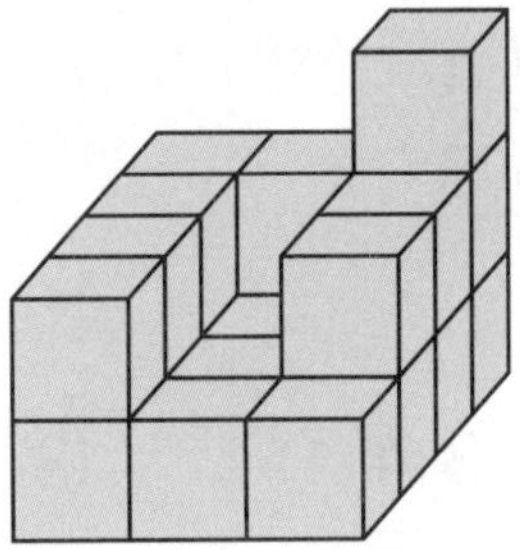

[　　]こ

(2)

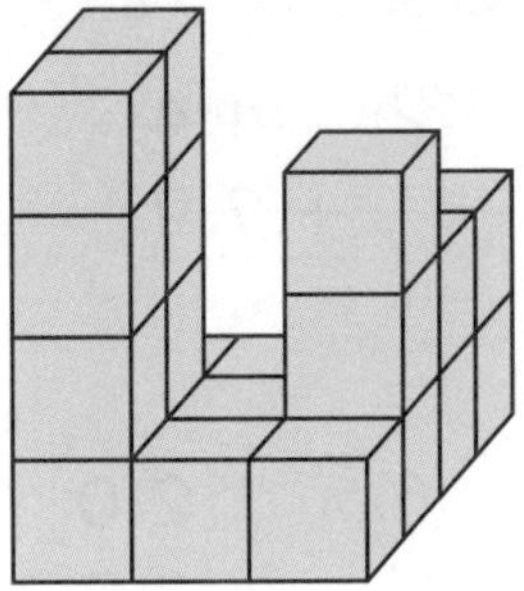

[　　]こ

(3)

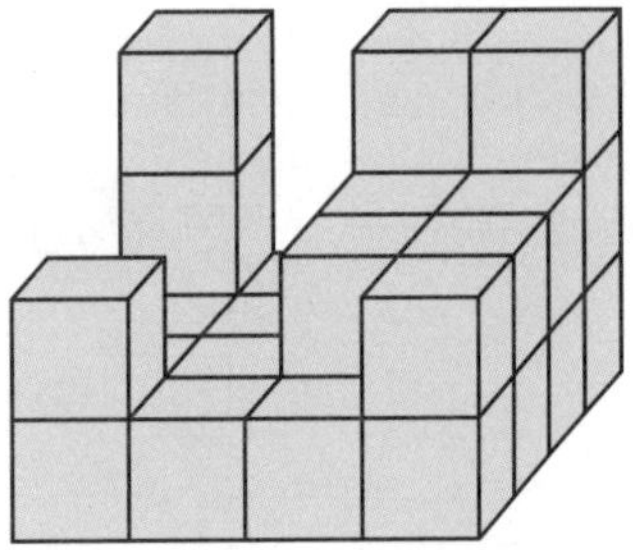

[　　]こ

(4)

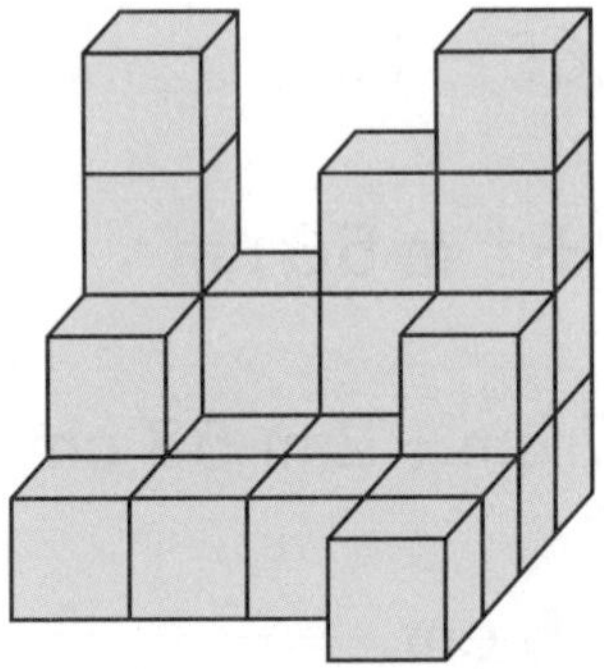

[　　]こ

算数

20 かけ算《ざん》 ①

シール

なまえ 2年 組

答え→156ページ 月 日

時間 20分 合かく 80点 とく点 点

1 下の 図《ず》を 見て 答《こた》えましょう。 (15点《てん》) 1つ3

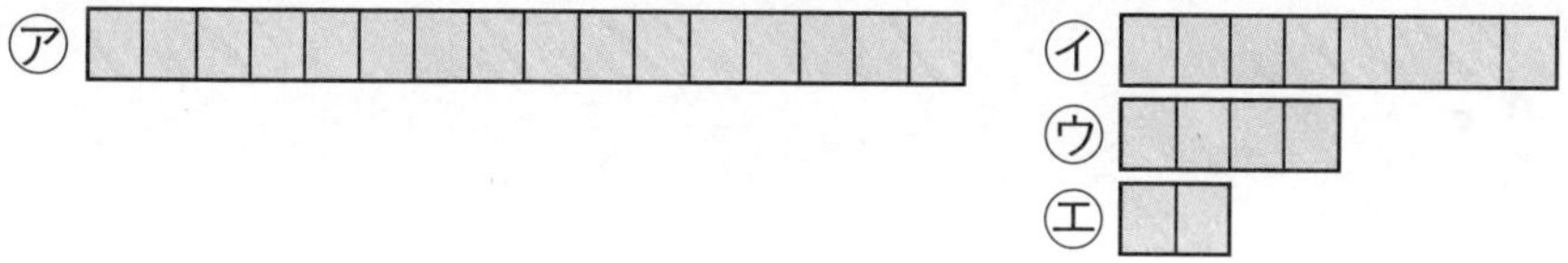

(1) ㋑は ㋒の 何《なん》ばいですか。 □ばい

(2) ㋒は ㋓の 何ばいですか。 □ばい

(3) ㋐は ㋑の 何ばいですか。 □ばい

(4) ㋐は ㋒の 何ばいですか。 □ばい

(5) ㋐は ㋓の 何ばいですか。 □ばい

2 [ ]に かけ算《ざん》の しきを 書《か》きましょう。 (12点) 1つ3

(1)

おにぎりの 数《かず》 ——→ [ ]

(2) 4この 3つぶん ——→ [ ]

(3) 6本の 5ばい ——→ [ ]

(4) 8+8+8+8+8+8 ——→ [ ]

3 かけ算を しましょう。 (54点) 1つ3

(1) 2×4	(2) 5×3	(3) 3×7
(4) 5×9	(5) 4×9	(6) 2×9
(7) 3×5	(8) 2×8	(9) 4×4
(10) 4×7	(11) 2×7	(12) 3×6
(13) 5×4	(14) 5×6	(15) 4×6
(16) 3×8	(17) 4×3	(18) 2×3

4 車が 4台《だい》 あります。1台の 車に 5人ずつ のると，何人 のれますか。 (9点)

(しき)

(答え) □人

5 かきを 5こずつ 7つの かごに 入れるには，かきは 何こ いりますか。 (10点)

(しき)

(答え) □こ

ちがいを　見て ①

答え→156 ページ
月　　日

もんだい　公園《こうえん》に，女の子が　９人　います。
男の子は，女の子より　７人　多《おお》く　います。
男の子は　何人《なんにん》　いますか。

目ひょう時間　３分《ぷん》

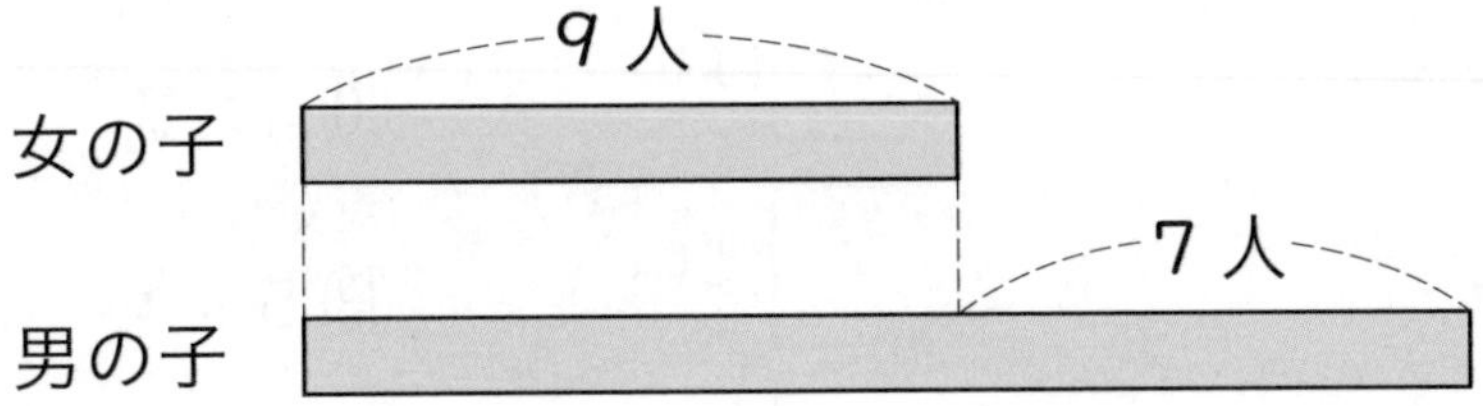

（ことばの　しき）
□ ＋ □ ＝ □

（しき）
□ ＋ □ ＝ □

（答《こた》え）□

かけ算《ざん》 ②

シール

なまえ　2年　組

答え→156ページ　月　日

時間 20分　合かく 80点　とく点　点

1 1のだんの　九九を　しあげましょう。（まん中の　数《かず》に　まわりの　数を　かけます。）（15点《てん》）1つ3

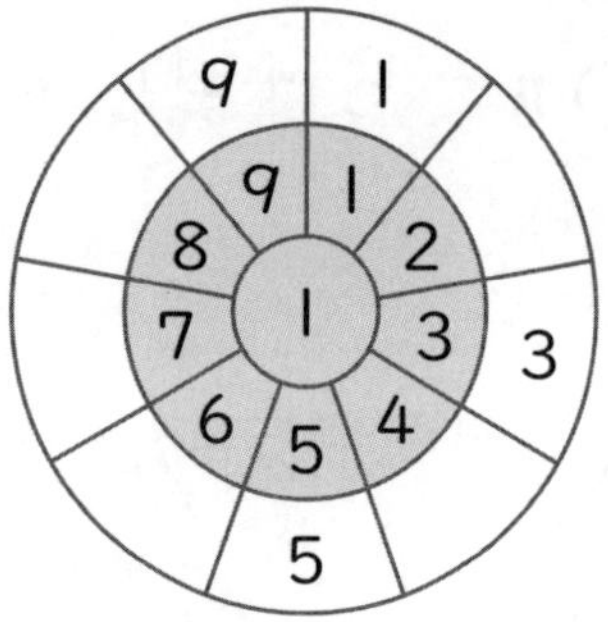

2 九九の　カードの　おもてと　うらを　線《せん》で　むすびましょう。（15点）1つ3

おもて	1×8	7×6	8×9	6×8	4×7
うら	42	48	8	28	72

3 4週間《しゅうかん》は　何日《なんにち》ですか。（15点）

（しき）

（答《こた》え）□日

4 かけ算《ざん》を　しましょう。（24点）1つ2

(1) 8×2　(2) 8×4　(3) 7×9

(4) 6×6　(5) 6×9　(6) 9×5

(7) 1×7　(8) 7×7　(9) 8×7

(10) 9×9　(11) 8×9　(12) 7×6

5 9人の　子どもに，4 cmずつ　テープを　くばります。テープは　何cm　いりますか。（10点）

（しき）

（答え）□cm

6 みかんを　ふくろに　7こずつ　入れます。7ふくろでは，みかんは　何こ　いりますか。（10点）

（しき）

（答え）□こ

チャレンジ

7 あつさ　6 mmの　いたを　8まい　かさねると，何cm何mmの　あつさに　なりますか。（11点）

（しき）

（答え）□cm □mm

思考力《しこうりょく》トレーニング

算数㉑ どれと どれが 同《おな》じ ②

答え→156 ページ　月　日

もんだい　□の 中と 同《おな》じ ものを 見つけて，○を つけましょう。

目ひょう時間　5 分《ふん》

(1)

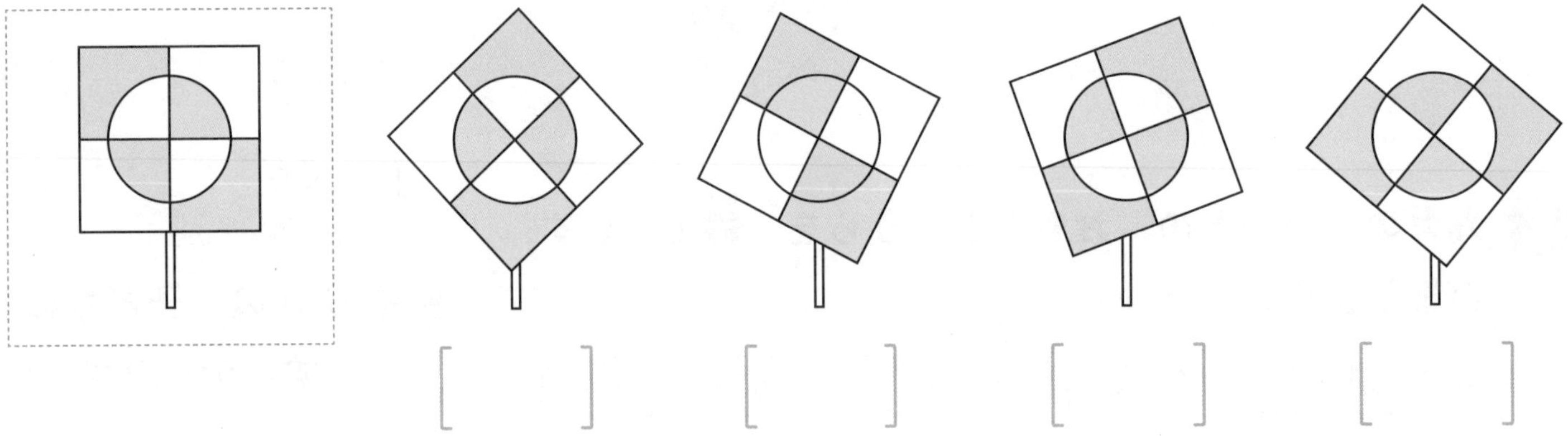

(2)

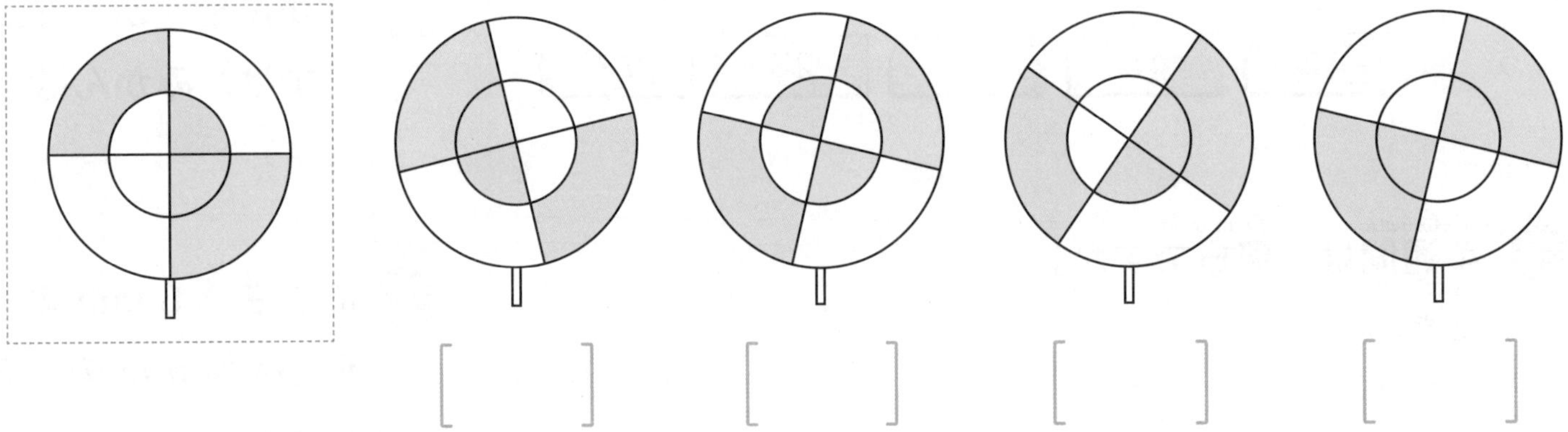

算数 22

かけ算《ざん》 ③

シール

なまえ　2 年　　組

答え→156 ページ

月　日

時間 20分　合かく 80点　とく点　点

1 答《こた》えが □の 中の 数字《すうじ》に なる 九九を，すべて 書《か》きましょう。（1 のだんから 9 のだんまでの 九九から）（24 点《てん》）1 つ 6

4 { □×□　□×□　□×□ }

9 { □×□　□×□　□×□ }

16 { □×□　□×□　□×□ }

36 { □×□　□×□　□×□ }

2 つぎの 九九の ひょうを つくりましょう。（36 点）1 つ 1

		かける 数《かず》								
		1	2	3	4	5	6	7	8	9
かけられる数	2									
	3									
	4									
	5									

3 かけ算《ざん》を しましょう。（18 点）1 つ 2

(1) 1×8　(2) 4×8　(3) 8×7

(4) 5×9　(5) 2×6　(6) 6×7

(7) 3×7　(8) 7×7　(9) 9×9

4 つぎの 長《なが》さは 何《なん》 cm ありますか。（16 点）1 つ 8

(1)

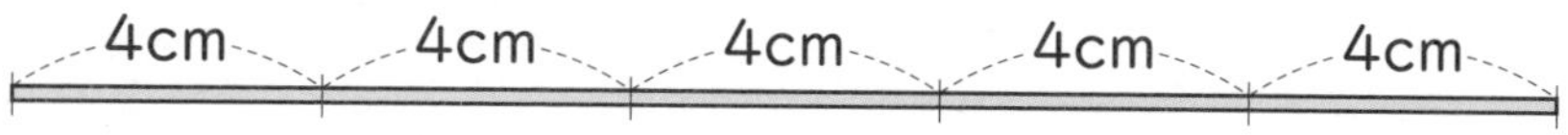
4cm
4cm
4cm
4cm
4cm

（しき）

（答え）□ cm

(2)

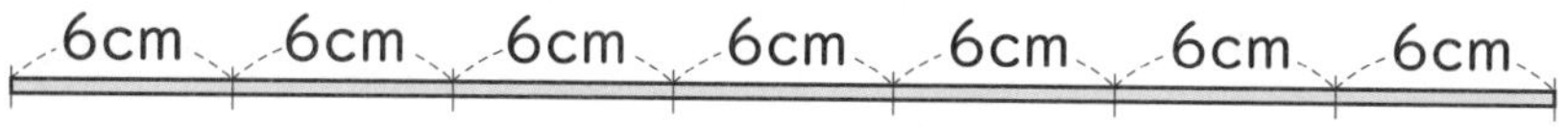
6cm
6cm
6cm
6cm
6cm
6cm
6cm

（しき）

（答え）□ cm

5 いちごを 3 まいの おさらに それぞれ 8 こずつ のせるには，いちごは 何こ いりますか。（6 点）

（しき）

（答え）□ こ

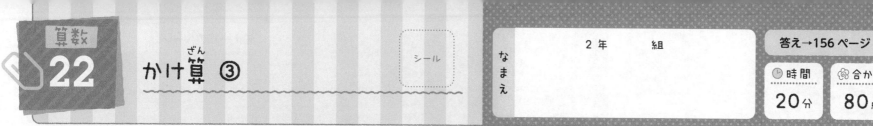

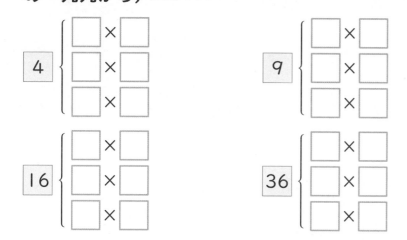

計算《けいさん》パズル（＋と　－）②

答え→157ページ

月　　日

もんだい　□に　あてはまる　＋や　－を　入れましょう。

目ひょう時間　8分《ふん》

(1) 8 □ 5 □ 2＝5

(2) 8 □ 5 □ 2＝11

(3) 8 □ 5 □ 2＝15

(4) 8 □ 5 □ 2＝1

(5) 16 □ 4 □ 7＝5

(6) 16 □ 4 □ 7＝27

(7) 16 □ 4 □ 7＝13

(8) 16 □ 4 □ 7＝19

答《こた》えと　同《おな》じに　なるまで
＋や　－を　入れて　みよう。

かけ算《ざん》 ④

シール

なまえ　2年　　組

答え→157ページ

月　日

時間 20分　合かく 80点　とく点　　点

1 れいに　ならって，つぎの　計算《けいさん》を　しましょう。

(16点《てん》) 1つ4

(れい)　7×6＝7＋7＋7＋7＋7＋7＝42

(1) 9×4

(2) 6×6

(3) 5×7

(4) 8×4

2 つぎの　九九の　ひょうを　つくりましょう。

(36点) 1つ1

		かける　数《かず》								
		1	2	3	4	5	6	7	8	9
かけられる数	6									
	7									
	8									
	9									

3 かけ算《ざん》を　しましょう。(18点) 1つ2

(1) 2×10　(2) 2×11　(3) 2×12

(4) 5×11　(5) 5×12　(6) 3×11

(7) 4×12　(8) 8×11　(9) 9×10

4 車が　6台《だい》　あります。1台の　車に　4人ずつ　のると，何人《なんにん》　のれますか。(10点)

(しき)

(答《こた》え)　　人

5 8人の　グループが　5つ　あります。みんなで　何人に　なりますか。(10点)

(しき)

(答え)　　人

6 かきを　7こずつ　3まいの　おさらに　のせるには，かきは　何こ　いりますか。(10点)

(しき)

(答え)　　こ

点《てん》むすび ②

答え→157ページ 月　日

もんだい　右の 図《ず》と 同《おな》じように，左の 図の 点《てん》を 線《せん》で むすびましょう。

目ひょう時間　3分《ぷん》

(1)

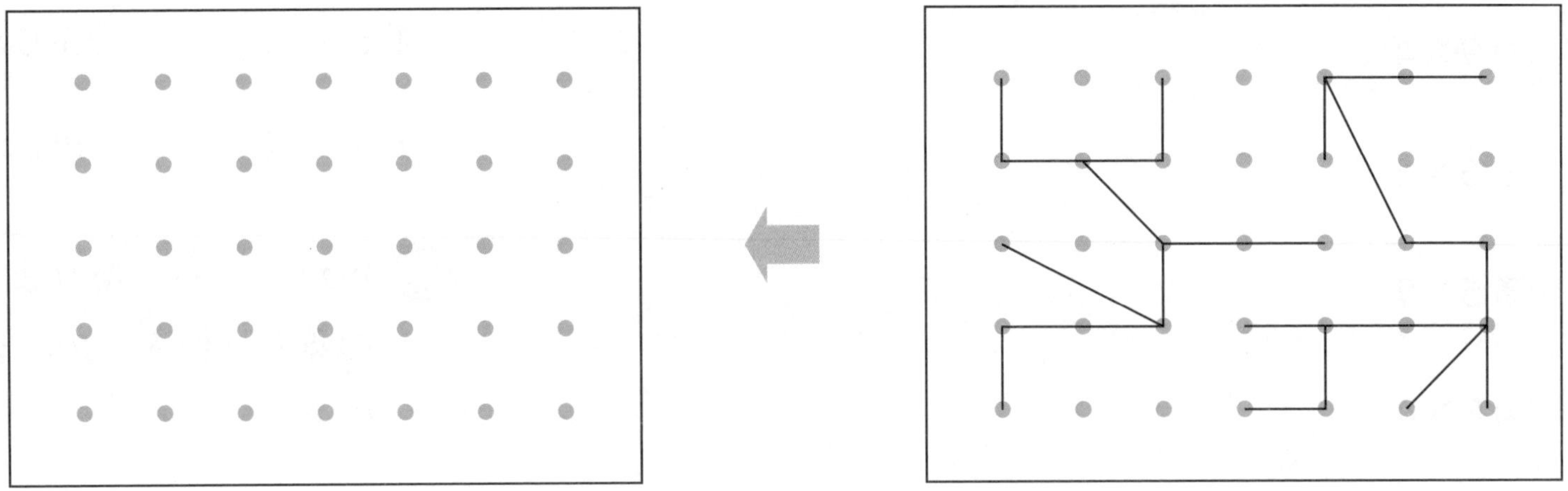

(2)

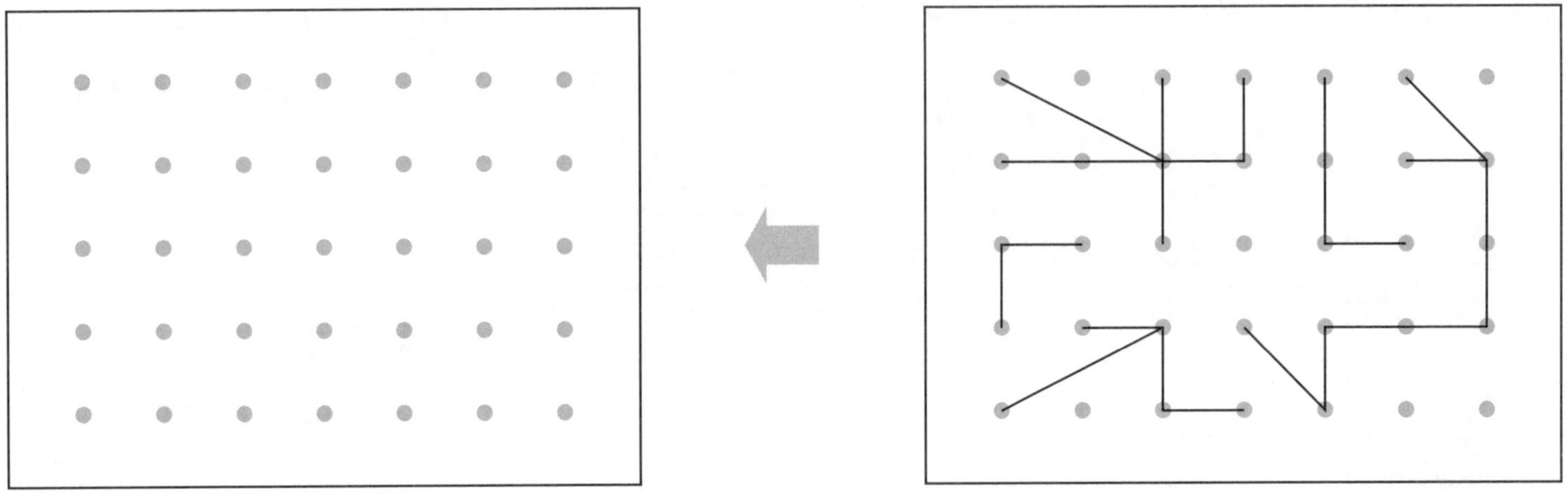

『パズル道場（トレーニングⅠ）』（受験研究社）

いろいろな　もんだい

シール

なまえ　2年　組

答え→157ページ　月　日

時間 25分　合かく 80点　とく点　点

1 つぎの　もんだいは，何算《なにざん》を　つかって　とけば　よいですか。
しきを　書《か》いて　答《こた》えましょう。(45点《てん》) 1つ15

(1) 2年1組《くみ》は　37人です。そのうち，女の子は　18人です。男の子は　何人ですか。

(しき)

(答え) □ 人

(2) りんごの　入って　いる　ふくろが　5つ　あります。りんごは　7こずつ　入って　います。りんごは　ぜんぶで　何こ　ありますか。

(しき)

(答え) □ こ

(3) みさきさんは　きのう　本を　27ページ，今日《きょう》　19ページ　読《よ》みました。あわせて　何ページ　読みましたか。

(しき)

(答え) □ ページ

2 長《なが》さ　22cmの　テープを　2本　つないで，長さ　40cmの　テープに　したいと　思《おも》います。つなぎ目を　何cmに　したら　よいですか。(15点)

(答え) □ cm

3 くりひろいを　しました。わたしは　52こ　ひろいました。お姉《ねえ》さんは　わたしより　9こ　多く，妹《いもうと》は　わたしより　6こ　少《すく》ないです。お姉さんは　妹より　何こ　多いですか。(20点)

(しき)

(答え) □ こ

チャレンジ

4 4×8の　しきに　なるような　もんだいを　つくって　みましょう。(20点)

□

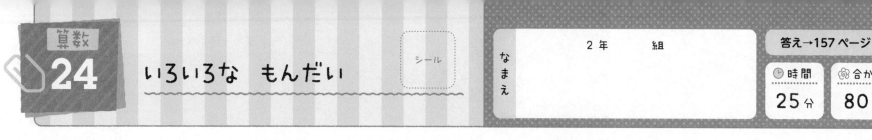

つみ木の 数《かず》②

答え→157ページ
月　日

もんだい　つみ木の 数《かず》を 数《かぞ》えましょう。

目ひょう時間　3分《ぷん》

答《こた》えの 図《ず》と むきが
ちがう ものも あるよ。

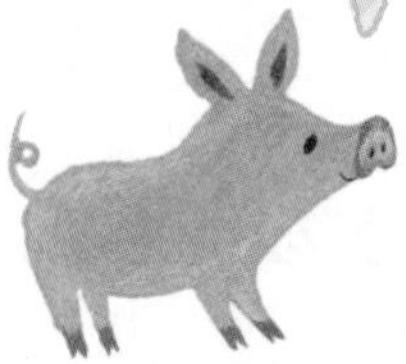

(1)

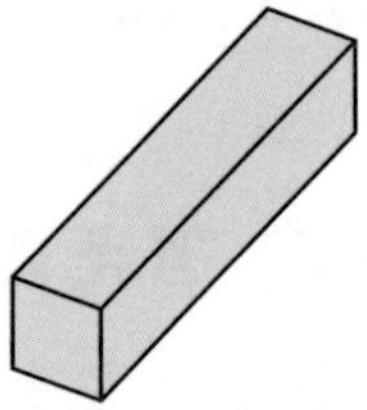 が [　　] つ

 が [　　] つ

 が [　　] つ

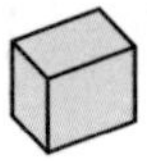 が [　　] つ

(2)

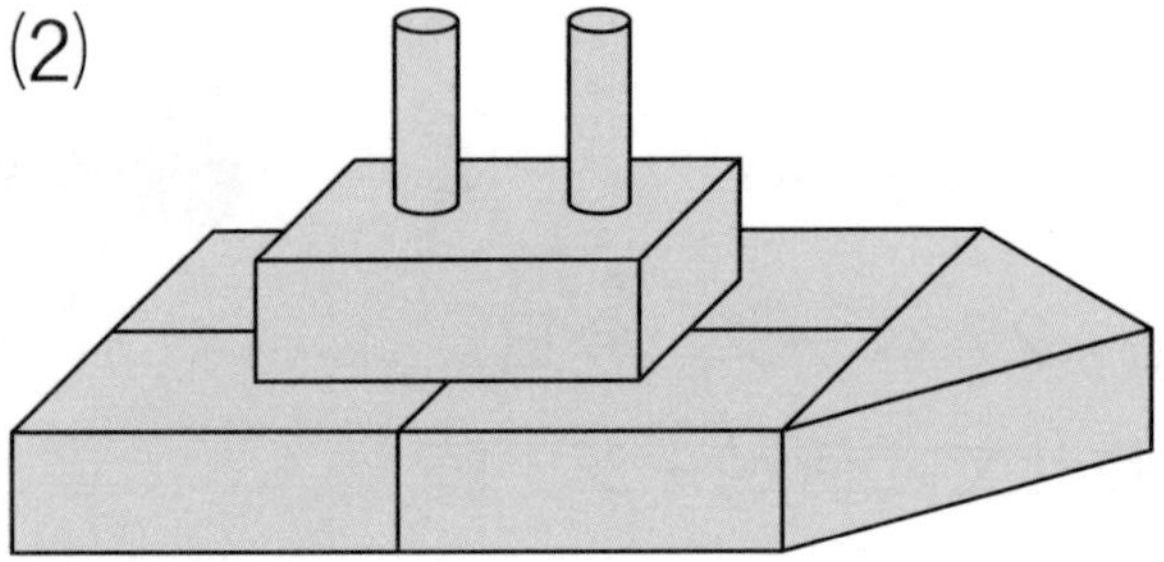

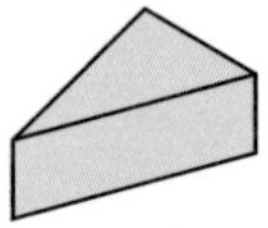 が [　　] つ

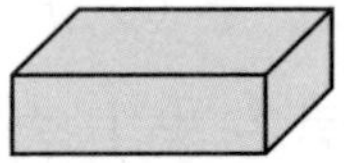 が [　　] つ

 が [　　] つ

三角形《さんかくけい》と 四角形《しかくけい》

シール

なまえ 2年 組

答え→157ページ 月 日

時間 25分 合かく 80点 とく点 点

1 つぎの 形《かたち》を 見て，下の もんだいに 答《こた》えましょう。(30点《てん》) 1つ10

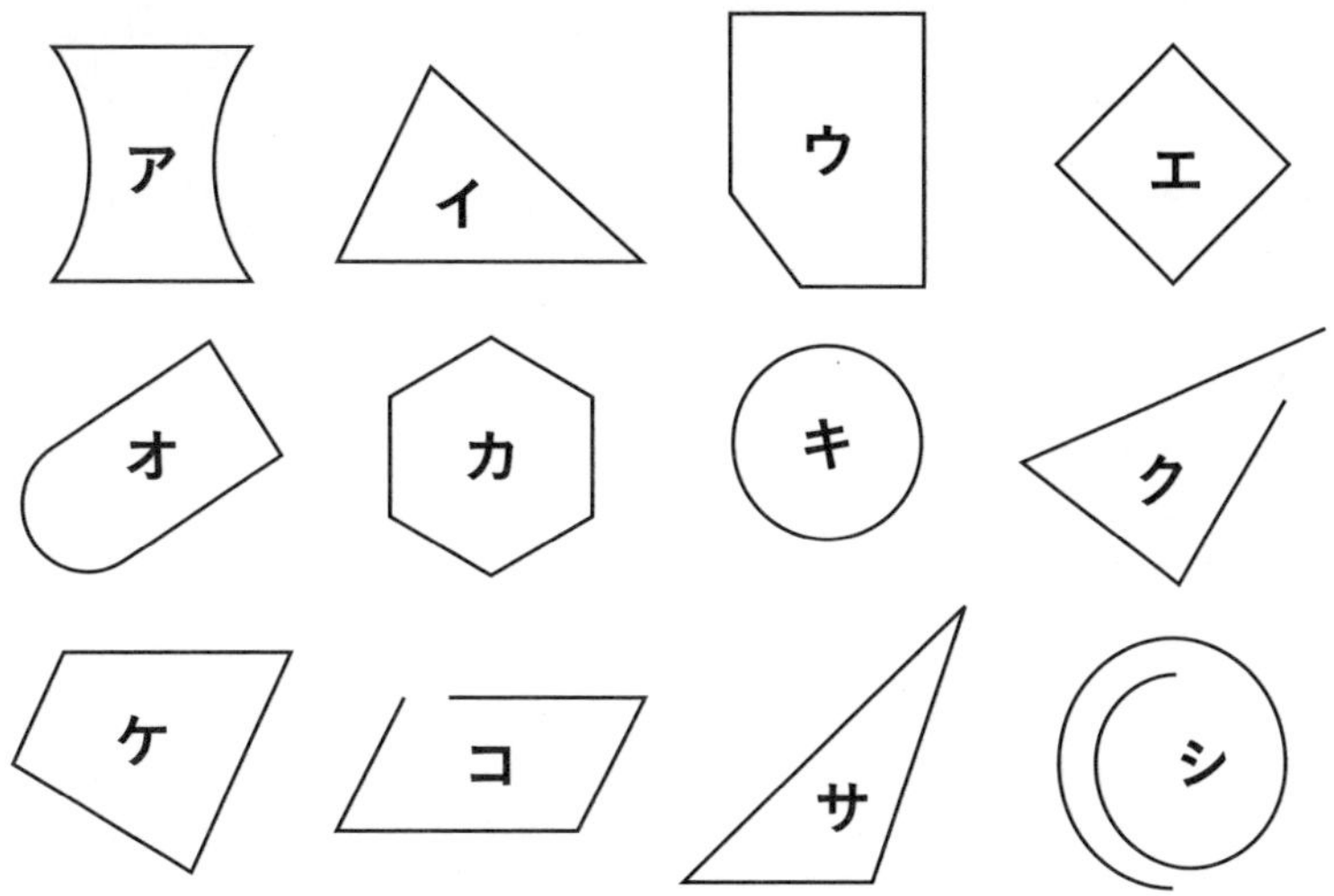

(1) 直線《ちょくせん》だけで かこまれて いる 形は どれですか。

[ ]

(2) 三角形《さんかくけい》は どれですか。

[ ]

(3) 四角形《しかくけい》は どれですか。

[ ]

2 下のような 四角形が あります。この 四角形に 直線を 1本 ひいて，つぎの 形に 分《わ》けましょう。(20点) 1つ10

(1) 三角形 2つに

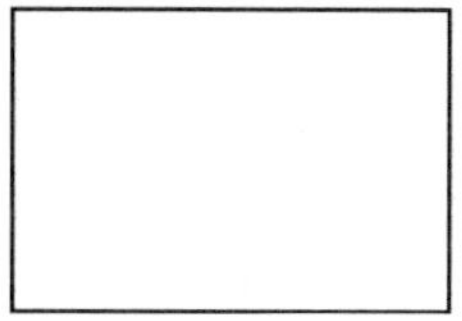

(2) 四角形 2つに

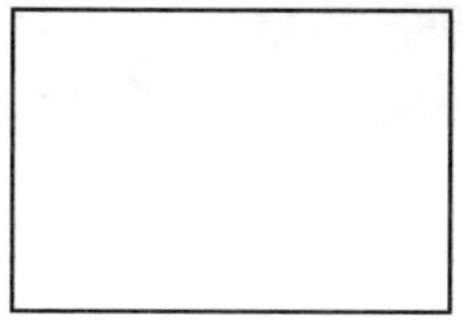

3 右の れいのように，点《てん》と 点を 直線で むすんで，三角形を つくりましょう。同《おな》じ 形に ならない ように，しましょう。(50点) 1つ10

(れい)

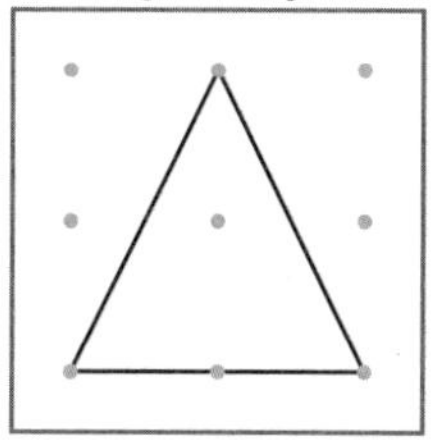

(1)

(2)

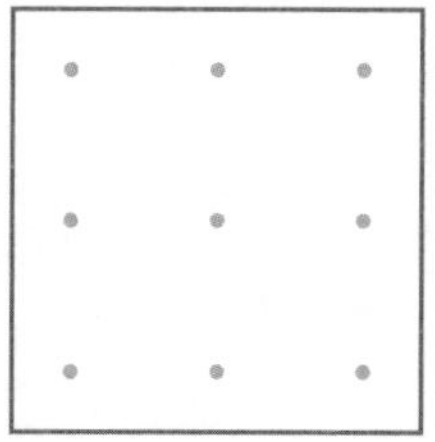

(3)

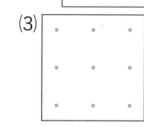

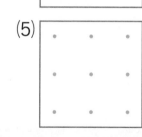

(4)

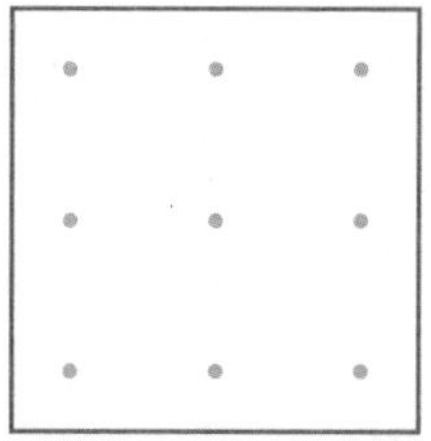

(5)

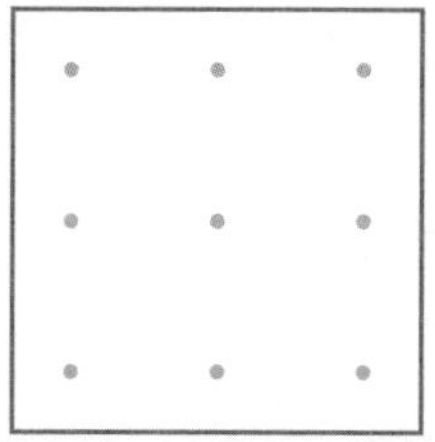

ちがいを　見て　②

答え→157ページ　月　日

もんだい　ねこが　16ぴき　います。
犬は，ねこより　9ひき　少《すく》ないそうです。
犬は　何《なん》びき　いますか。

目ひょう時間　3分《ぷん》

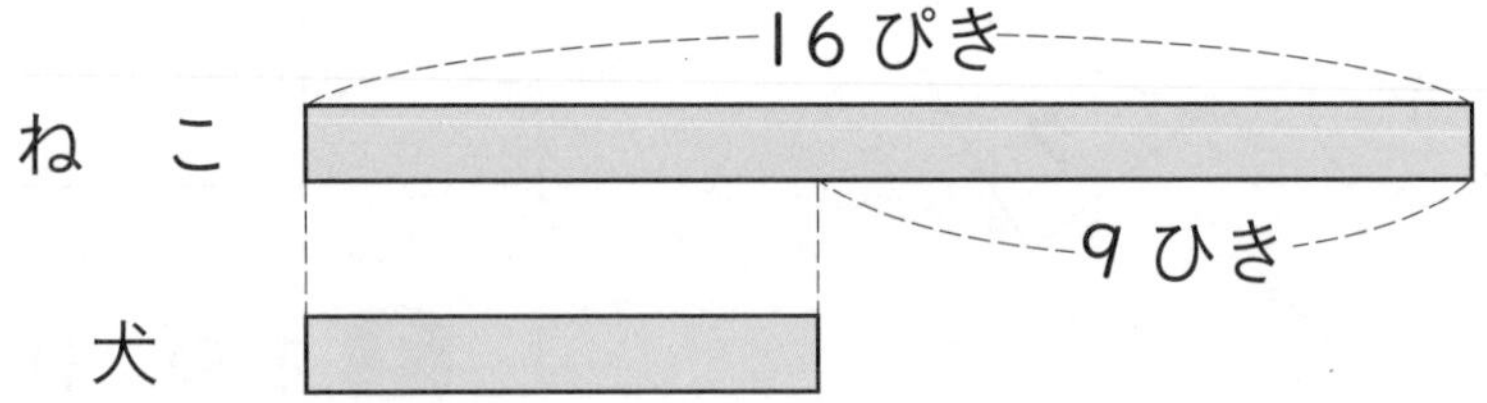

（ことばの　しき）

□ − □ ＝ □

（しき）

□ − □ ＝ □

（答《こた》え）□

長方《ちょうほう》形《けい》と　正方《せいほう》形《けい》 ①

シール

なまえ　2年　組

答え→158ページ　月　日

時間 20分　合かく 80点　とく点　点

1 つぎの　図《ず》を　見て　答《こた》えましょう。 (48点《てん》) 1つ16

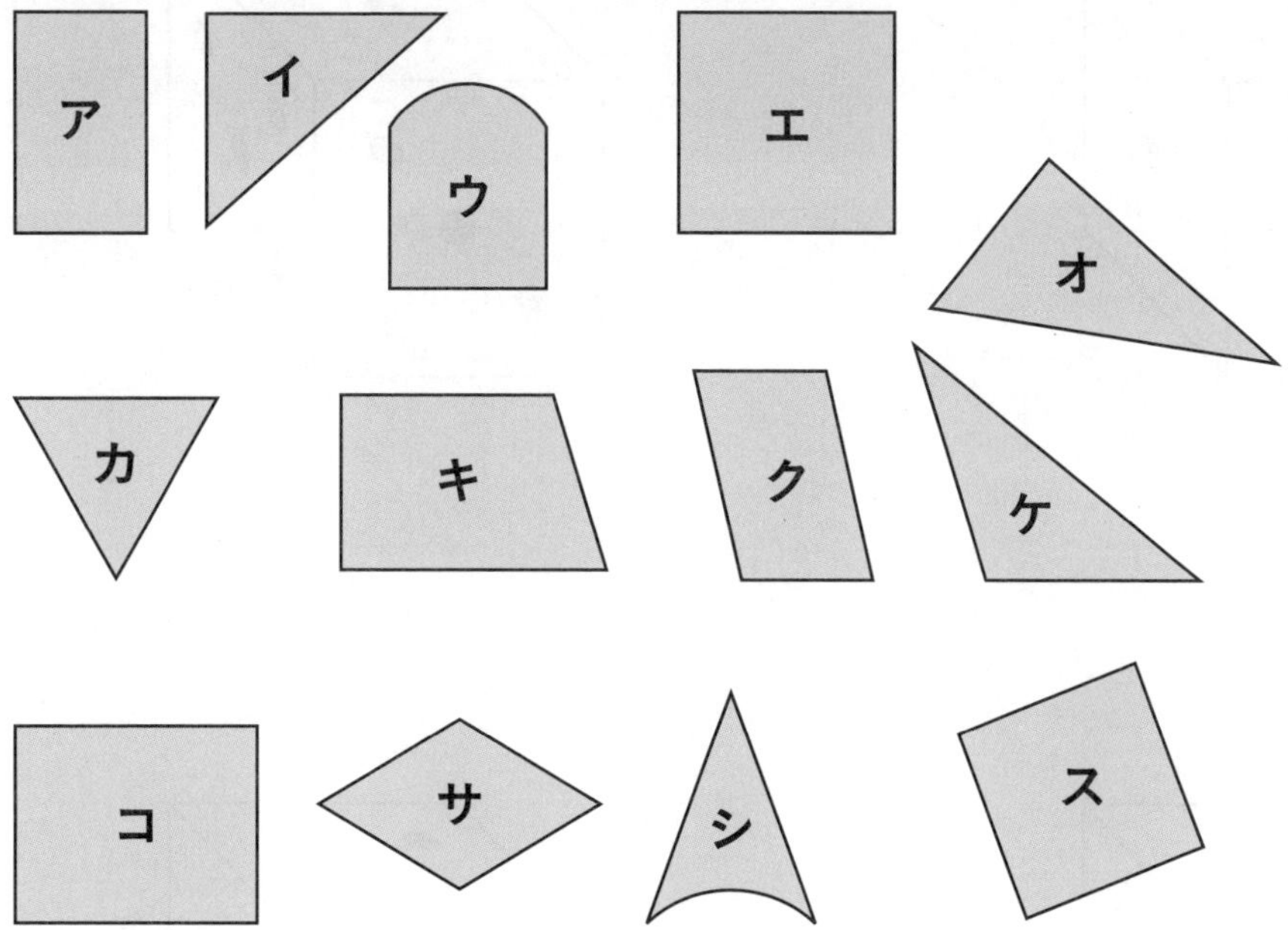

(1) 正方形《せいほうけい》は　どれと　どれですか。

[　　　　]

(2) 長方形《ちょうほうけい》は　どれと　どれですか。

[　　　　]

(3) 直角三角形《ちょっかくさんかくけい》は　どれと　どれですか。

[　　　　]

2 つぎの　形《かたち》は，何《なん》と　いう　形ですか。 (30点) 1つ10

(1) かどが　どれも　直角に　なって　いる　四角形

[　　　　]

(2) かどが　どれも　直角で，4つの　辺《へん》の　長《なが》さが　みんな　同《おな》じに　なって　いる　四角形

[　　　　]

(3) 1つの　かどが　直角に　なって　いる　三角形

[　　　　]

3 右のような　形が　あります。

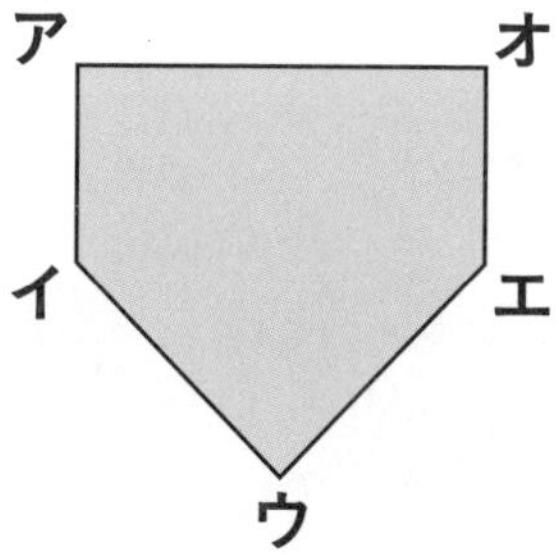

(1) 直角の　ある　ちょう点《てん》を　ぜんぶ　書《か》きましょう。(10点)

[　　　　]

(2) **イ**と　**エ**の　ちょう点を　直《ちょく》線《せん》で　つなぐと，どんな　形に　分《わ》けられますか。(12点)

[　　　　]

さいころの　目の　数《かず》②

答え→158ページ　月　日

もんだい

さいころの　むかい合《あ》った　面《めん》の　目の　数《かず》を　たすと　7に　なります。さいころの　見えない　3つの　面の　目の　数を　たすと　いくつに　なりますか。

目ひょう時間　5分《ふん》

(1)

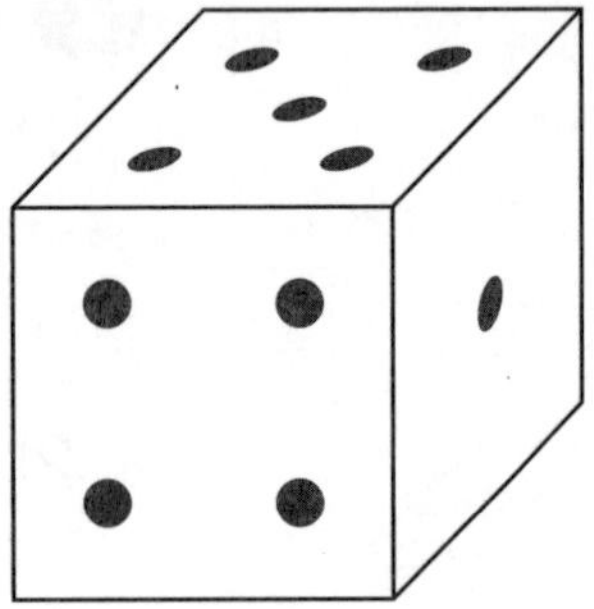

[　　]

(2)

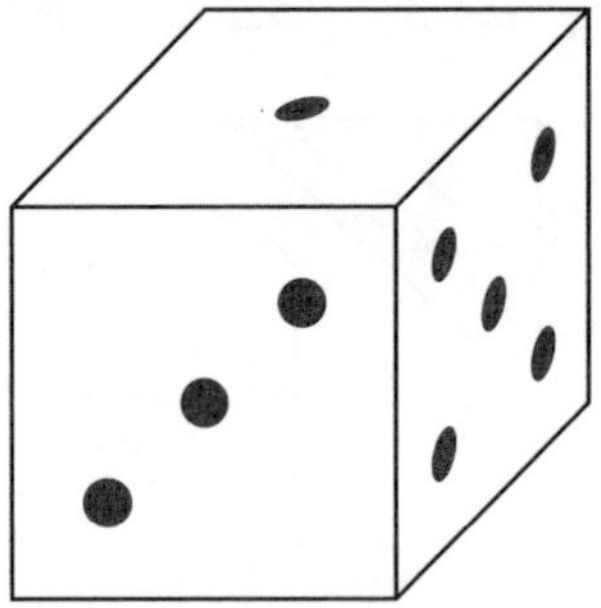

[　　]

(3)

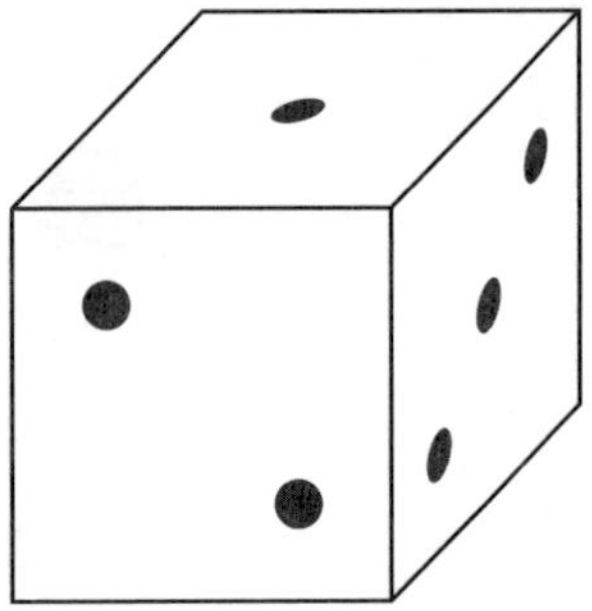

[　　]

(4)

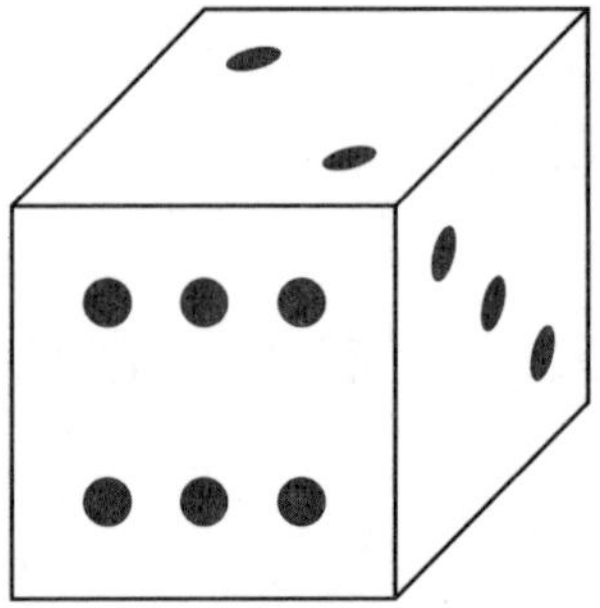

[　　]

長方形《ちょうほうけい》と　正方形《せいほうけい》②

シール

なまえ　2年　組

答え→158ページ

月　日

時間 20分　合かく 80点　とく点　点

1 つぎの　形《かたち》を　かきましょう。(60点《てん》) 1つ20

(1) 4cmの　辺《へん》と　5cmの　辺の　間《あいだ》に，直角《ちょっかく》の　かどが　ある　直角三角形《さんかくけい》

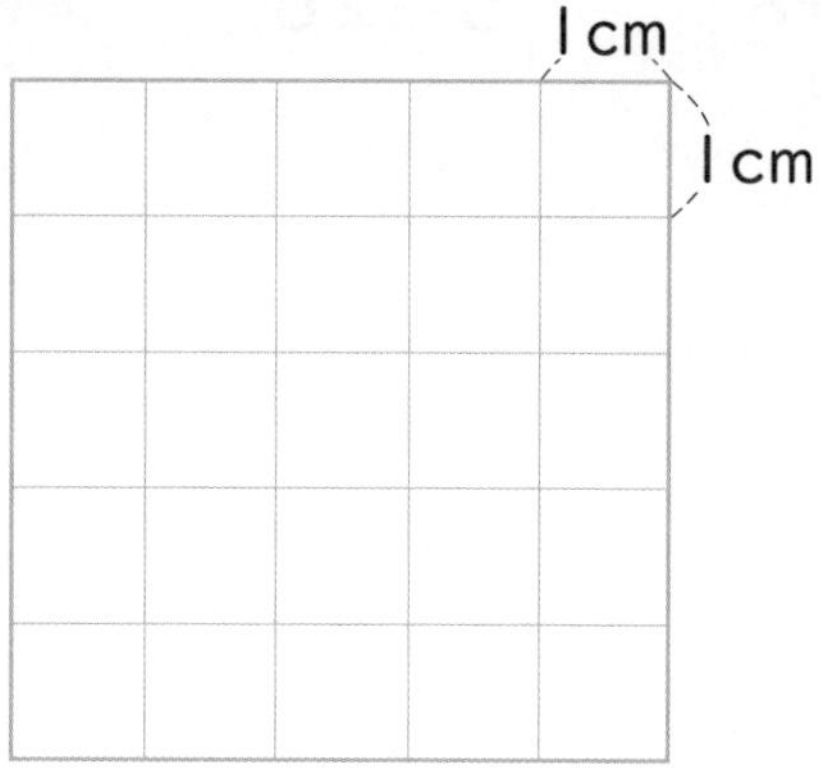
1cm
1cm

(2) 1つの　辺の　長《なが》さが　3cmの　正方形《せいほうけい》

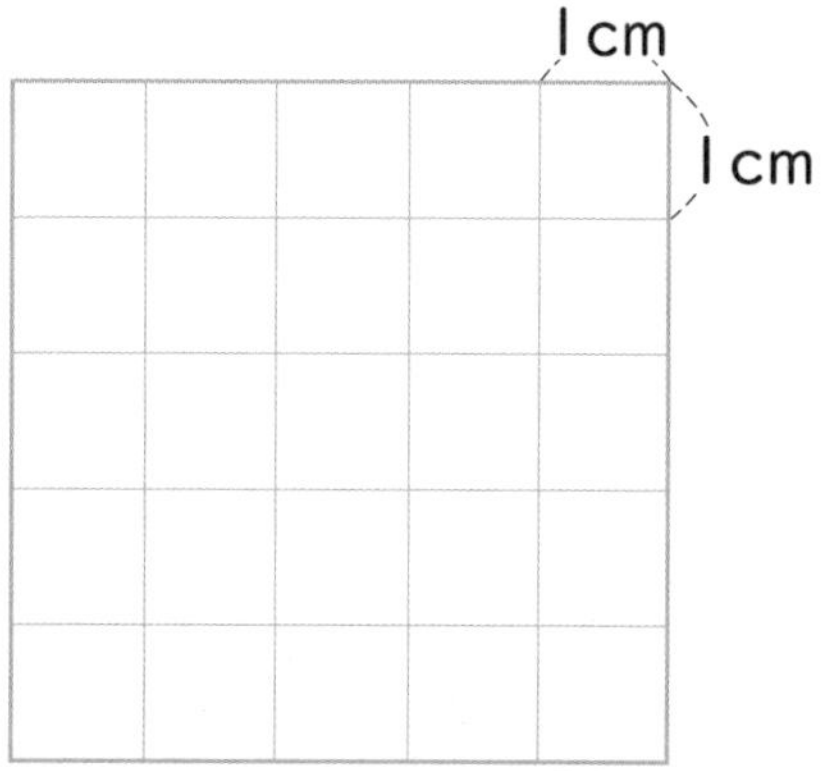
1cm
1cm

(3) たて　2cm，よこ　4cmの　長方形《ちょうほうけい》

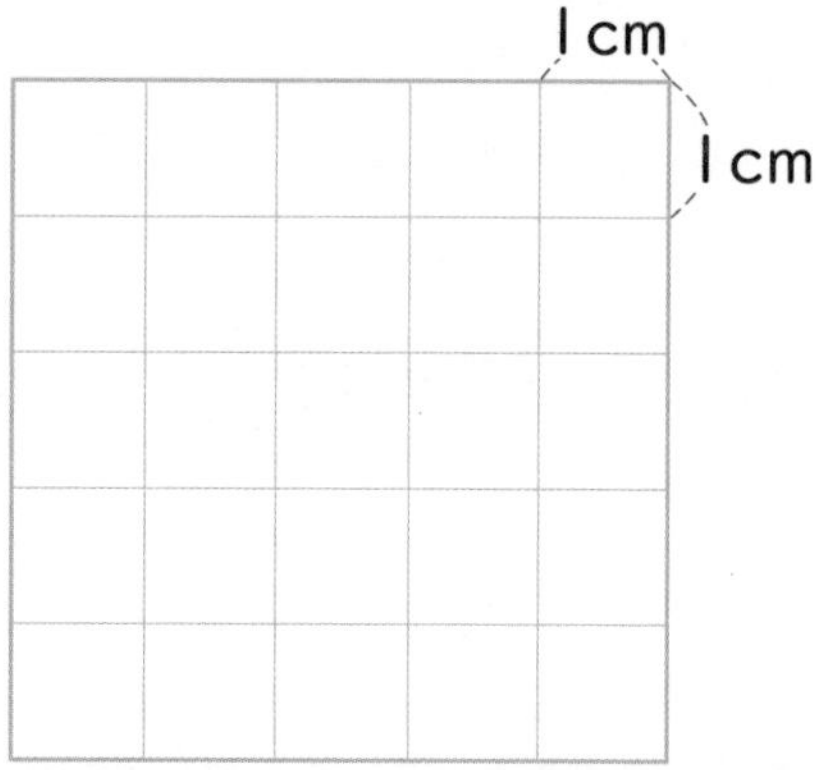
1cm
1cm

2 四角形を，むかい合《あ》って　いる　ちょう点を　むすぶ　線《せん》で　2つに　切《き》ると，つぎのような　形が　できました。(30点) 1つ15

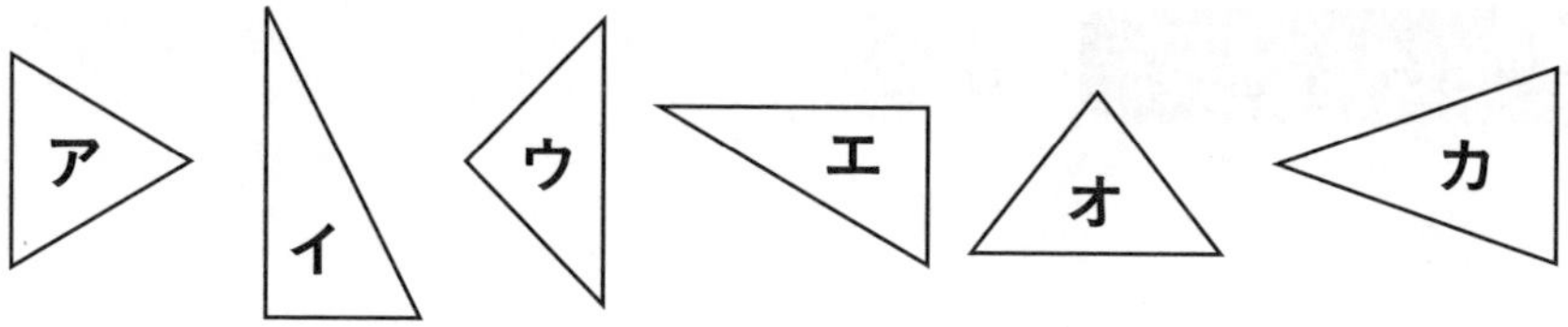
ア
イ
ウ
エ
オ
カ

(1) もとの　形が　正方形なのは　どれですか。

[　　　　]

(2) もとの　形が　長方形なのは　どれですか。

[　　　　]

3 たて　5cm，よこ　7cmの　長方形の　紙《かみ》が　あります。この　紙から，できるだけ　大きい　正方形を　つくります。1つの　辺の　長《なが》さは　何《なん》cmに　なりますか。(10点)

[　　　　]

算数 ㉗

計算《けいさん》パズル（＋と　－）③

答え→158 ページ

月　日

もんだい　□に　あてはまる　＋や　－を　入れましょう。

目ひょう時間　8分《ふん》

(1) 13 □ 8 □ 5＝26

(2) 13 □ 8 □ 5＝10

(3) 13 □ 8 □ 5＝0

(4) 13 □ 8 □ 5＝16

(5) 14 □ 5 □ 7＝2

(6) 14 □ 5 □ 7＝26

(7) 14 □ 5 □ 7＝12

(8) 14 □ 5 □ 7＝16

答《こた》えから　あてはまりそうな　＋や　－を　考《かんが》えて　といて　いこう。

はこの 形《かたち》

シール

なまえ　2年　　組

答え→158ページ　月　日

時間 20分　合かく 80点　とく点　　点

1 **右の 形《かたち》に ついて, つぎの もんだいに 答《こた》えましょう。**

① 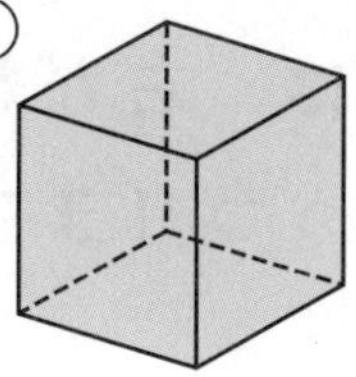
(さいころの 形)

② 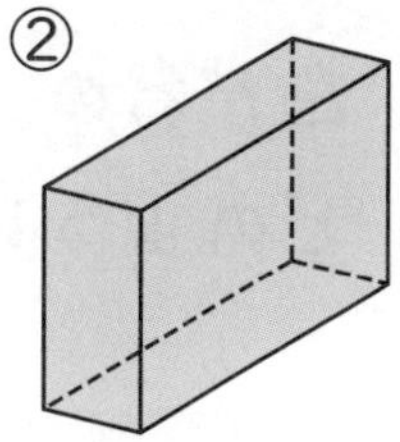
(はこの 形)

(1) ひょうに あてはまる 数《かず》や ことばを 書《か》きましょう。(40点《てん》) 1つ20

形	ちょう点の 数	辺《へん》の 数	面《めん》の 数	面の 形
①				
②				

(2) ②には, 同《おな》じ 形の 面が, いくつずつ ありますか。(6点)

[　　　]つずつ

(3) ②には, 同じ 長《なが》さの 辺が 何本《なんぼん》ずつ ありますか。(6点)

[　　　]本ずつ

2 **たりない 面を かきたして, はこの 形が できるように しましょう。** (10点)

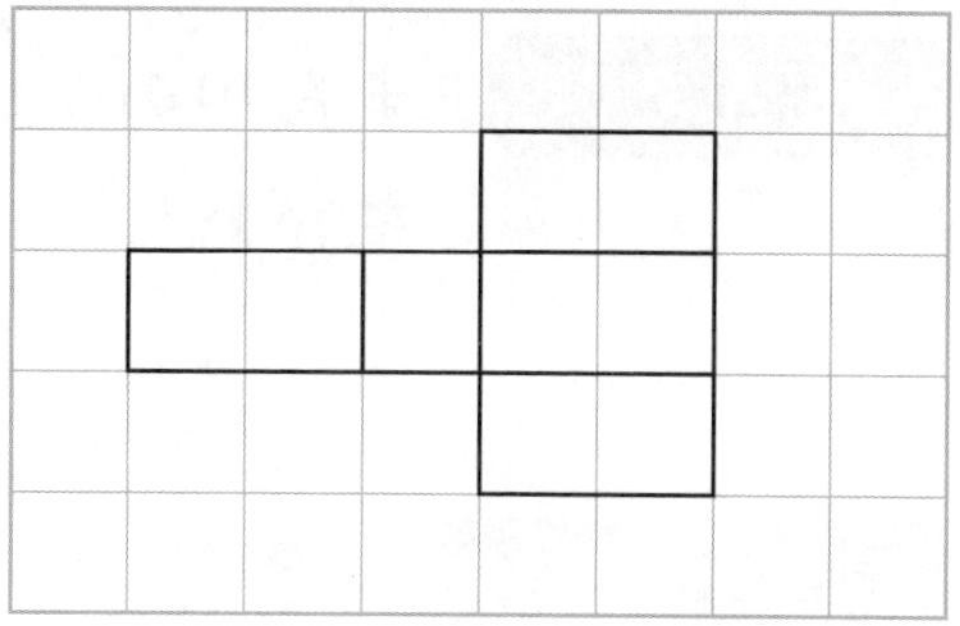

チャレンジ

3 **右の 図《ず》は, はこを ひらいた 図です。**

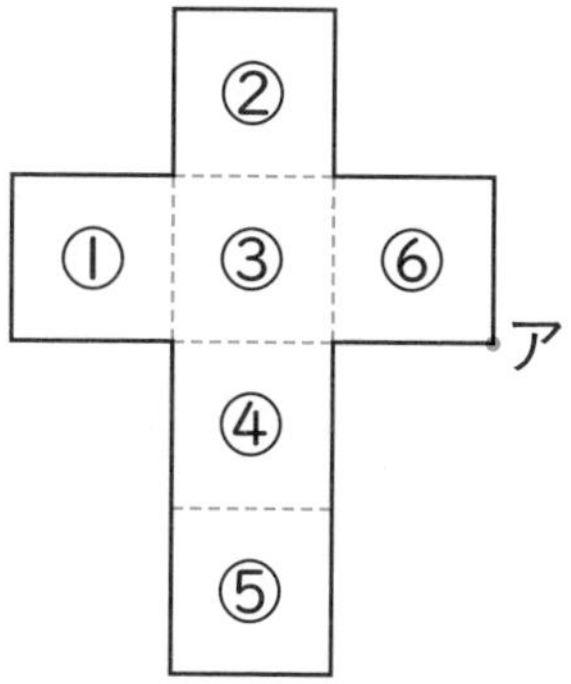

(1) この 図を ------で おって 組《く》み立てると, どんな 形が できますか。(10点)

[　　　　　]

(2) 組み立てたとき, つぎの 面と むかい合《あ》う 面は どこですか。(18点) 1つ6

①……□　②……□　③……□

(3) アの ちょう点と かさなる ところを 見つけて, 上の 図の 中に ○じるしを つけましょう。(10点)

算数
生活
国語
答え

答え→158ページ

月　日

どのように　うつる ③

もんだい　まん中の　太《ふと》い線《せん》の　ところで　おって，左がわの　図《ず》は　右がわに，右がわの　図は　左がわに　スタンプのように　うつすと　どのように　うつりますか。
うつった　図を　かきましょう。

目ひょう時間　8分《ふん》

(1)
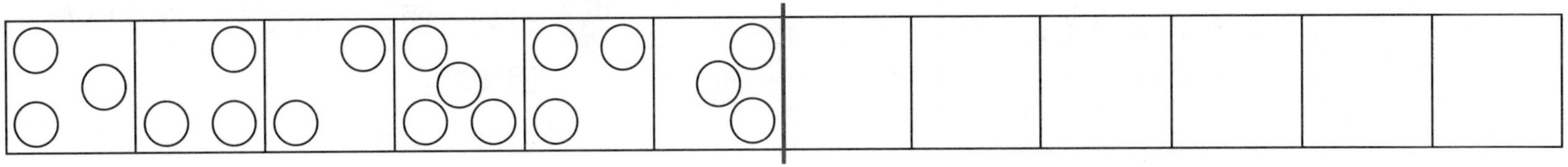

(2)
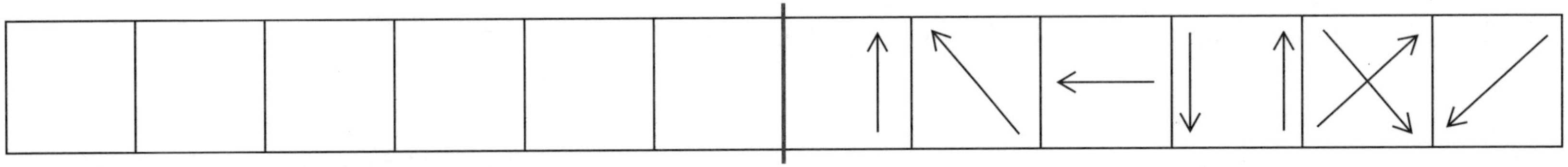

(3)
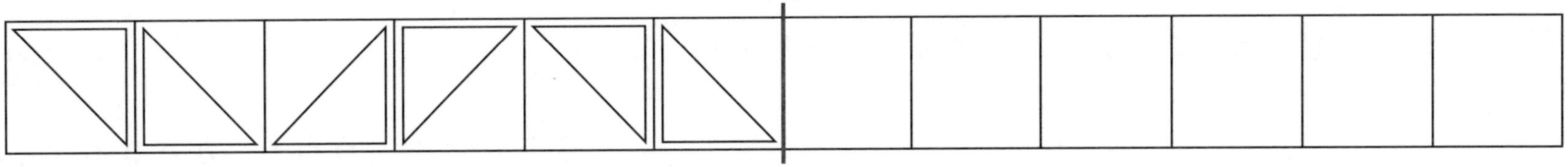

分《ぶん》数《すう》

シール

なまえ　2 年　　組

答え→158 ページ　月　日

時間 20分　合かく 80点　とく点　　点

1 色《いろ》の　ついた　ところは，もとの　大きさの　何分《なんぶん》の一ですか。分数《ぶんすう》で　書《か》きましょう。(28点《てん》) 1つ7

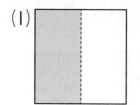

(1)

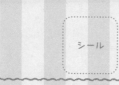

[　　]

(2)

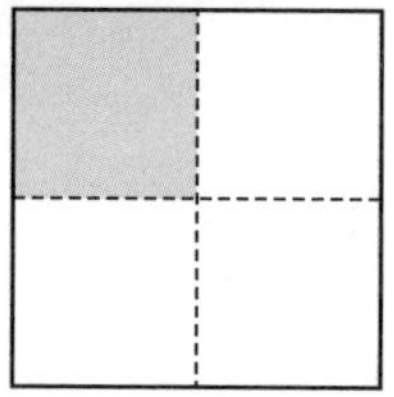

[　　]

(3)

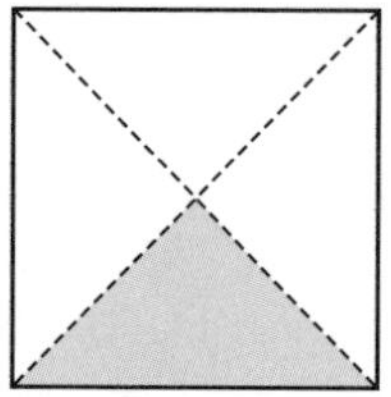

[　　]

(4)

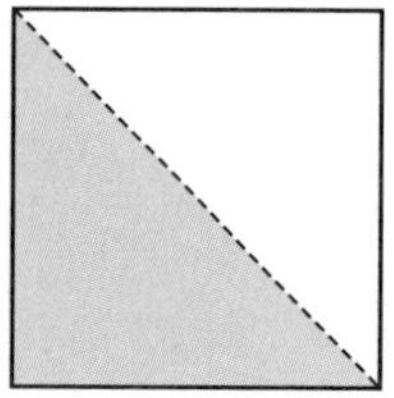

[　　]

2 色の　ついた　ところが，もとの　大きさの　$\frac{1}{2}$ に　なって　いるのは　どれと　どれですか。(12点)

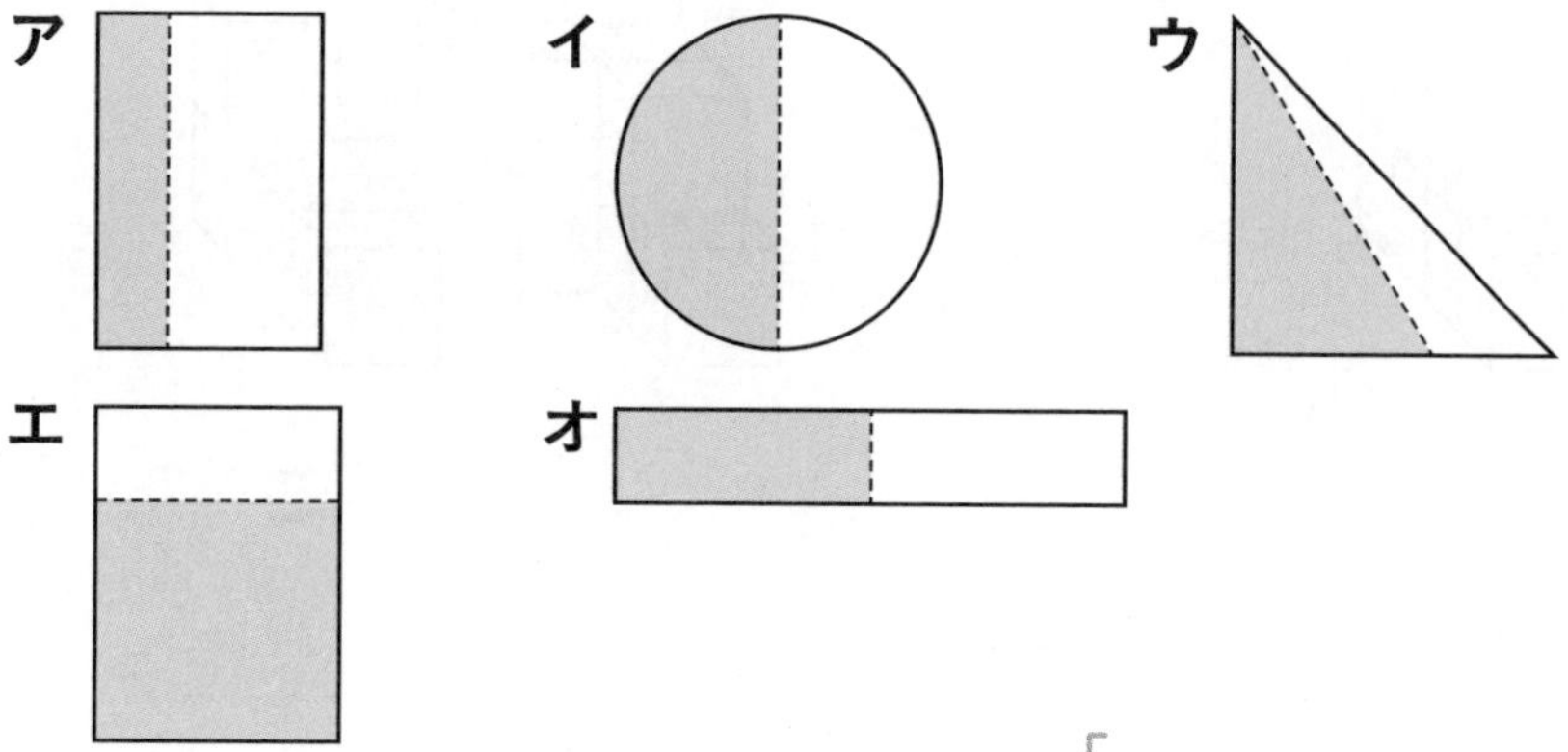

[　　]

チャレンジ

3 つぎの　分数が　あらわしている　大きさだけ　色を　ぬりましょう。(60点) 1つ10

(1) $\frac{1}{6}$

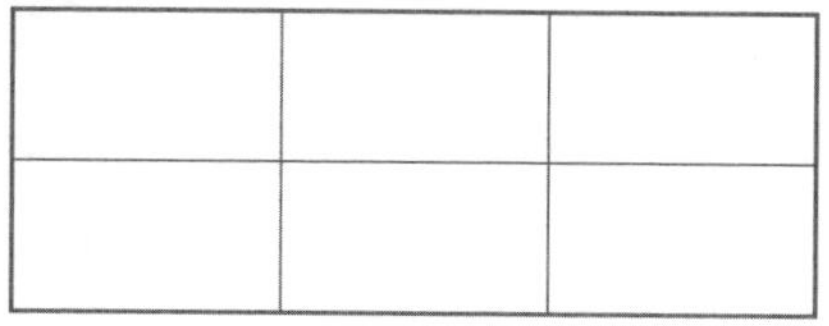

(2) $\frac{1}{5}$

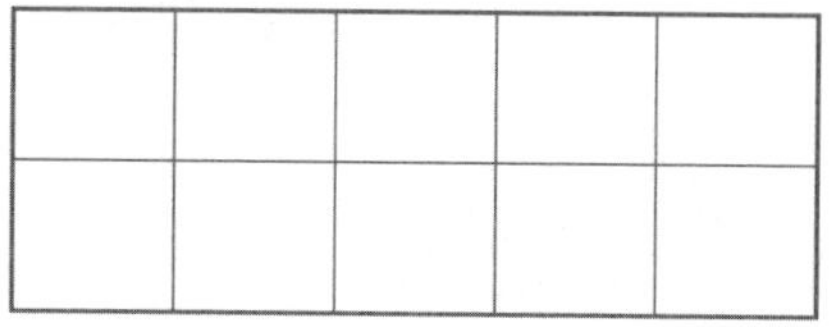

(3) $\frac{1}{12}$

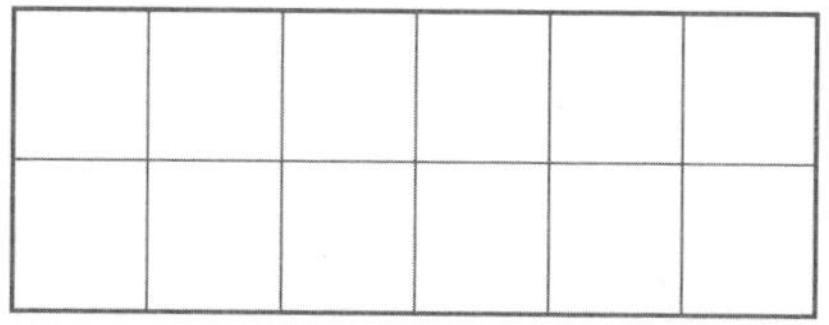

(4) $\frac{4}{12}$

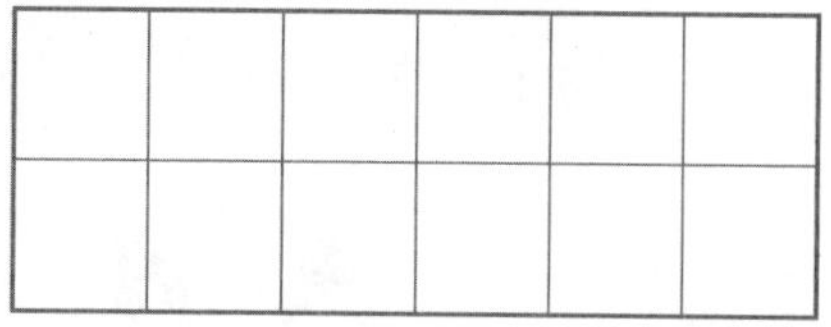

(5) $\frac{2}{3}$

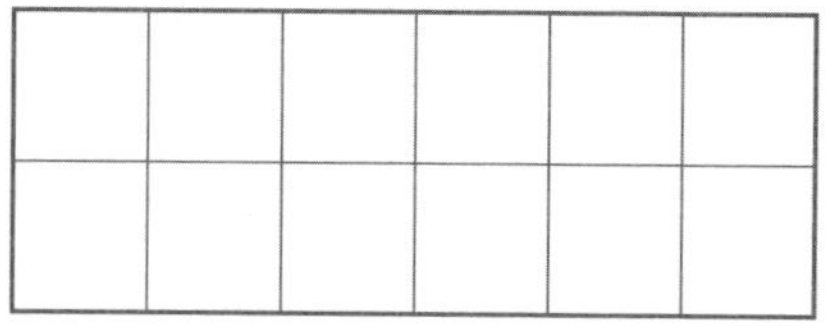

(6) $\frac{1}{4}$

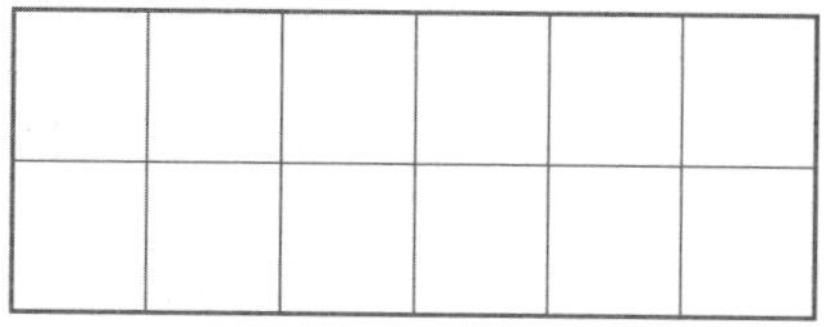

同《おな》じ 形《かたち》の つみ木の 数《かず》 ③

答え→158ページ　月　日

もんだい　同《おな》じ 形《かたち》の つみ木を ならべました。つみ木の 数《かず》を 数《かぞ》えましょう。

目ひょう時間　5分《ふん》

あわてず ていねいに 数えよう。

(1)

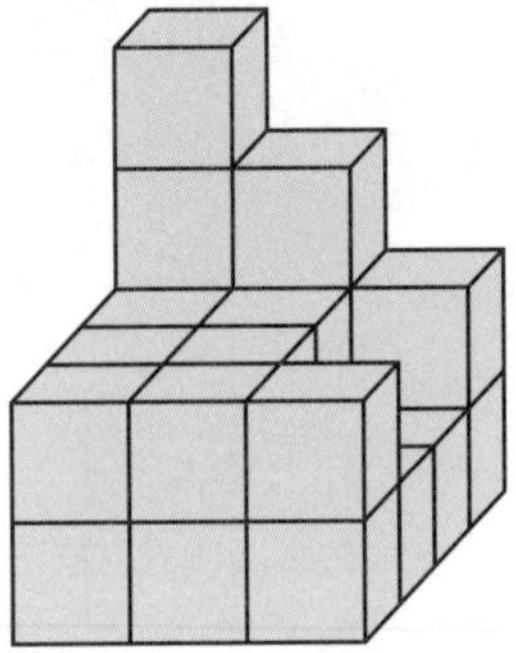

[　　]こ

(2)

[　　]こ

(3)

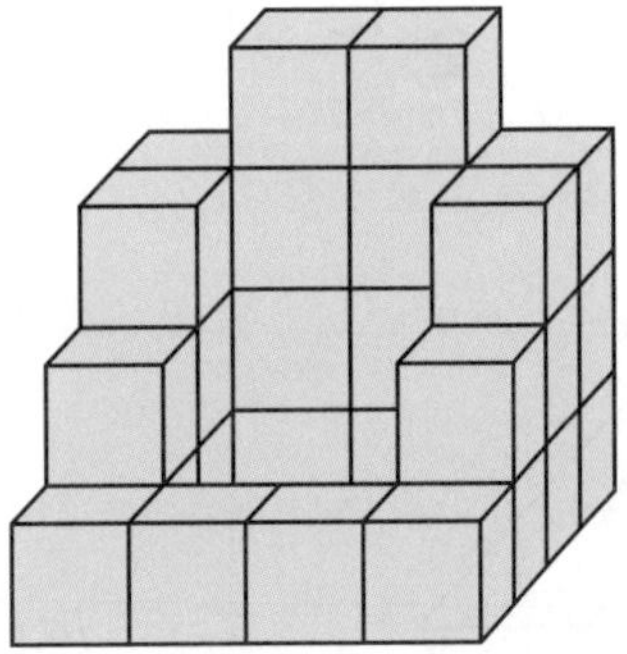

[　　]こ

(4)

[　　]こ

チャレンジテスト 3

シール

なまえ　2年　組

答え→158ページ

月　日

時間 20分　合かく 80点　とく点　点

1 かけ算《ざん》を　しましょう。(45点《てん》) 1つ3

(1) 2×5　(2) 4×8　(3) 6×5

(4) 8×4　(5) 7×6　(6) 9×8

(7) 1×8　(8) 8×7　(9) 3×7

(10) 7×9　(11) 5×9　(12) 7×4

(13) 6×6　(14) 2×8　(15) 9×9

2 ペンの　入った　はこが　6はこ　あります。1はこに　8本　入って　います。ペンは　ぜんぶで　何本《なんぼん》　ありますか。(8点)

(しき)

(答《こた》え) ☐本

3 つぎの　分数《ぶんすう》が　あらわしている　大きさだけ　色《いろ》を　ぬりましょう。(12点) 1つ6

(1) $\frac{1}{2}$

(2) $\frac{1}{3}$

4 正方形《せいほうけい》の　色紙《いろがみ》が　あります。図《ず》の　点線《てんせん》のように，辺《へん》の　まん中に　おり目が　くるように　して　おります。(18点) 1つ6

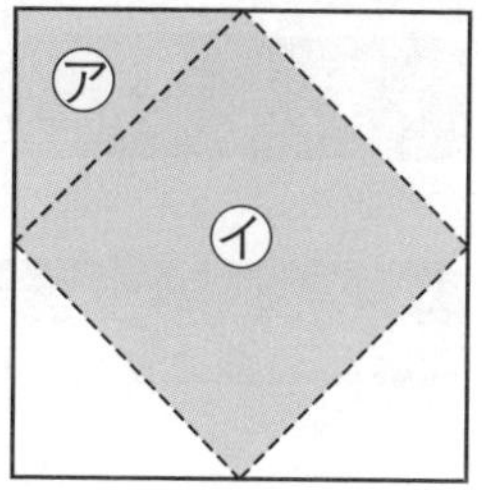

(1) おりまげて　できる　㋑の　形《かたち》は　何ですか。

[　　　]

(2) ㋐の　形は　何ですか。

[　　　]

(3) この　色紙は，㋐の　三角形《さんかくけい》の　いくつぶんですか。

[　　　]つぶん

5 ひごと　ねん土玉で，右のような　形を　つくります。

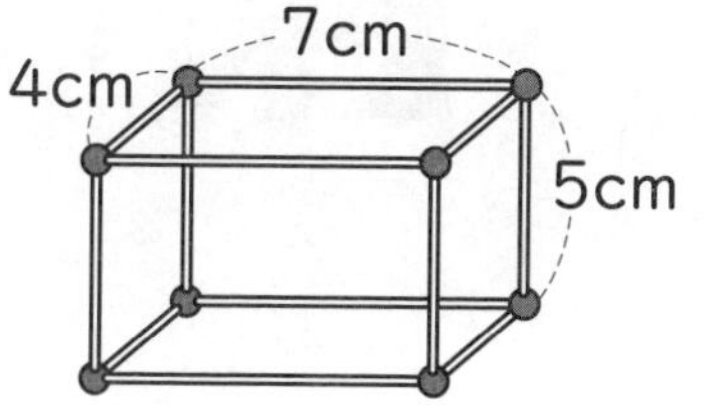

(1) 4cm，5cm，7cmの　ひごが，何本　いりますか。(12点) 1つ4

4cm…[　　]本，5cm…[　　]本，7cm…[　　]本

(2) ねん土玉は，いくつ　いりますか。(5点) [　　]つ

思《し》考《こう》力《りょく》 トレーニング

算数 ㉚

フォープレイス ②

答え→158ページ　月　日

もんだい　ルールに　したがって　あいている　マスに　1～4の　数字《すうじ》を　入れましょう。

目ひょう時間　5分《ふん》

ルール

① たて，よこの　それぞれの　4れつに　1～4が　1回《かい》ずつ　入ります。

② 太線《ふとせん》で　かこまれた　2×2の　4つの　ブロックにも，1～4が　1回ずつ　入ります。

まず，1か　3の　どちらかの
数字から　考《かんが》えて　みよう。

	1		2
3			4

『パズル道場（トレーニング1）』（受験研究社）

しあげテスト 1

シール

なまえ　2年　組

答え→158ページ

月　日

時間 20分　合かく 80点　とく点　点

1 2, 8, 4, 6の　4まいの　カードを　ならべて，つぎの　数《かず》を　つくりましょう。(12点《てん》) 1つ6

(1) いちばん　小さい　数　［　　　　］

(2) いちばん　大きい　数　［　　　　］

2 計算《けいさん》を　しましょう。(32点) 1つ4

(1) $\begin{array}{r} 36 \\ +23 \\ \hline \end{array}$　(2) $\begin{array}{r} 43 \\ +49 \\ \hline \end{array}$　(3) $\begin{array}{r} 56 \\ +78 \\ \hline \end{array}$　(4) $\begin{array}{r} 94 \\ +38 \\ \hline \end{array}$

(5) $\begin{array}{r} 58 \\ -16 \\ \hline \end{array}$　(6) $\begin{array}{r} 96 \\ -60 \\ \hline \end{array}$　(7) $\begin{array}{r} 93 \\ -48 \\ \hline \end{array}$　(8) $\begin{array}{r} 124 \\ -\ \ 88 \\ \hline \end{array}$

3 □に　あてはまる　数を　書《か》きましょう。(15点) 1つ5

(1) 3 L＝□dL　(2) 1000 mL＝□L

(3) 1時間《じかん》30分《ぷん》＝□分

4 長方形《ちょうほうけい》の　紙《かみ》を，図《ず》の　ように　おって，たてに　切《き》りました。(20点) 1つ10

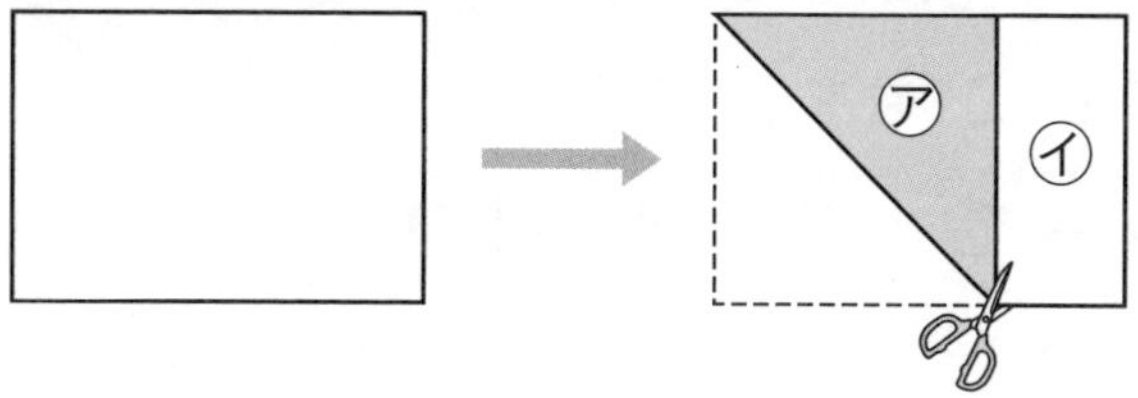

(1) ㋐を　ひらくと，どんな　形《かたち》が　できますか。［　　　　］

(2) ㋑は　どんな　形ですか。［　　　　］

5 37人が　1れつに　ならびました。としきさんは　前《まえ》から　18番目《ばんめ》です。としきさんより　5人　前に　まいさんが　います。

(1) まいさんは，前から　何《なん》番目に　いますか。(10点)

(しき)

(答《こた》え) □番目

(2) まいさんは　後《うし》ろから　何番目に　いますか。(11点)

(しき)

(答え) □番目

思《し》考《こう》力《りょく》トレーニング

算数㉛　さいころ ころがし②

答え→159ページ　月　日

もんだい

むかい合《あ》う 面《めん》の 目の 数《かず》を たすと 7になる さいころを，マスに そって ころがします。色の ついた ところに きたとき，さいころの 上の 面の 目の 数は いくつですか。

目ひょう時間　7分《ふん》

(1)

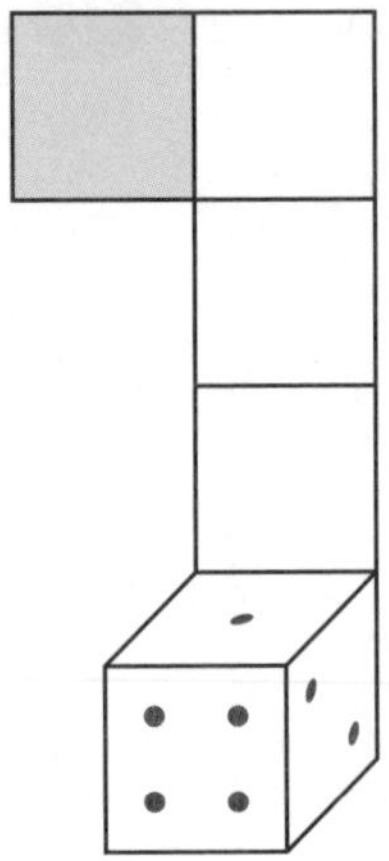

[　　]

(2)

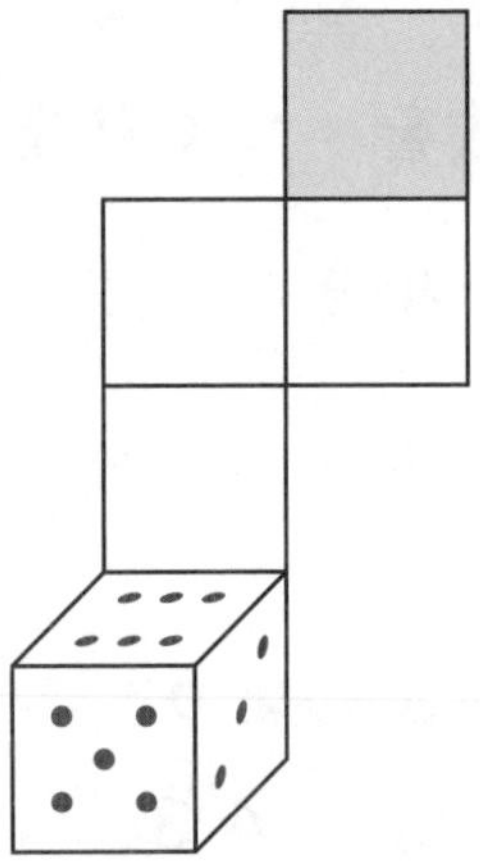

[　　]

(3)

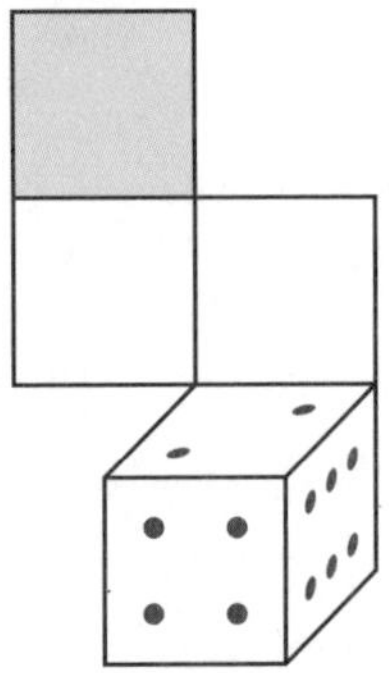

[　　]

(4)

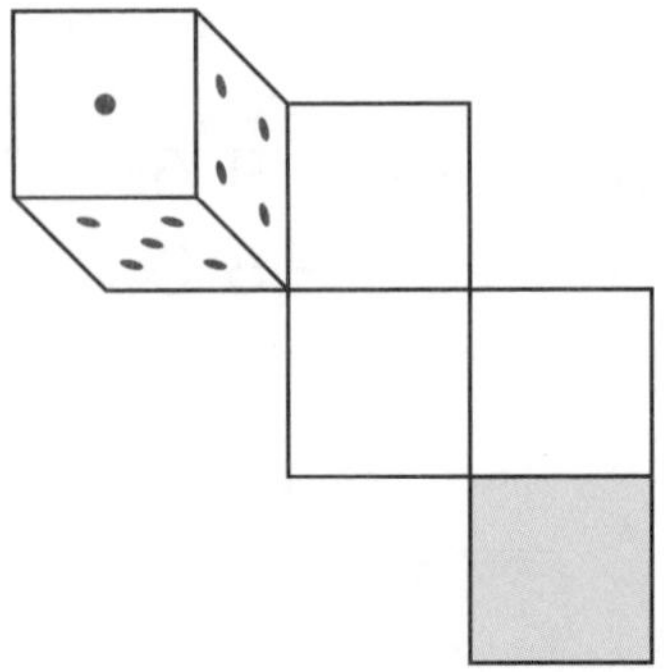

[　　]

しあげテスト2

シール

なまえ　2年　　組

答え→159ページ

月　　日

時間 20分　合かく 80点　とく点　　点

1 計算《けいさん》を　しましょう。(28点《てん》) 1つ4

(1)
```
  334
+ 428
```

(2)
```
  216
+ 649
```

(3)
```
  584
- 357
```

(4)
```
  954
- 729
```

(5) 4×7　　(6) 9×6　　(7) 7×8

2 右のような　形《かたち》に　紙《かみ》を　切《き》り，点線《てんせん》の　ところで　おりまげて，はこを　つくります。(30点) 1つ10

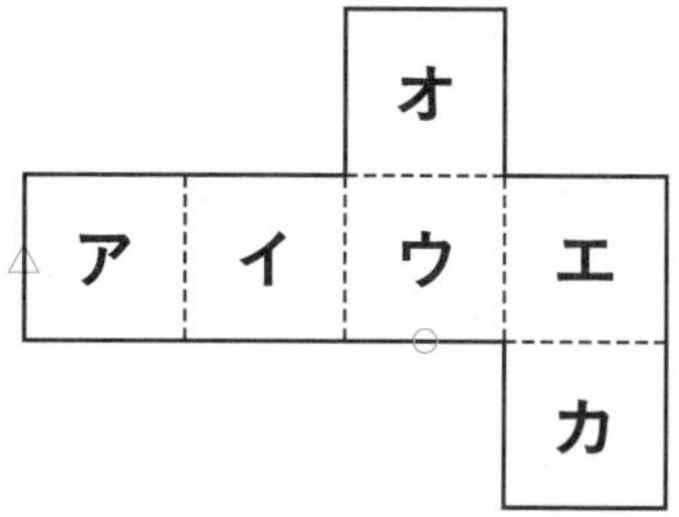

(1) イと　むかい合《あ》う　面《めん》は　どれですか。　[　　　]

(2) ○を　つけた　辺《へん》と　かさなる　辺に，○を　つけましょう。

(3) △を　つけた　辺と　かさなる　辺に，△を　つけましょう。

3 答《こた》えが　□の　中の　数字《すうじ》に　なる　九九を，すべて　書《か》きましょう。(1のだんから　9のだんまでの　九九の　中より) (24点) 1つ3

18 { □×□ / □×□ / □×□ / □×□ }

24 { □×□ / □×□ / □×□ / □×□ }

4 □に　あてはまる　数《かず》を　書きましょう。(8点) 1つ4

(1) 8 m 5 cm＝□ cm

(2) 207 mm＝□ cm □ mm

5 1 m 50 cm の　テープから，65 cm の　テープと　55 cm の　テープを　1本ずつ　切りとりました。のこりの　テープの　長《なが》さは　何《なん》 cm ですか。(10点)

(しき)

(答え) □ cm

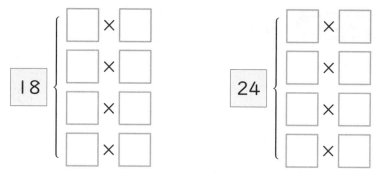

計算《けいさん》パズル（+と　−）④

答え→159ページ

月　　日

もんだい　□に　あてはまる　+や　−を　入れましょう。

目ひょう時間　8分《ふん》

(1) 19 □ 4 □ 9＝6

(2) 19 □ 4 □ 9＝14

(3) 19 □ 4 □ 9＝24

(4) 19 □ 4 □ 9＝32

(5) 24 □ 8 □ 9＝23

(6) 24 □ 8 □ 9＝25

(7) 24 □ 8 □ 9＝41

(8) 24 □ 8 □ 9＝7

時間内《じかんない》に　とけるように　しましょう。

2年生に　なったよ

シール

なまえ　2年　　組

答え→159ページ　　月　　日

時間 15分　合かく 80点　とく点　　点

1 1年生が　入学して　きました。学校を　あん内《ない》します。場《ば》しょの　なまえを　書《か》きましょう。

(40点《てん》) 1つ10

(1)

[　　　　　　]

(2)

[　　　　　　]

(3)

[　　　　　　]

(4)

[　　　　　　]

2 校ていで　見つけた　ものの　絵《え》です。なまえを　書きましょう。(60点) 1つ10

(1)

[　　　　　　]

(2)

[　　　　　　]

(3)

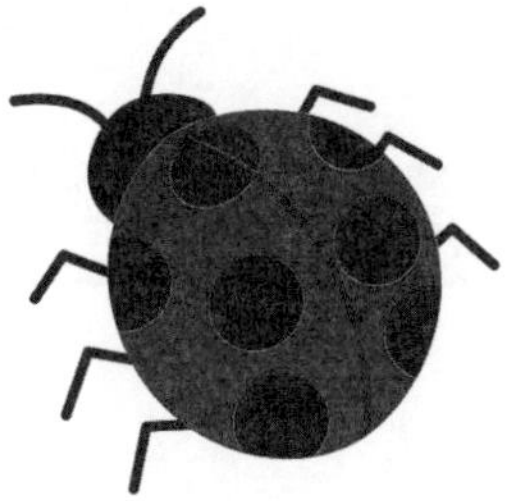

[　　　　　　]

(4)

[　　　　　　]

(5)

[　　　　　　]

チャレンジ
(6)

[　　　　　　]

思《し》考《こう》力《りょく》トレーニング

生活①　まちがいさがし

答え→159 ページ　月　日

もんだい　下の　絵《え》の　中で　上の　絵と　ちがう　ところに　○を　つけましょう。

目ひょう時間　5 分《ふん》

町たんけんに　出かけよう

シール

なまえ　2年　組

答え→159ページ　月　日

時間 15分　合かく 80点　とく点　点

1 町たんけんに　出かけます。もって　いくと　いいと　思《おも》う　ものに　○を　つけましょう。(50点《てん》) 1つ10

(1) スケッチブック [ ]

(2) デジタルカメラ [ ]

(3) うで時計《どけい》 [ ]

(4) 虫めがね [ ]

(5) 水とう [ ]

(6) かい中電《でん》とう [ ]

2 町たんけんに　出かけました。[ ]に　あてはまる文を　ア～オから　えらんで　記《き》ごうを　書《か》きましょう。(50点) 1つ10

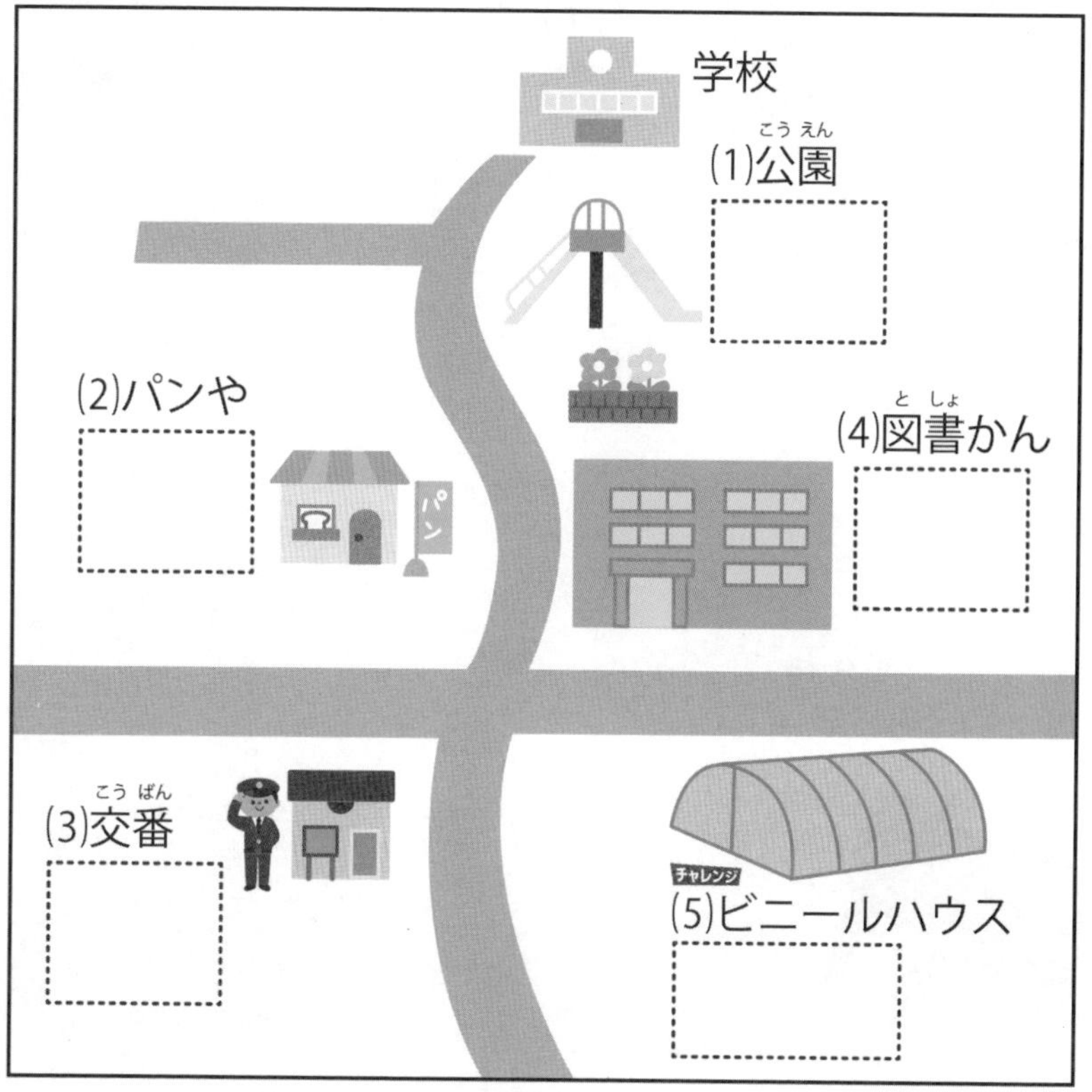
学校
(1)公園《こうえん》
(2)パンや
パン
(4)図書《としょ》かん
(3)交番《こうばん》
チャレンジ
(5)ビニールハウス

ア　おまわりさんが　しごとを　して　いました。
イ　あそぶ　道《どう》ぐや　花だんが　ありました。
ウ　トマトを　つくって　いました。
エ　おいしそうな　においが　しました。
オ　たくさんの　本が　ありました。

町たんけん

もんだい　ゆうこさんの　すんでいる　家《いえ》に○を　つけましょう。

目ひょう時間　5分《ふん》

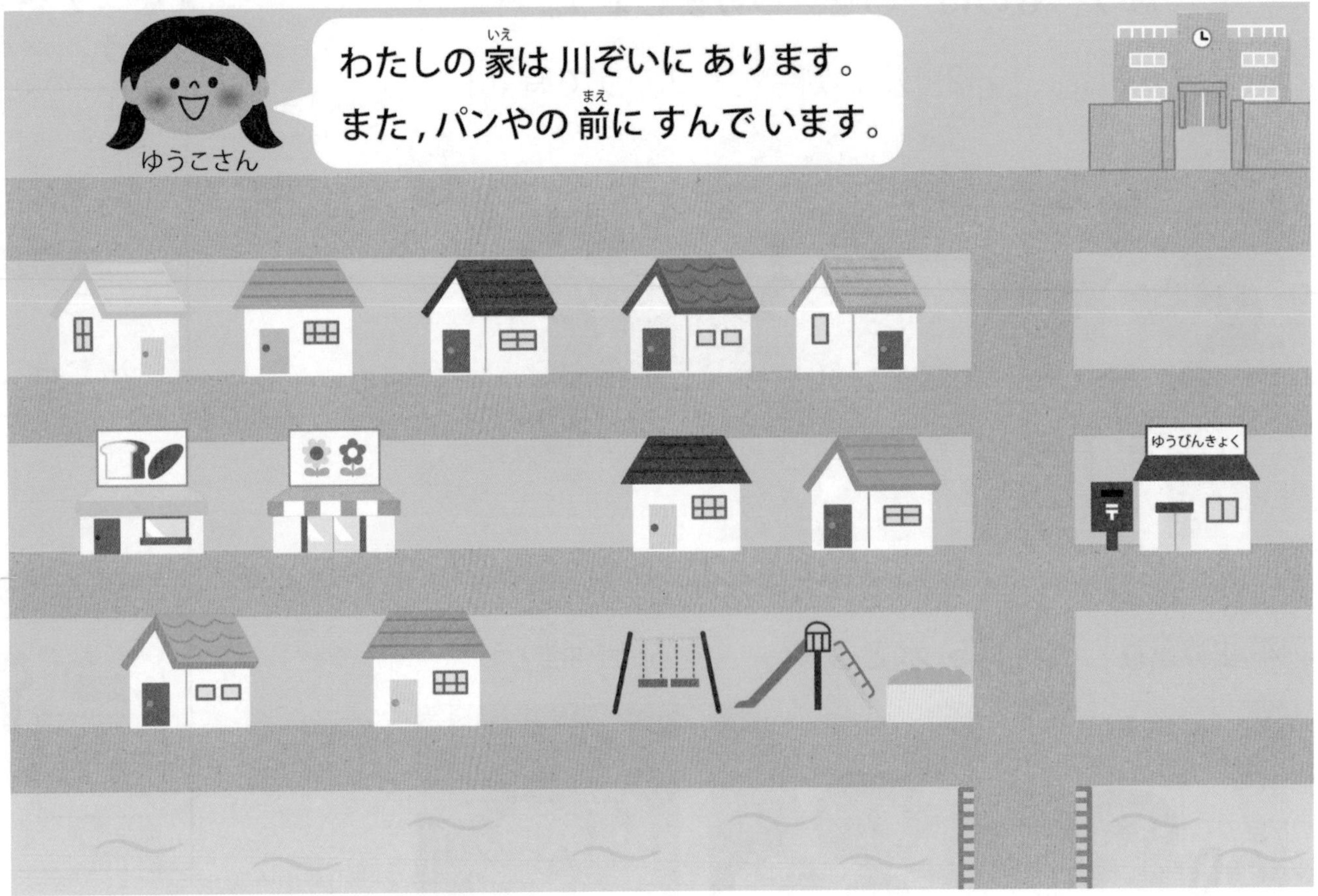
わたしの家《いえ》は川ぞいにあります。
また，パンやの前《まえ》にすんでいます。
ゆうこさん
ゆうびんきょく

ヒントが　2つ
あるね。

野《や》さいを　そだてよう

シール

なまえ　2 年　　組

答え→159 ページ

月　　日

時間 15 分　合かく 80 点　とく点　　点

1 野《や》さいの　絵《え》を　見て，なまえを　書《か》きましょう。

(80 点《てん》) 1 つ 10

(1)

[　　　　]

(2)

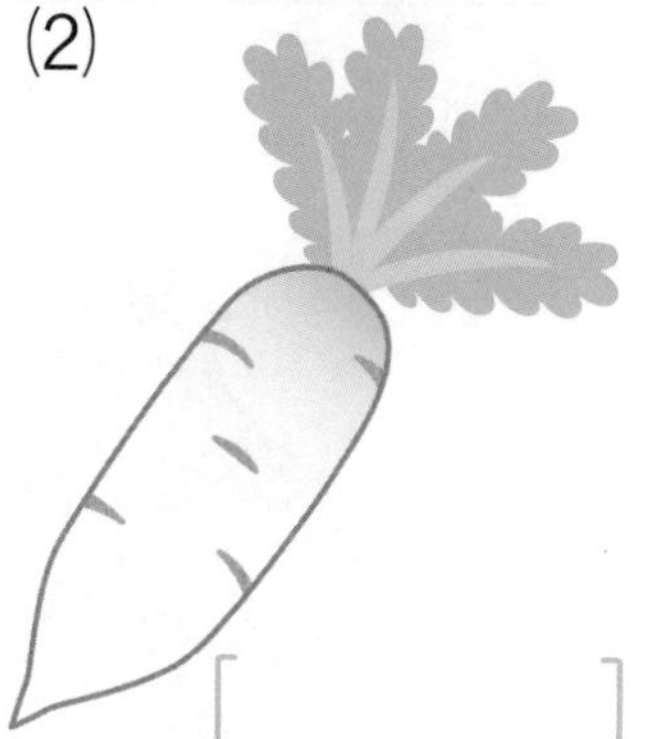

[　　　　]

(3)

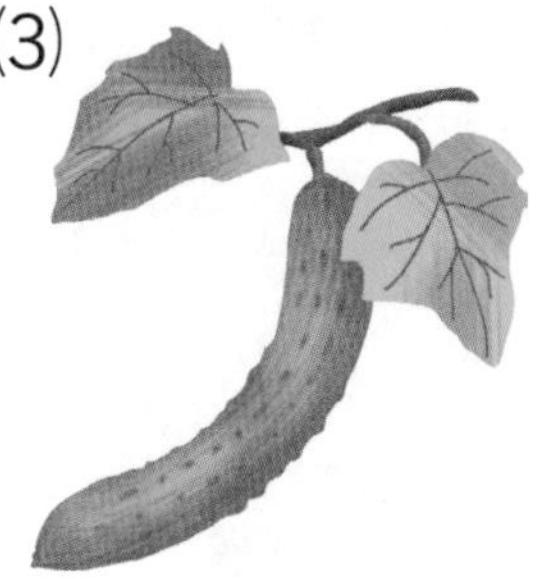

[　　　　]

(4)

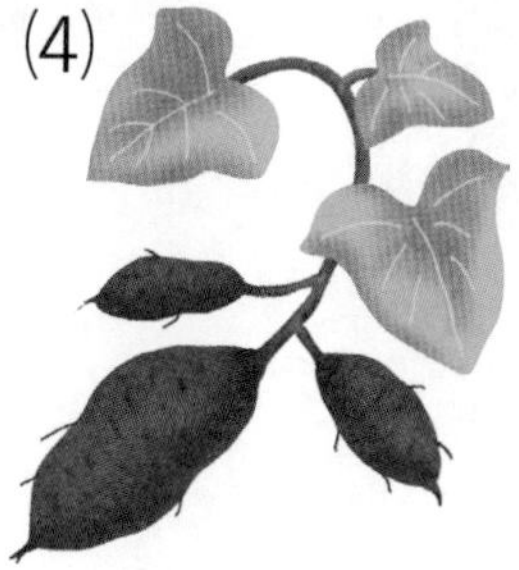

[　　　　]

(5)

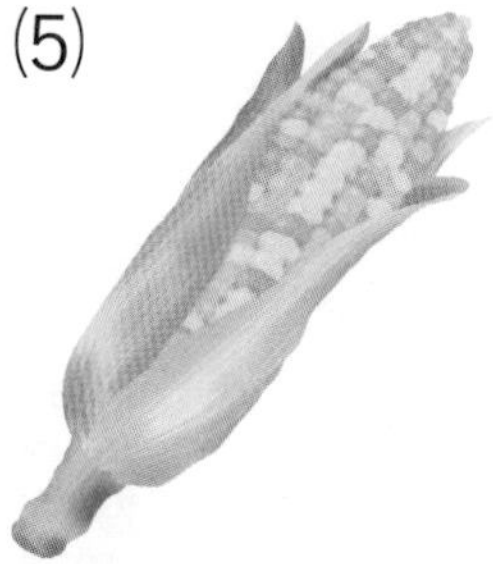

[　　　　]

(6)

[　　　　]

(7)

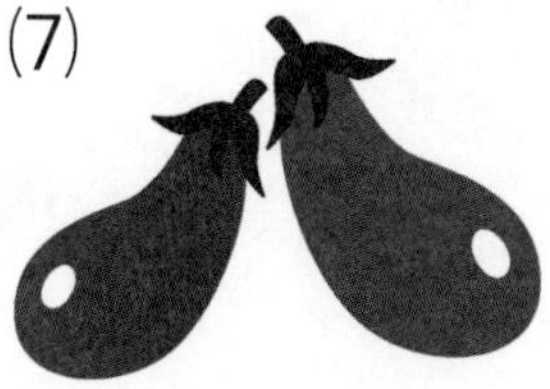

[　　　　]

(8)

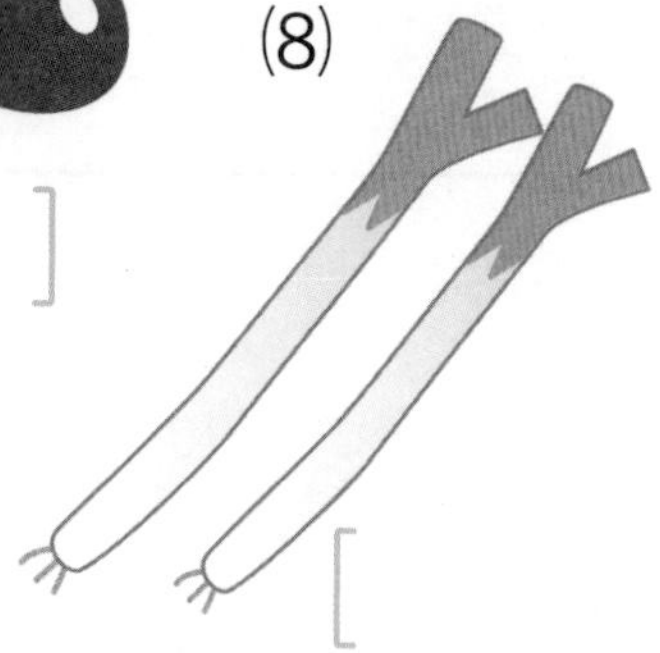

[　　　　]

2 野さいを　そだてました。同《おな》じ　野さいの　なえと　みの　ようすを　線《せん》で　むすびましょう。

(20 点) 1 つ 5

(1)

黄色《きいろ》い　花が
あつまって　さいた。　・

・　赤い　みが
できた。

(2)

黄色い　花が
さいた。　・

・　みに　ひげが
ついて　いた。

(3)

とても　大きく
なった。　・

・　みどり色の　大きな
みが　できた。

チャレンジ
(4)

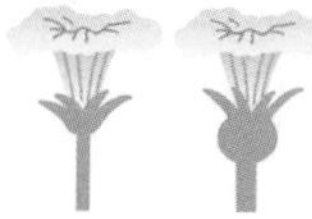

2 しゅるいの　花が
さいた。　・

・　細長《ほそなが》い　みどり色の
みが　できた。

答え→160ページ

月　日

野《や》さいの　もんだい

もんだい　土の　中で　そだつ　野《や》さいに　○を　つけましょう。

目ひょう時間　5分《ふん》

土の　中で　そだつ　野さいは
ほかの　野さいに　くらべると
かたいよ。

生きものを　そだてよう

シール

なまえ　2 年　　組

答え→160 ページ

月　　日

時間 15分　合かく 80点　とく点　　点

1 生きものの　絵《え》を　見て，なまえを　書《か》きましょう。

（60点《てん》）1つ 10

(1)

[　　]

(2)

[　　]

(3)

[　　]

(4)

[　　]

(5)

[　　]

(6)

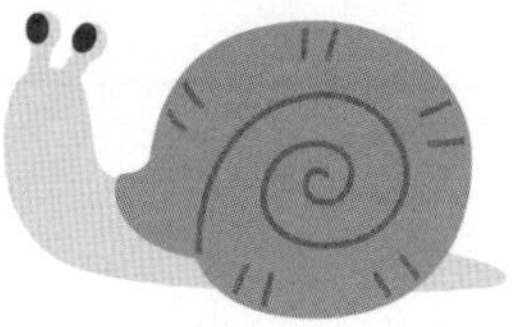

[　　]

2 生きものについて　答《こた》えましょう。（40点）1つ 8

(1) 生きものが　いる　場《ば》しょを　**ア**〜**エ**から　えらんで　記《き》ごうを　書きましょう。

① ダンゴムシ

[　　]

② トノサマバッタ

[　　]

③ タニシ

[　　]

④ カブトムシ

[　　]

ア 林の　中の　木　　**イ** 石の　下

ウ 草むらや　花だん　　**エ** 水べ

チャレンジ

(2) トノサマバッタと　カブトムシの　あしの　数《かず》は　同《おな》じです。何本《なんぼん》ですか。　[　　本]

答え→160ページ

月　日

アヒルの　パズル

もんだい　アヒルの　あしを えらんで　○を つけましょう。

目ひょう時間　5分《ふん》

アヒルは　池《いけ》などに　すんで いるので，およぎやすい あしの　形《かたち》を　して　います。

生活

5

夏《なつ》が　やって　きた

シール

なまえ　2年　組

答え→160ページ　月　日

時間 15分　合かく 80点　とく点 点

算数　生活　国語　答え

1 夏《なつ》に　よく　する　あそびを　3つ　えらんで　○を　つけましょう。(60点《てん》) 1つ20

(1) [　　]

(2) [　　]

(3) [　　]

(4) [　　]

2 日記《にっき》の　[　]に　あてはまる　ことばを　それぞれ　えらんで，⬭で　かこみましょう。(1)(2)10点，(3)20点

(1) [夏，冬《ふゆ》] 休み中に　まつりへ　行《い》きました。まつりでは　花火大会《たいかい》を　やって　いたので，見ぶつしました。

外《そと》は　(2) [さむかった，あつかった] ので，ジュースを　のみました。でも，夜《よる》だったので，昼間《ひるま》よりも　すずしく　すごせました。明日《あす》も　もうしょ日の　よほうが　出て　いたので，さい高《こう》気おんが

チャレンジ

(3) [30 ど，35 ど] を　こえると　思《おも》います。

きせつと　花

もんだい　はっぱの　形《かたち》を　見て　花を　かき　ましょう。

目ひょう時間　5分《ふん》

学校でも　よく
見かけるよ。

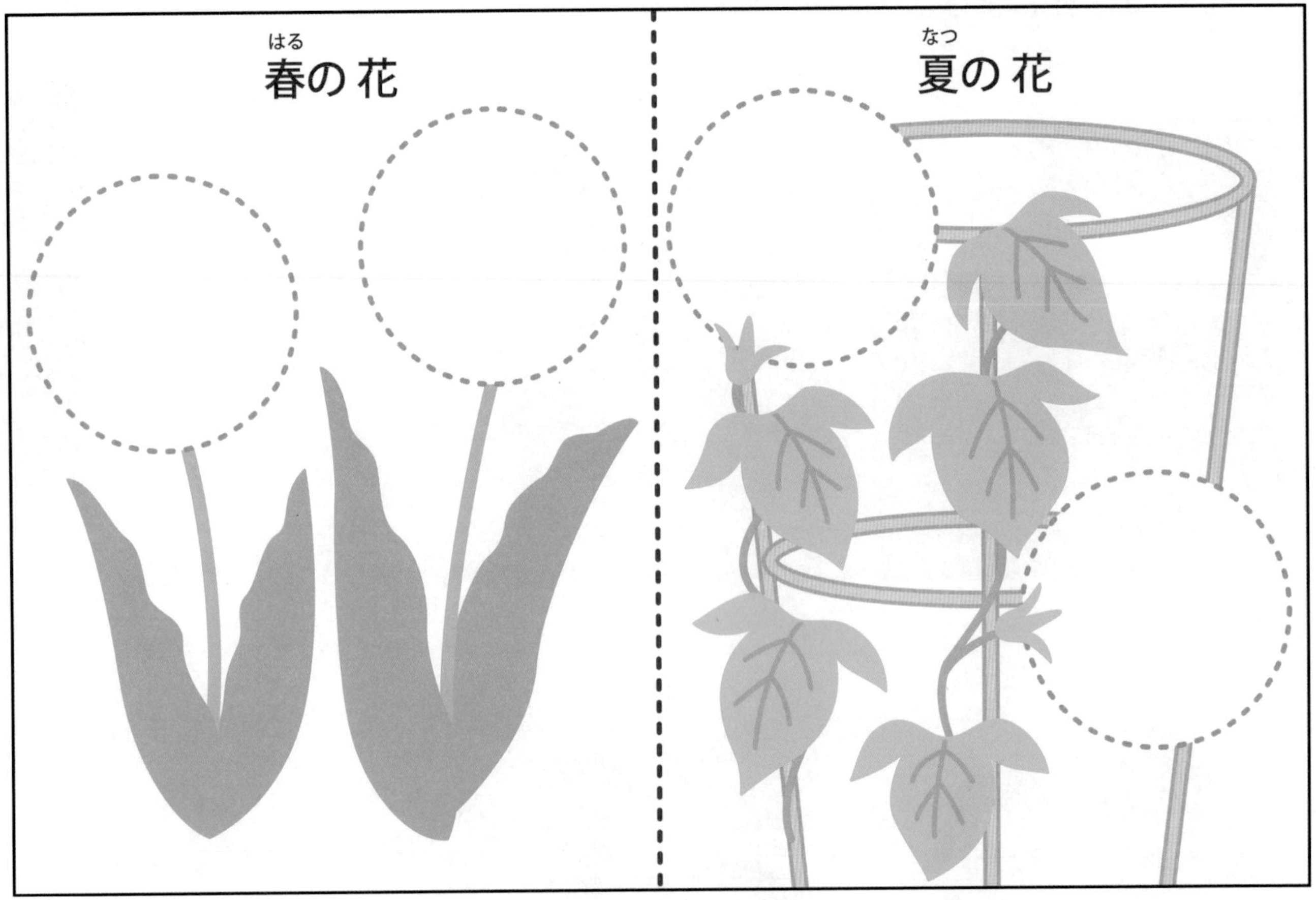
春《はる》の 花
夏《なつ》の 花

つくって　あそぼう

シール

なまえ　2年　組

答え→160ページ　月　日

時間 15分　合かく 80点　とく点　点

1 うちわで　あおぐと　すすむ　車を　つくります。下の　□の　中から　つかう　道《どう》ぐ　5つに　○を　つけましょう。(50点《てん》) 1つ10

ペットボトルの ふた［　　］

じしゃく［　　］

N
S

カップめんの 入れもの［　　］

ラーメン

ねん土［　　］

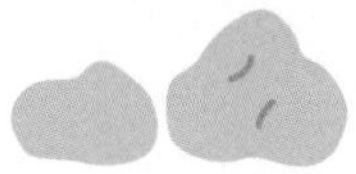

ストロー［　　］

糸［　　］

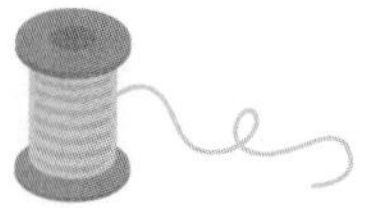

竹ぐし［　　］

牛《ぎゅう》にゅう パック［　　］

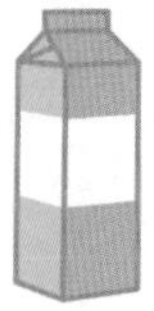

2 じしゃくで　うごく　車を　つくりました。

〈図 1〉

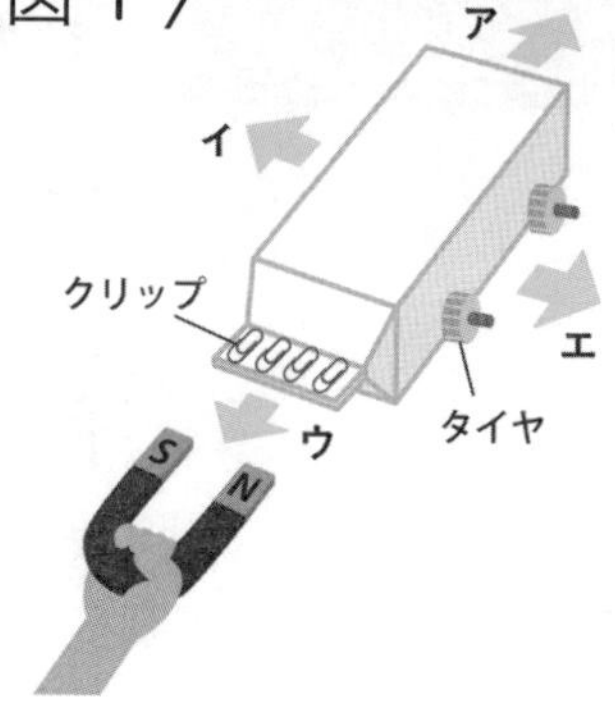

ア
イ
ウ
エ
クリップ
タイヤ
S
N

(1) 図《ず》1の　車は　**ア〜エ**の　どの　むきに　うごきますか。

［　　］(10点)

(2) 図2の　車は　うまく　うごきませんでした。車の　どこを　どのように　直《なお》せば　よいですか。図2の　中の　ことばを　つかって　書《か》きましょう。(20点)

〈図 2〉

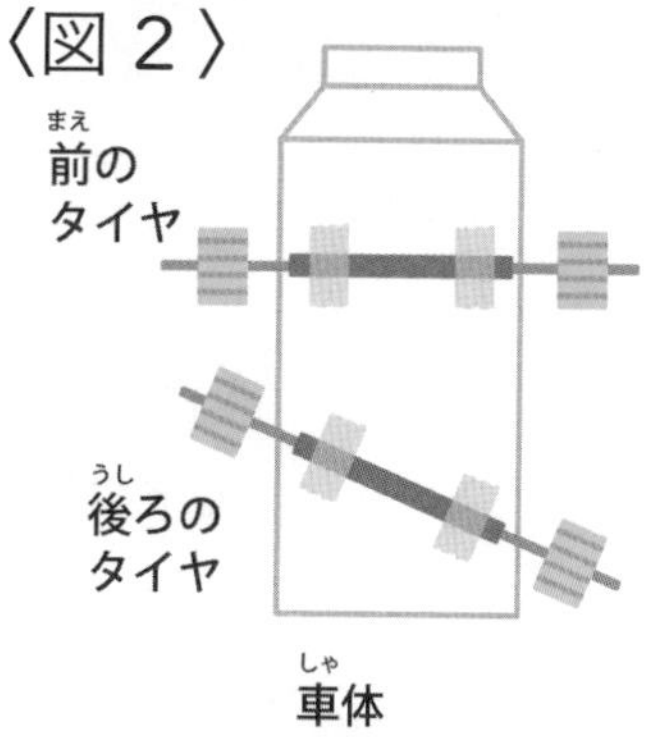

前《まえ》の
タイヤ
後《うし》ろの
タイヤ
車《しゃ》体

［　　］

チャレンジ (3) クリップは　何《なに》で　できて　いますか。(20点)

［　　］

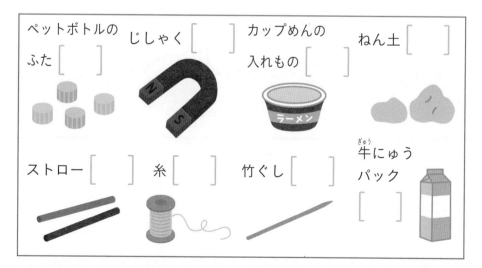

点《てん》つなぎ

答え→161ページ

月　日

もんだい　1から じゅん番《ばん》に 線《せん》で つなぎましょう。そして，何《なに》が できるのかを 答《こた》えましょう。

目ひょう時間　5分《ふん》

何が できるかな？

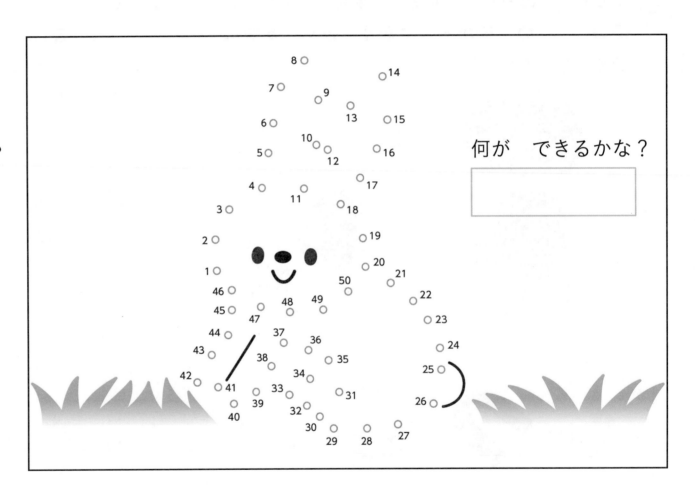

生活

7

秋《あき》が　やって　きた

シール

なまえ　2年　　組

答え→161ページ　月　日

時間 15分　合かく 80点　とく点　　点

1 秋《あき》の　ようすとして　正しい　ほうに　○を　つけましょう。（20点《てん》）

(1) [　　]

(2) [　　]

2 たけしさんの　町たんけんの　カードを　見て　答《こた》えましょう。（80点）1つ20

町たんけん
　山田　たけし
[　　　　]
・町の　カエデが　赤く　なって　いた。
・ぼくの　すきな　スイカは　もう　売《う》られて　いなかった。
・わがしやさんでは　サクラもちが　なくなって　クリまんじゅうが　売られて　いた。

(1) カードの　□　に　あてはまる　日づけを　えらんで　記《き》ごうを　書《か》きましょう。

[　　]

ア　4月6日
イ　6月6日
ウ　8月20日
エ　10月6日

(2) この日　売られて　いた　くだものに　あてはまる　ものを　2つ　えらんで　記ごうを　書きましょう。

[　　][　　]

ア モモ　**イ** ブドウ　**ウ** ナシ　**エ** イチゴ

チャレンジ
(3) わがしやさんで　クリまんじゅうが　売られて　いたのは　なぜでしょうか。その　わけを　考《かんが》えて　[　]に　書きましょう。

[秋には　　　　　　　　]

思《し》考《こう》力《りょく》トレーニング

生活⑦

生きものの　もんだい

答え→161ページ　月　日

もんだい　土の　中で　生まれる　生きものに　○を　つけましょう。

目ひょう時間　5分《ふん》

土の　中で　生まれたら
しばらく　そのまま　土の
中で　くらすよ。

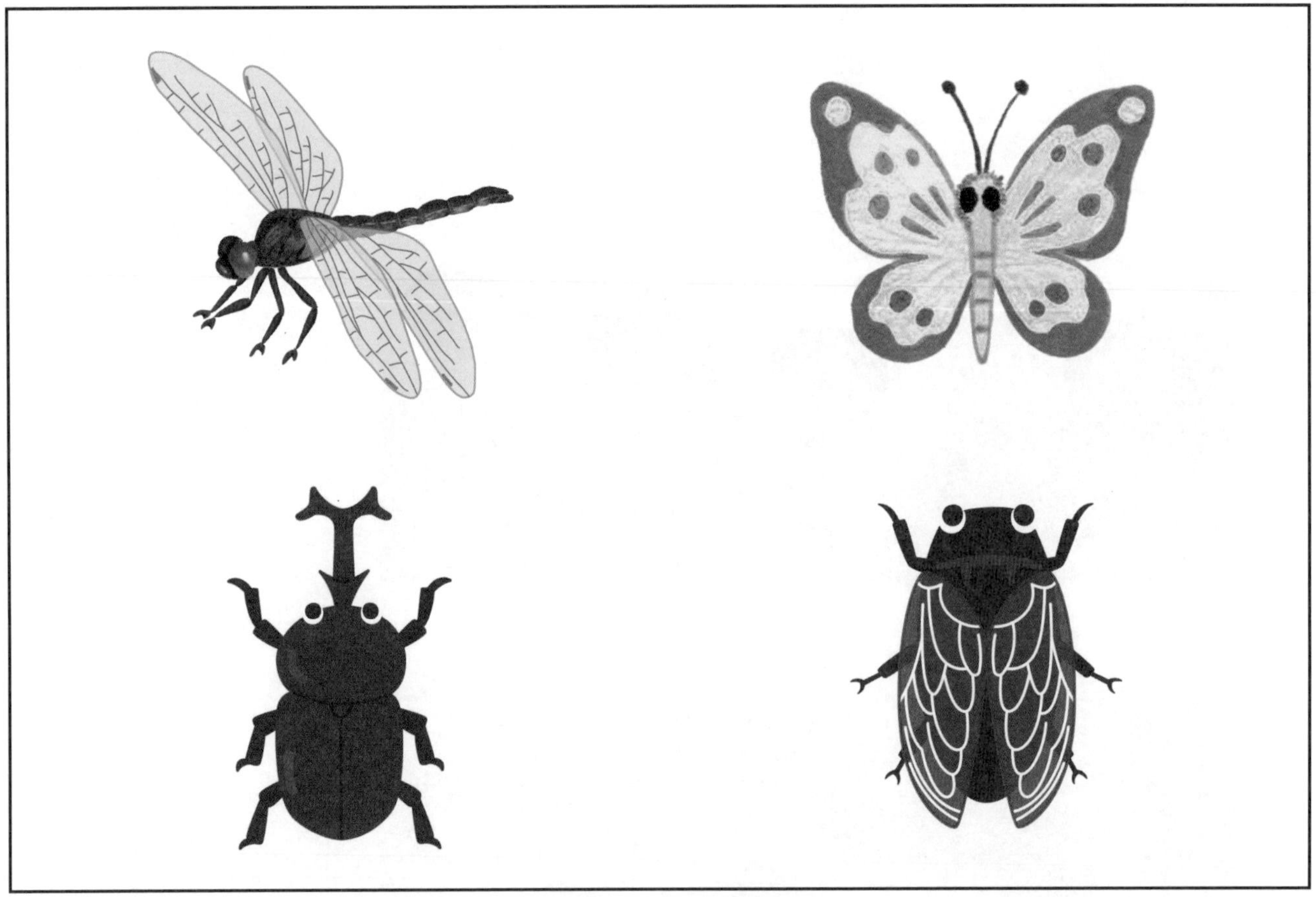

遠《とお》くへ　出かけよう

シール

なまえ　2年　組

答え→161ページ　月　日

時間 15分　合かく 80点　とく点　点

1 **電車《でんしゃ》や　バスに　のって　出かけます。気を　つける　こと　すべてに　○を　つけましょう。**(40点《てん》) 1つ10

(1) 行《い》き先を　たしかめる［　　］

(2) しずかに　する［　　］

(3) せきを　ゆずる［　　］

(4) あんぜんに　気を　つける［　　］

2 **となりの　町へ　出かけて　いろいろな　しせつを　しらべます。**

(1) 何《なに》に　のって　行《い》けば　よいですか。**ア**～**エ**から　2つ　えらんで　記《き》ごうを　書《か》きましょう。(20点) 1つ10

［　　］［　　］

ア 電車　**イ** バス　**ウ** ひこうき　**エ** 船《ふね》

(2) どこで　はたらいて　いる　人の　せつめいですか。**ア**～**エ**から　えらんで　記ごうを　書きましょう。

(20点) 1つ10

① 田中《たなか》さん［　　］　② 小林《こばやし》さん［　　］

火じの とき
火を けす
しごとを して
います。

ここでは
みなさんが
読《よ》みたい 本を
かりる ことが
できます。

ア けいさつしょ　**イ** 図書《としょ》かん
ウ しょうぼうしょ　**エ** ゆうびんきょく

チャレンジ
(3) 右の　マークは　何《なん》の　マークですか。(20点)

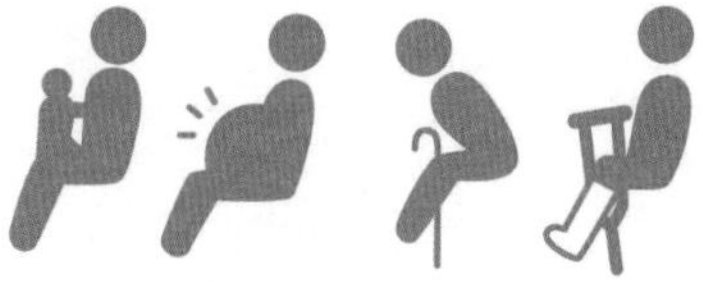

［　　］

生活⑧

しりとり ゲーム

答え→161ページ 月 日

もんだい

しりとりに ぴったり はいる ものを 絵《え》の 中から 2つ えらびましょう。

目ひょう時間 5分《ふん》

まず，何《なん》の 絵かを 考《かんが》えよう。

カニ → ニ□□リ → リス →

スイカ → カ□□リ → リンゴ

冬《ふゆ》が　やって　きた

シール

なまえ　2年　　組

答え→161ページ

月　　日

時間 15分　合かく 80点　とく点　　点

1 冬《ふゆ》の　ようすに　○を　つけましょう。(30点《てん》) 1つ10

(1) サクラの　ようす

ア[　　　]　イ[　　　]　ウ[　　　]

(2) よく　見る　食《た》べもの

ア[　　　]　イ[　　　]　ウ[　　　]

(3) 田んぼの　ようす

ア[　　　]　イ[　　　]　ウ[　　　]

2 冬に　ついて　答《こた》えましょう。

(1) 絵《え》に　合《あ》う　ことばを　線《せん》で　むすびましょう。(30点) 1つ10

① 

② 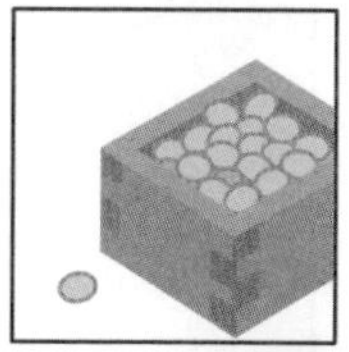

③ 

・かがみもち
・大そうじ
・年がじょう
・せつ分《ぶん》
・大みそか

(2) 冬に　よく　見かける　野《や》さいの　絵です。それぞれ　なまえを　書《か》きましょう。(20点) 1つ10

①[　　　　]　②[　　　　]

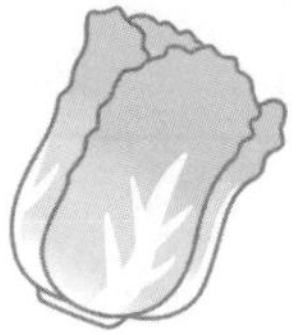

チャレンジ
(3) 冬の　間《あいだ》　カエルは　どこに　いますか。(20点)

[　　　　]

お正月《しょうがつ》

答え→162ページ　月　日

もんだい

お正月《しょうがつ》に　かんけいのある　絵《え》を　通《とお》って　ゴールを　目ざしましょう。ただし　同《おな》じ道《みち》を　２回《かい》　通っては　いけません。

目ひょう時間　10分《ぷん》

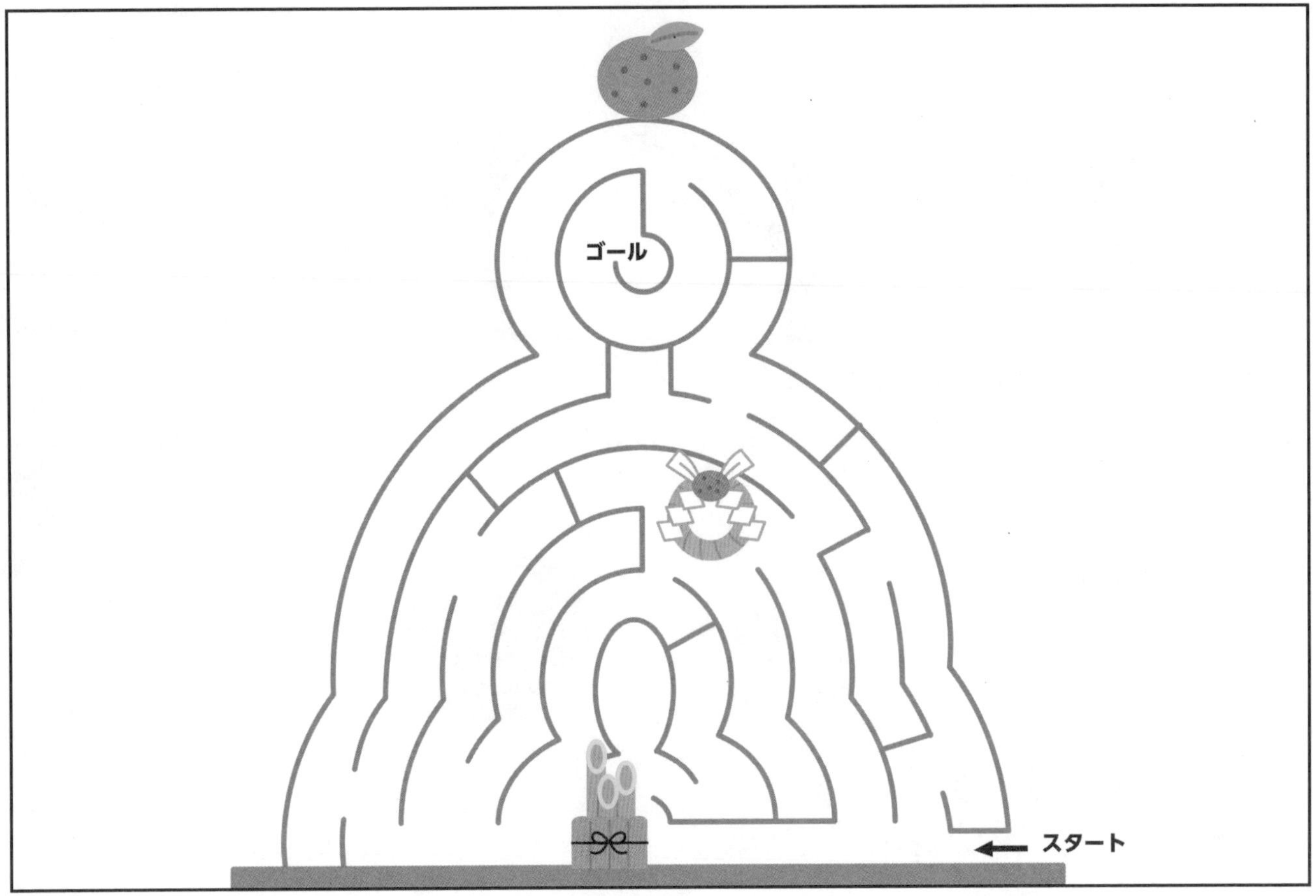

できるように なったよ

シール

なまえ 2年 組

答え→162ページ

月 日

時間 15分 合かく 80点 とく点 点

1 2年生に なって できるように なった ことに ついて 話《はな》し合《あ》いを して います。（50点《てん》）1つ10

(1) 話し合いの しかたに ついて [ ]に あてはまる ことばを ◯ で かこみましょう。

話して いる 人の 話《はなし》が ① [おわる 前《まえ》, おわった 後《あと》] に しつもんを します。ほかの 人の 前で 話す ときは ② [大きな, 小さな] 声《こえ》で ③ [すばやく, ゆっくり] 話すように します。

(2) 話し合って まとめた ことを ポスターに しました。[ ]に あてはまる ことばを 書《か》きましょう。

① [　　　　] を 大きく 書く。

② 絵《え》や [　　　　] を 多《おお》く つかう。

できるように なった こと 4はん
・田中《たなか》ゆうた
牛《ぎゅう》にゅうが すきに なった。
・林《はやし》ゆうか
さかあがりが できました！
・鈴木《すずき》りょう
たくさん はっぴょう できました。
・小山《こやま》あゆみ
毎日《まいにち》おてつだいを しました！

2 2年生に なって した ことに ついて 答《こた》えましょう。

(1) 町たんけんに 行《い》きました。人に 会《あ》ったり，人に 話を 聞いたり する ときは はじめに 何《なに》を しますか。

○○○○○！
お話《はなし》を 聞《き》いても いい ですか。

[　　　　] (15点)

(2) 野《や》さいの せ話《わ》を しました。毎日《まいにち》 する ことは 何《なん》ですか。(15点)

[　　　　]

チャレンジ (3) しらべた ことを ほかの 人にも つたえます。あなたなら どのように して つたえますか。1つ 書きましょう。(20点)

[　　　　]

どうぶつの　めいろ

答え→162ページ　月　日

もんだい

どうぶつの　ところを　すすんで　ゴールに　行《い》きましょう。

目ひょう時間　5分《ふん》

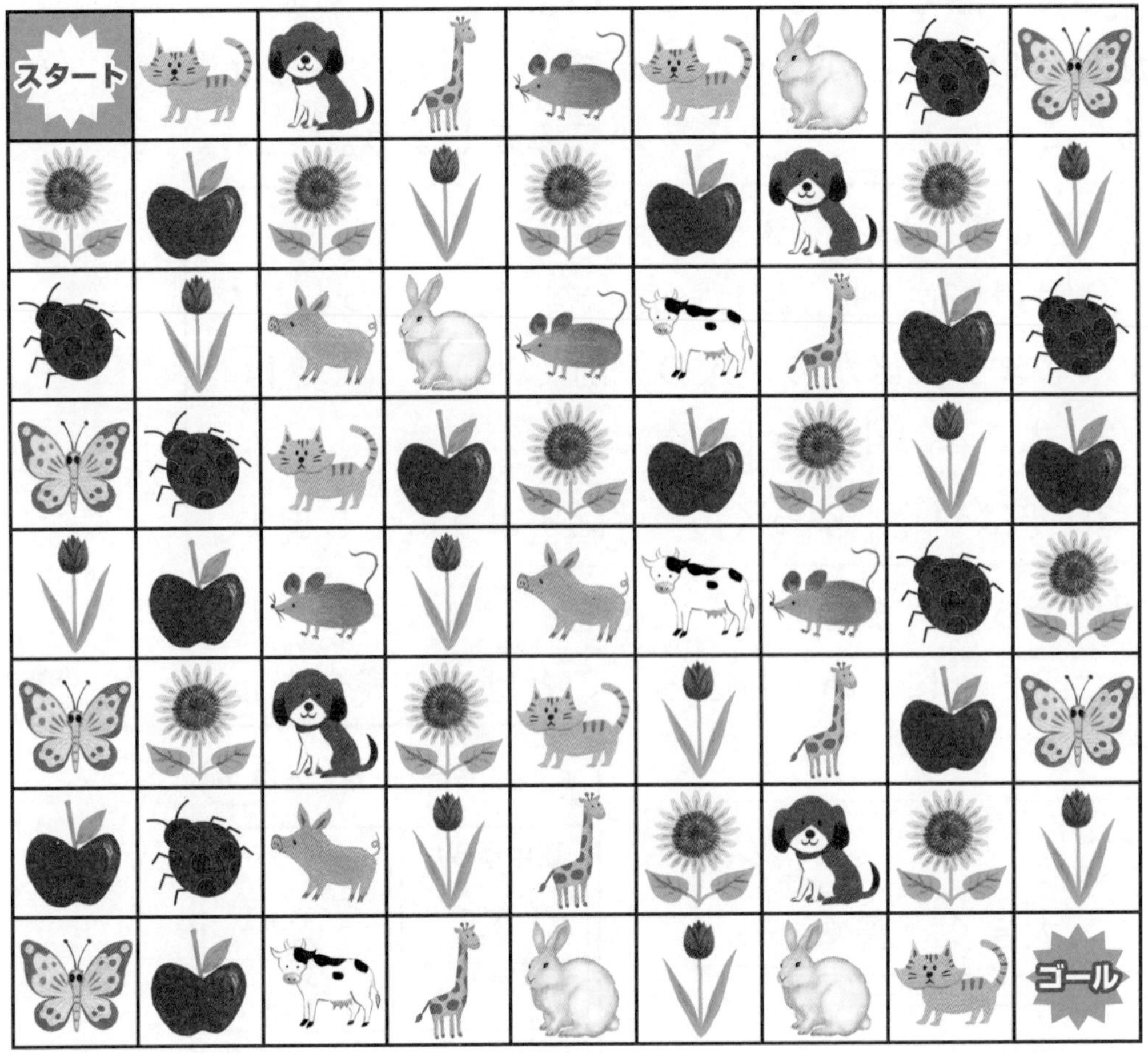

生活

11 大きく　なったよ

シール

なまえ　2年　　組

答え→162ページ　　月　　日

時間 15分　合かく 80点　とく点　　点

1 生まれてから　今《いま》までの　ことを　しらべます。

(1) 小さい　ころの　自分《じぶん》を　知《し》る　ために　すると　よいこと　すべてに　○を　つけましょう。(20点《てん》) 1つ10

① 家《いえ》の　人に　聞《き》く。 [　　]

② けいさつの　人に　聞く。 [　　]

③ ようち園《えん》の　先生に　聞く。 [　　]

④ 図書《としょ》かんで　しらべる。 [　　]

(2) 遠《とお》くに　すんで　いる　人に　話《はなし》を　聞く　とき　何《なに》を　つかうと　よいですか。(20点) [　　]

(3) 自分の　しん長を　しらべました。正しい　ほうを　⬭で　かこみましょう。(20点) 1つ10

① 生まれたとき　　② 今の自分

[50 cm,　120 cm]　　[50 cm,　120 cm]

2 生まれてから　今までの　ことを　しらべ，本に　します。 (40点) 1つ20

(1) 10まいの　カードを　つかって　生まれた　ときから　今までの　ようすを　かきました。

この　カードを　つかって　本を　つくる　ときに　くふうすると　よい　ことを　1つ　えらんで　記《き》ごうを　書《か》きましょう。 [　　]

ア カードを　字の　大きさで　分《わ》ける。

イ カードを　年れいの　じゅんに　ならべる。

ウ カードを　字の　数《かず》の　少《すく》ない　じゅんに　ならべる。

エ カードを　すきな　じゅんに　ならべる。

チャレンジ

(2) 本を　つくった　あとの　紙《かみ》くずは　分けて　ゴミに　出します。紙くずは　リサイクルされた　あと　どのような　ものに　生まれかわりますか。1つ　書きましょう。 [　　]

答え→162ページ　月　日

カエルの　1年

もんだい　カエルの　くらしに　合《あ》う　ほうを　たどって　ゴールまで　行《い》きましょう。

目ひょう時間　5分《ふん》

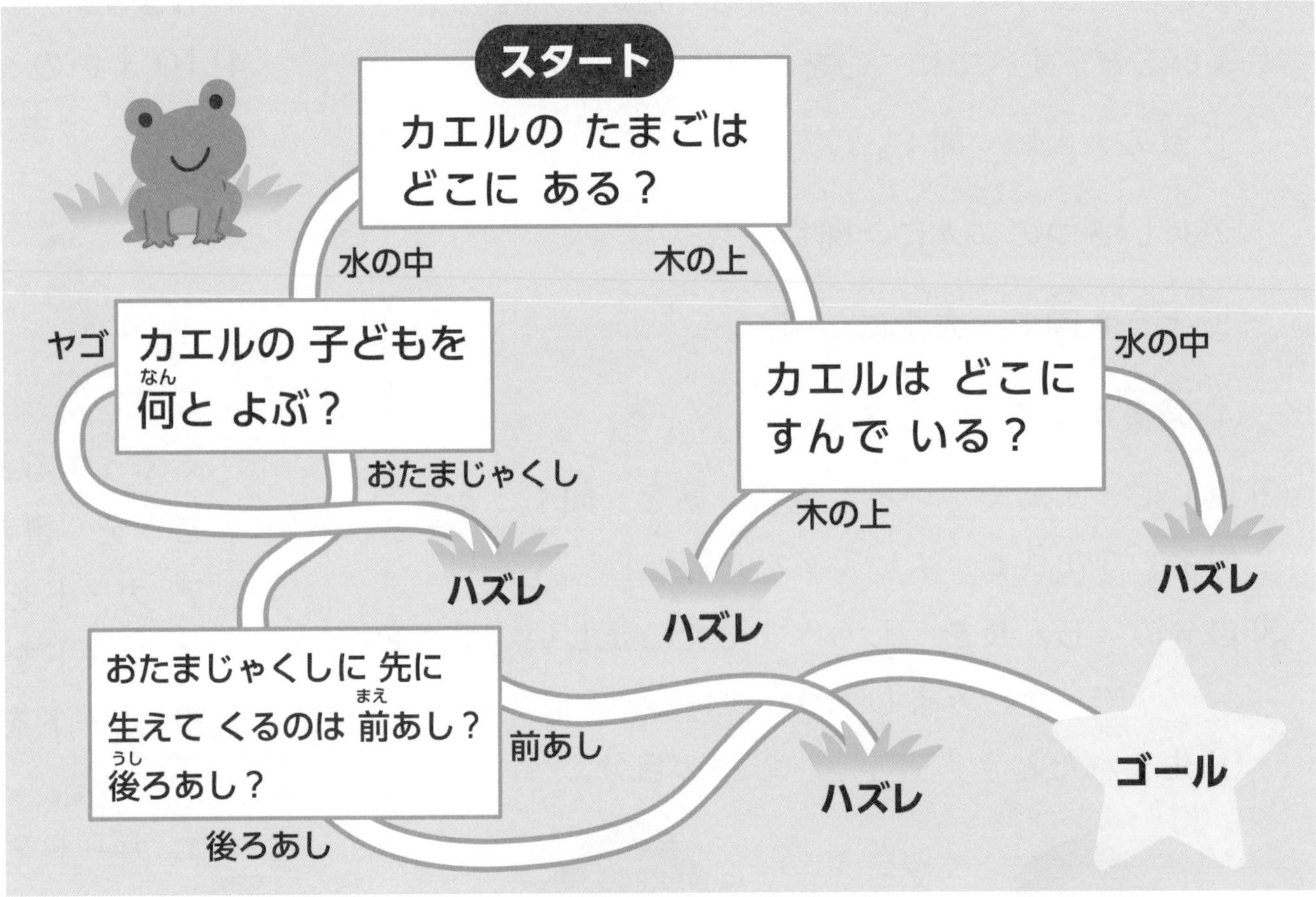
スタート
カエルの たまごは どこに ある？
水の中
木の上
カエルの 子どもを 何《なん》と よぶ？
ヤゴ
おたまじゃくし
カエルは どこに すんで いる？
水の中
木の上
ハズレ
ハズレ
ハズレ
おたまじゃくしに 先に 生えて くるのは 前《まえ》あし？ 後《うし》ろあし？
前あし
後ろあし
ハズレ
ゴール

カエルの　はかせに
なれるかな。

しあげテスト

シール

なまえ　2 年　　組

答え→162 ページ　　月　　日

時間 15 分　合かく 80 点　とく点　　点

1 **右のような　野《や》さいを　そだてました。**

(1) みが　できました。できた　みを　１つ　えらんで　記《き》ごうを　書《か》きましょう。(5 点《てん》)　[　　]

ア　　イ　　ウ

(2) この　野さいの　なまえを　書きましょう。(5 点)

[　　　　]

チャレンジ

(3) 図の　(　　)のところには　何《なに》が　ありますか。(10 点)

[　　　　]

2 **生きものの　なまえと　すんで　いる　場《ば》しょを　線《せん》で　むすびましょう。** (30 点) 1 つ 10

(1) クワガタ　●　　●　水の　中

(2) あおむし　●　　●　草むらや　はたけ

(3) ヤゴ　●　　●　木の　みき

3 **町の　人に　話《はなし》を　聞《き》きました。**

(1) 話を　聞く　ときに　大切《たいせつ》な　ことを　まとめました。[　]に　ことばを　書きましょう。(30 点) 1 つ 10

> [①　　　　]　声《こえ》で　ゆっくりと　話《はな》します。聞いた　ことを　メモしたり，見た　ことを　しゃしんに　とったり　して　[②　　　　]　するように　します。さい後《ご》に　[③　　　　]　を　します。

(2) 話を　聞いた　人に　手紙《てがみ》を　書きます。絵の　①～④に　書く　ものを　それぞれ　えらんで　記ごうを　書きましょう。(20 点) 1 つ 5

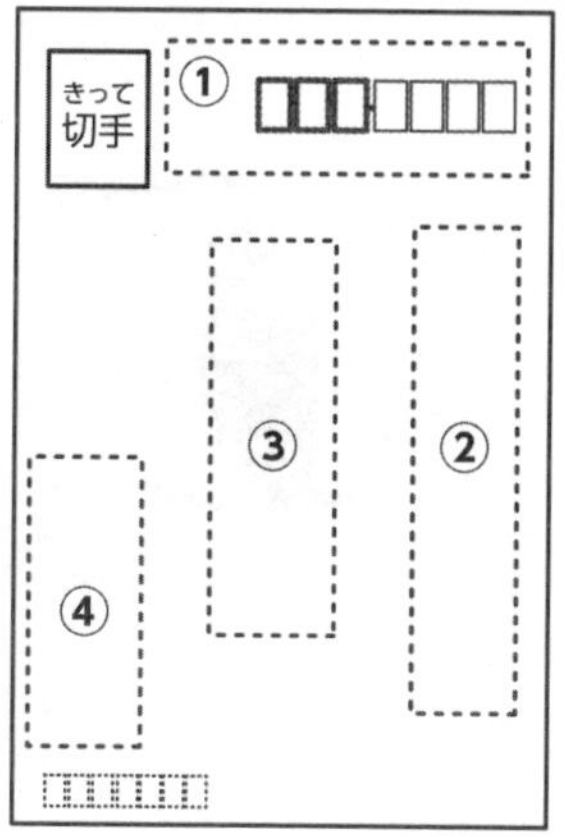

ア　あい手の　なまえ

イ　あい手の　じゅうしょ

ウ　ゆうびん番《ばん》ごう

エ　自分の　じゅうしょと　なまえ

①[　　]　②[　　]　③[　　]　④[　　]

生きものの　子どもと　大人《おとな》

答え→162 ページ

月　日

もんだい　せい長《ちょう》したら　何《なに》に　なるかな。線《せん》で　むすびましょう。

目ひょう時間　5 分《ふん》

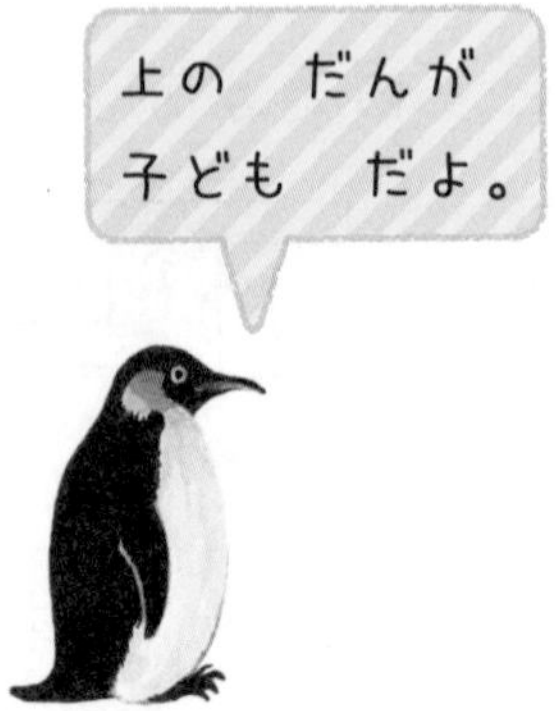

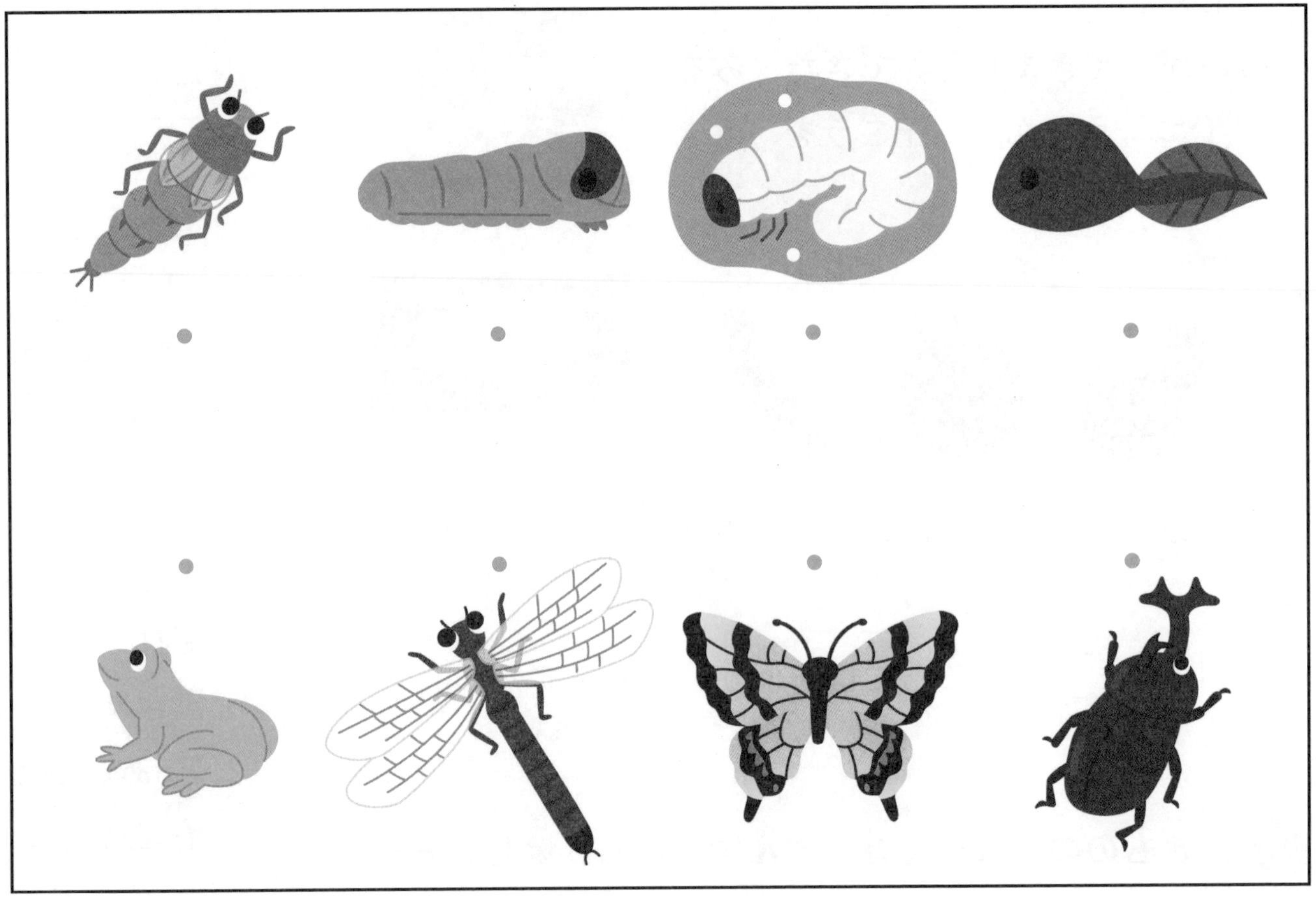

国語 1

かん字の 読《よ》み書《か》き ①

シール

なまえ
2年　組

答え→163ページ

時間 20分　合かく 80点

とく点　点

月　日

1 つぎの かん字の 読《よ》み方《かた》を 書《か》きましょう。(30点《てん》)一つ3

(1) 今日［　　］
(2) 今朝［　　］
(3) 毎日［　　］
(4) 大切［　　］
(5) 音読［　　］
(6) 作文［　　］
(7) 大人［　　］
(8) 時間［　　］
(9) 歌手［　　］
(10) 新聞［　　］

2 つぎの かん字の 読み方を 書きましょう。(28点)一つ2

(1) お母さん［　　］と お父さん［　　］
(2) 母［　　］と 父［　　］
(3) 父母［　　］
(4) 女［　　］の 子［　　］
(5) 女子［　　］
(6) 男［　　］の 子［　　］
(7) 男子［　　］
(8) 来る［　　］
(9) 来ない［　　］
(10) 来た［　　］

3 つぎの ことばを かん字で 書きましょう。(30点)一つ3

(1) とうばん［　　］
(2) こうつう［　　］
(3) けいと［　　］
(4) こうえん［　　］
(5) ずが［　　］
(6) えんそく［　　］
(7) ごぜん［　　］
(8) ごご［　　］
(9) めいじん［　　］
(10) あまど［　　］

チャレンジ

4 つぎの 文に あう かん字を 書きましょう。(12点)一つ3

(1) 答《こた》えが □《あ》う。 人に □《あ》う。
(2) ［　　］《じょうず》な 字です。 ［　　］《へた》な 歌《うた》です。

じゅく語作《ごづく》り

答え→163ページ　月　日

もんだい

つぎの それぞれの □の 中の なかまはずれの かん字に ○を つけ、その かん字を つかって じゅく語《ご》を 二つ 作《つく》りましょう。

目ひょう時間　5分《ふん》

赤	青	色	黒
語	首	顔	頭
秋	夏	冬	紙
東	北	西	外
池	川	国	海

国語 2

かん字の読《よ》み書《か》き②

シール

なまえ　2年　組

答え→163ページ

時間 20分　合かく 80点　とく点　点　月　日

1 つぎの　ことばを　かん字で　書《か》きましょう。（36点《てん》）一つ3

(1) □《はる》の□《かぜ》
(2) □《むぎ》
(3) □《あたま》と□《かお》
(4) □《は》る
(5) □《さんすう》
(6) □《かんが》える
(7) □《せいかつ》
(8) □《けいさん》
(9) □《かいわ》
(10) □《かしゅ》

2 つぎの　かん字の　書きじゅんの　正しい　ほうに　○を　つけましょう。（9点）一つ3

(1) 何

(2) 書

(3) 馬

3 つぎの　ことばと　はんたいの　いみの　ことばを、かん字を　つかって　書きましょう。（30点）一つ3

(1) 内《うち》〔　〕
(2) 姉《あね》〔　〕
(3) 右《みぎ》〔　〕
(4) 前《まえ》〔　〕
(5) 古《ふる》い〔　〕
(6) 多《おお》い〔　〕
(7) 近《ちか》い〔　〕
(8) 太《ふと》い〔　〕
(9) 強《つよ》い〔　〕
(10) ひくい〔　〕

チャレンジ **4** つぎの　かん字を　つかって、れいのように　いみの　ある　ことばを　二つずつ　作《つく》りましょう。（25点）一つ5

れい　時〔時計《とけい》・時間《じかん》〕
(1) 毎〔　・　〕
(2) 図〔　・　〕
(3) 紙〔　・　〕
(4) 場〔　・　〕
(5) 読〔　・　〕

思考力《しこうりょく》 トレーニング

国語 ②

たし算《ざん》 かん字《じ》作《づく》り

答え→163ページ　月　日

もんだい

れいのように かん字の たし算《ざん》を して、かん字を 作《つく》りましょう。

目ひょう時間　5分《ふん》

れい　日＋寺「時」

(1) 糸＋会「　」

(2) 日＋生「　」

(3) 口＋口「　」

(4) 立＋木＋見「　」

(5) 十＋日＋十＋月「　」

かん字の 中に かん字が 入る ものも あるよ。

国語 3 かん字の 読《よ》み書《か》き ③

シール

なまえ　2年　組

時間 20分　合かく 80点

とく点　点

答え↓163ページ

月　日

1 つぎの ぶ分《ぶん》の つく かん字を、二つずつ 書《か》きましょう。（20点《てん》）一つ2

(1) 木

(2) 艹

(3) 言

(4) 辶

(5) 亻

2 つぎの ことばを、おくりがなに 気を つけて かん字と ひらがなで 書きましょう。（24点）一つ3

(1) かんがえる

(2) はなす

(3) たべる

(4) おこなう

(5) かよう

(6) たのしい

(7) おしえる

(8) こまかい

3 つぎの かん字の 画数《かくすう》を、数字《すうじ》で 書きましょう。（20点）一つ4

(1) 歌

(2) 強

(3) 親

(4) 紙

(5) 近

4 つぎの かん字の 読《よ》み方《かた》を 書きましょう。（24点）一つ4

(1) 大人

(2) 一人

(3) 一日

(4) 二十日

(5) 東西南北

(6) 春夏秋冬

チャレンジ

5 □の かん字を 二つずつ 組《く》み合《あ》わせて、ことばを 四つ 作《つく》りましょう。（12点）一つ3

友	野
活	番
原	親
当	生

じゅく語《ご》パズル①

答え→163ページ　月　日

もんだい

つぎの □には、かん字が 一字 入ります。矢《や》じるしの 方《ほう》こうに 読《よ》むと じゅく語《ご》が できるように、かん字を 書《か》きましょう。

目ひょう時間　5分《ふん》

(1)

外 ↓ □

雪 → □ → 名

□ ↓ 歌

(2)

絵 ↓ □

当 ← □ ← 手

□ ↓ 文

(3)

番 ↑ □

校 → □ → 前

正 ↑ □

算数
生活
国語
答え

国語 4

ことばの つかい方《かた》 ①

シール

なまえ

2年　組

時間 20分　合かく 80点

とく点　点

月　日

答え→163ページ

1 **つぎの ことばを かたかなに 直《なお》しましょう。** (20点《てん》)一つ4

(1) にゅうす 〔　　〕

(2) けちゃっぷ 〔　　〕

(3) くりすますぷれぜんと 〔　　〕

(4) にゃあにゃあ 〔　　〕

(5) とらんぺっと 〔　　〕

2 **つぎの 文で 書《か》き方《かた》の まちがって いる ところに ×を 書いて、右がわに 正しく 書きましょう。** (30点)一つ3

ぼくわ、こおえんの まへを とうり、ゆうびんきゅくの ほうえ はしつて いきました。おねいさんと いいしょに きってお かいました。

3 **つぎの ことばの 正しい 書き方の ほうの 記号《きごう》に、○を つけましょう。** (30点)一つ5

(1) 〔ア たいく／イ たいいく〕 の 時間《じかん》が 〔ア みじかい。／イ みぢかい。〕

(2) 〔ア きれえ／イ きれい〕 な かべに 〔ア きづ／イ きず〕 が つく。

(3) 〔ア ぢめん／イ じめん〕 の 上に 足あとが 〔ア 一つずつ／イ 一つづつ〕 つく。

チャレンジ

4 **はんたいの ようすを あらわす ことばを 書きましょう。** (20点)一つ4

(1) 明《あか》るい ↔ 〔　　〕

(2) 広《ひろ》い ↔ 〔　　〕

(3) 山が 高《たか》い ↔ 山が 〔　　〕

(4) ねだんが 高い ↔ ねだんが 〔　　〕

(5) やわらかい ↔ 〔　　〕

なかまの　名まえ

答え→163ページ　月　日

もんだい

「みかん」「りんご」「バナナ」などを　ひとまとめに　して「くだもの」と　言《い》います。つぎの　絵《え》を　見て、ひとまとめに　した　名まえを　書《か》きましょう。

目ひょう時間　5分《ふん》

(1)

(2)

(3)

(4)

国語 5

ことばの つかい方《かた》②

シール

なまえ

2年　組

答え→163ページ

時間 20分　合かく 80点

月　日

とく点　点

1 ——線《せん》の ことばの つかい方《かた》で、よい ほうの 記号《きごう》に ○を つけましょう。（16点《てん》）一つ4

(1)
ア 先生が くれた。
イ 先生が くださった。

(2)
ア どうぞ、お入りください。
イ どうぞ、入りなさい。

(3)
ア 友《とも》だちが 来《こ》られた。
イ 友だちが 来《き》た。

(4)
ア 父《ちち》が 言《い》います。
イ 父が おっしゃいます。

2 チャレンジ 「ひらく」と いう ことばには、ア あける、イ はじめる、ウ さく と いう いみが あります。つぎの 「ひらく」は、どの いみですか。記号で 答《こた》えましょう。（24点）一つ4

(1) まどを ひらく。〔　〕
(2) 口を ひらく。〔　〕
(3) 新《あたら》しく 店《みせ》を ひらく。〔　〕
(4) チューリップが ひらく。〔　〕
(5) カーテンを ひらく。〔　〕
(6) つぼみが ひらく。〔　〕

3 つぎの ことばを、れい のように 二つの ことばに 分《わ》けましょう。（40点）一つ5

れい 食《た》べもの 〔食べる・もの〕

(1) パン工場《こうじょう》 〔　・　〕
(2) 青空 〔　・　〕
(3) はきもの 〔　・　〕
(4) はブラシ 〔　・　〕
(5) 大男 〔　・　〕
(6) のみ水 〔　・　〕
(7) 雪《ゆき》げしき 〔　・　〕
(8) ふでばこ 〔　・　〕

4 つぎの ことばを つかって、文を 作《つく》りましょう。（20点）一つ10

(1) まったく……ない。
〔　　〕

(2) ぜひ、……ください。
〔　　〕

ことばめいろ

答え→163 ページ　月　日

もんだい

ようすに 合《あ》う ことばの うち 正しい ほうを えらんで、スタートから ゴールまで すすみましょう。

目ひょう時間 5分《ふん》

スタート

(1) 雨《あめ》が しずかに ふる ようす
ア しとしと　イ じとじと

(2) けむりが 出《で》る ようす
ア もくもく　イ もぐもぐ

(3) 地《じ》しんで ゆれる ようす
ア くらくら　イ ぐらぐら

(4) いきおいの ある ようす
ア くんくん　イ ぐんぐん

(5) 水《みず》に うかんで いる ようす
ア ぷかぷか　イ ぶかぶか

ゴール

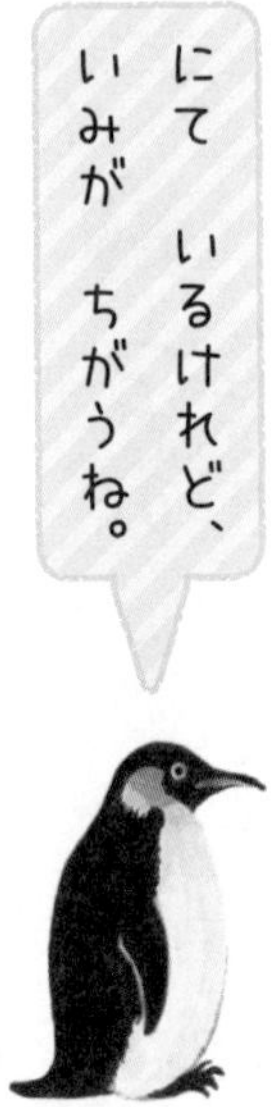

国語 6 ことばの つかい方《かた》 ③

シール

なまえ 2年 組

時間 20分 合かく 80点

とく点 点

月 日

答え→163ページ

1 **つぎの かなづかいの 正しい ほうに ○を つけましょう。** (40点《てん》)一つ4

(1) ア ラジオ イ ラヂオ

(2) ア せんせい イ せんせえ

(3) ア 近《ちか》ずく イ 近づく

(4) ア おうさま イ おおさま

(5) ア はなじ イ はなぢ

(6) ア 心《こころ》ずよい イ 心づよい

(7) ア こうり イ こおり

(8) ア おおかみ イ おうかみ

(9) ア こんにちわ イ こんにちは

(10) ア ちず イ ちづ

2 **[ ]に 合《あ》う ことばを あとから えらんで、記号《きごう》で 答《こた》えましょう。** (20点)一つ5

(1) [ ]近くに、公園《こうえん》は ありませんか。

(2) [ ]で、お母《かあ》さんに 会《あ》うのですか。

(3) [ ]は だれの 本ですか。

(4) [ ]山まで 行《い》こう。

ア あの **イ** どこ **ウ** この **エ** これ

3 **つぎの 文章《ぶんしょう》を 読《よ》んで、あとの といに 答えましょう。**

> へやの 中[①]、たらいの ように[②] レンズが [③] 光《ひか》って いました。これが [④] 回《まわ》って、光《ひかり》を 遠《とお》くまで おくるのです。

(1) [①]〜[④]に 合う ことばを つぎから えらんで、記号で 答えましょう。 (20点)一つ5

① [ ] ② [ ]

③ [ ] ④ [ ]

ア 大きな **イ** こまかい

ウ には **エ** ぴかぴか

オ くるくる

(2) ——線《せん》「これ」は、何《なに》を さして いますか。 (10点)

[ ]

チャレンジ

4 **つぎの ことばを つかって、文を 作《つく》りましょう。** (10点)

・まっ黒《くろ》

[ ]

思考力《しこうりょく》トレーニング

国語⑥　ことばパズル①

答え→163ページ　月　日

もんだい

つぎの 絵《え》の それぞれの 名まえを 書《か》きましょう。その あと、その 名まえの はじめの 文字を つかって ことばを 一つ 作《つく》りましょう。

目ひょう時間　5分《ふん》

(1)

ことば

(2)

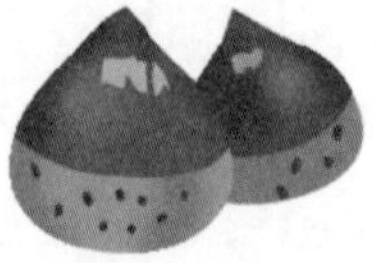

ことば

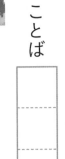

国語 7

かたかなで 書《か》く ことば

シール

なまえ
2年　組

答え→163ページ

時間 20分　合かく 80点
とく点　点
月　日

1 **つぎの 文章《ぶんしょう》を 読《よ》んで、あとの といに 答《こた》えましょう。**

わたしたちの みの まわりで つかわれて いる かたかなで 書《か》く ことばを さがして みましょう。はじめに いちばん 多《おお》いのは、外国《がいこく》から きた ことばです。①「クリップ」「ピアノ」などが あります。

つぎに 外国の 国《くに》や 人の 名まえも かたかなで 書きます。②「イギリス」「タイ」、③「フレディ」「スミス」などです。

また、④「モーモー」「ガタガタ」と いった どうぶつの 鳴《な》き声《ごえ》や 音なども かたかなで 書きます。

(1) この 文章に 書かれて いる、かたかなで 書く ことばを すべて えらんで、記号《きごう》で 答えましょう。(20点《てん》)
［　　］

ア 外国の 国の 名まえ
イ 外国から きた ことば
ウ どうぶつの 鳴き声や、音
エ だいじな ことば
オ 外国の 人の 名まえ
カ あいさつの ことば

(2) いちばん 多い かたかなで 書く ことばは、(1)の **ア～カ** の うちの どれですか。(20点)
［　　］

(3) つぎの ことばは、――線《せん》①～④の どの なかまですか。［　］に、番号《ばんごう》を 書きましょう。(30点)一つ6

れい フランス ［②］
㋐ キャラメル ［　］
㋑ シュッポッポ ［　］
㋒ リンカーン ［　］
㋓ ブラジル ［　］
㋔ ボール ［　］

チャレンジ
2 **つぎの ことばを、かたかなで 二つずつ 書きましょう。** (30点)一つ5

(1) 外国から きた ことば
［　　］［　　］

(2) 外国の 国の 名まえや、人の 名まえ
［　　］［　　］

(3) 音や、どうぶつの 鳴き声
［　　］［　　］

かたかなことばさがし

答え→164ページ　月　日

もんだい

つぎの □ の 中に ある ことばの うち、かたかなで 書《か》く ものの マスを ぬりつぶすと かん字が 一字 うかび上がって きます。その かん字を 答《こた》えましょう。

目ひょう時間 **5分《ふん》**

いえ	はな	にんぎょう	びよういん	おんな	かみなり	かがみ
にほん	つばめ	ひろば	ぽんぷ	がいこく	えいご	たいこ
じゅうす	かれんだあ	あめりか	ぺんぎん	びすけっと	ぱとかあ	とらっく
にもつ	あさひ	ぷりん	りょこう	いぎりす	おなか	きつね
おかし	すいす	いもうと	おしゃかさま	いろがみ	ばれえぼうる	さかな
こんくりいと	べんきょう	せんせい	ろんどん	おじぞうさま	こうばん	あんでるせん
ひがし	ゆき	みどり	えにっき	かぜ	おべんとう	くすりばこ

外国《がいこく》から きた ものなどを かたかなで 書くよ。

［　　］

国語 8 主語《しゅご》と 述語《じゅつご》

シール

なまえ
2年 組

時間 20分 合かく 80点

とく点 点

月 日

答え→164ページ

1 つぎの 文の「だれが（何《なに》は）」に あたる ことばの 右よこに、――線《せん》を 引《ひ》きましょう。 （12点《てん》）一つ4

れい わたしが 話《はな》します。

(1) ぼくは、字を 書《か》きます。

(2) 先生が、本を 読《よ》みました。

(3) 今日《きょう》、花が さきました。

2 つぎの［　］に、「だれが（何は）」に あたる ことばを 書きましょう。 （12点）一つ4

れい ［ 車が ］ 通《とお》ります。

(1) ［　　］ 見えます。

(2) ［　　］ ながれました。

(3) ［　　］ とびました。

3 つぎの 文の「どう する」「どんなだ」に あたる ことばの 右よこに、――線を 引きましょう。 （12点）一つ4

れい わたしが 話します。

(1) お母《かあ》さんが 歌《うた》いました。

(2) まどガラスが きれいです。

(3) 遠足《えんそく》で、東公園《ひがしこうえん》へ 行《い》きました。

4 つぎの［　］に、「どう する」「どんなだ」に あたる ことばを 書きましょう。 （24点）一つ6

れい 車が ［ 通《とお》ります ］。

(1) 海《うみ》が ［　　］。

(2) 鳥《とり》が ［　　］。

(3) えんぴつが ［　　］。

(4) 妹《いもうと》が ［　　］。

5 チャレンジ つぎの［　］に 合《あ》う 「どう する」「どんなだ」に あたる ことばを 書きましょう。 （40点）一つ10

(1) わたしは、友《とも》だちの 家《いえ》で
［　　］。

(2) きのうの じゅぎょうさんかんに、わたしの お父《とう》さんが
［　　］。

(3) おそく なったら いけないので、いそいで
［　　］。

(4) 今日の できごとを、日記《にっき》に
［　　］。

しゃれことば

答え→164ページ
月　日

もんだい

れいの ように □に 合《あ》う どうぶつを 下から えらんで、しゃれことばを 作《つく》りましょう。また、のこった どうぶつを 一つ 答《こた》えましょう。

目ひょう時間 5分《ふん》

れい うま が うまれる。

(1) □□ が ぶたれる。

(2) □□ が しかられる。

(3) □□ は いかが。

(4) □□□ は いるかい。

(5) □□□ が かえる。

のこった どうぶつ〔　　　〕

国語 9 チャレンジテスト 1

シール

なまえ
2年　組

答え→164ページ

時間 20分　合かく 80点

とく点　点

月　日

1 つぎの かん字の 読《よ》み方《かた》を 書《か》きましょう。（10点《てん》）一つ5

(1) 八日

(2) 家来

2 つぎの ことばを かん字と ひらがなで 書きましょう。（10点）一つ5

(1) まじわる

(2) はれる

3 つぎの □に 合《あ》う かん字を □から えらんで、ことばを 作《つく》りましょう。（20点）一つ5

(1) 画用□

(2) 木□日

(3) 古新□

(4) 小□生

学　曜　紙　聞

4 つぎの ことばを、れい のように 二つに 分《わ》けましょう。（10点）一つ5

れい 書き記《しる》す → （書く＋記す）

(1) 走《はし》りさる → ＋

(2) 町外《まちはず》れ → ＋

5 つぎの ことばと はんたいの いみの ことばを 書きましょう。（10点）一つ5

(1) かなしい

(2) あさい

6 つぎの かん字の 赤い ぶ分《ぶん》は 何画目《なんかくめ》に 書きますか。数字《すうじ》を 書きましょう。（10点）一つ5

(1) 考

(2) 魚

7 つぎの 文の 中から かたかなで 書く ことばを 見つけて、かたかなで 書きましょう。（20点）一つ5

・あめりか人の じょんは、えれべえたあの ぼたんを おしました。

8 チャレンジ 「何《なに》が 何を どう する。」の 形《かた》の 文を 書きましょう。（10点）

「しい」の つく ことばさがし

答え→164ページ

月　日

もんだい

つぎの □の 中に ある ことばに 「しい」を つけると いみの ある ことばに なる マスを ぬりつぶしましょう。ぬりつぶすと 何《なに》の 絵《え》に なりますか。ア〜ウの 中から 一つ えらびましょう。

目ひょう時間　5分《ふん》

みじか	あま	いた	うれ	あたたか	かしこ	わる
ひど	あさ	かな	くる	たの	なが	たか
ひく	さび	やさ	おそろ	そうぞう	おい	あか
あや	たのも	あたら	うつく	すず	くわ	なつか
あつ	とお	ちいさ	すばら	ひろ	にが	から
おも	おおき	たくま	そそっか	かわ	すご	はや

ア　さくらんぼ

イ　かさ

ウ　家《いえ》

［　　　］

国語 10

せつ明文《めいぶん》を 読《よ》む ①

シール

なまえ
2年　組

答え→164ページ

時間 30分　合かく 80点

とく点　点

月　日

1 つぎの 文章《ぶんしょう》を 読《よ》んで、あとの といに 答《こた》えましょう。

　細長《ほそなが》い 紙《かみ》は、よこに して おとすと、くるくる 回《まわ》って おちました。けれども、□ に して おとすと、そのまま さっと おちて しまいます。

（　　）、紙の 下の ほうを 少《すこ》し ななめに おりまげて おとすと、たてに なった まま、くるくる 回って おちました。おりまげた ところが 羽《はね》に なったからかも しれません。

　羽の ある、もっと よく 回る ものを 作《つく》りましょう。

半分《はんぶん》に 切《き》った 画用紙《がようし》を、また 半分に 切り、それを たてに 半分に おって、おり目を つけて ひらきます。

　かた方《ほう》は、おり目に 合《あ》わせて 三角《さんかく》に おりまげます。はんたいがわは、おり目に そって 半分くらいまで 切り、こちらと むこうに おりまげます。ヘリコプターの できあがりです。

（えがわ たきお「紙が くるくる」）

(1) □に 入る ことばを 書《か》きましょう。（20点《てん》）

(2) （　）に 入る ことばを つぎから えらんで、記号《きごう》で 答えましょう。（20点）

ア すると　イ ところが　ウ つまり

(3) 自分《じぶん》の 考《かんが》えを 書いて いる 文を ぬき出しましょう。（20点）

チャレンジ (4) この 文章を、文の ないようから 二つの ぶ分に 分《わ》けるとすると、あとの ぶ分は どこから はじまりますか。はじまりに「を つけましょう。（20点）

(5) 二つに 分けた あとの ぶ分は、何《なに》に ついて せつ明《めい》して いますか。つぎから えらんで 記号で 答えましょう。（20点）

ア ヘリコプターの とぶ ようす。

イ ヘリコプターの 作り方《かた》。

ウ ヘリコプターの 形《かたち》。

かん字パズル ①

答え→164ページ 月　日

もんだい

つぎの□に、▢から　えらんだ　ことばを　一語《ご》ずつ　はめこみましょう（上から下、左から右へ　読《よ》みます）。

目ひょう時間　5分《ふん》

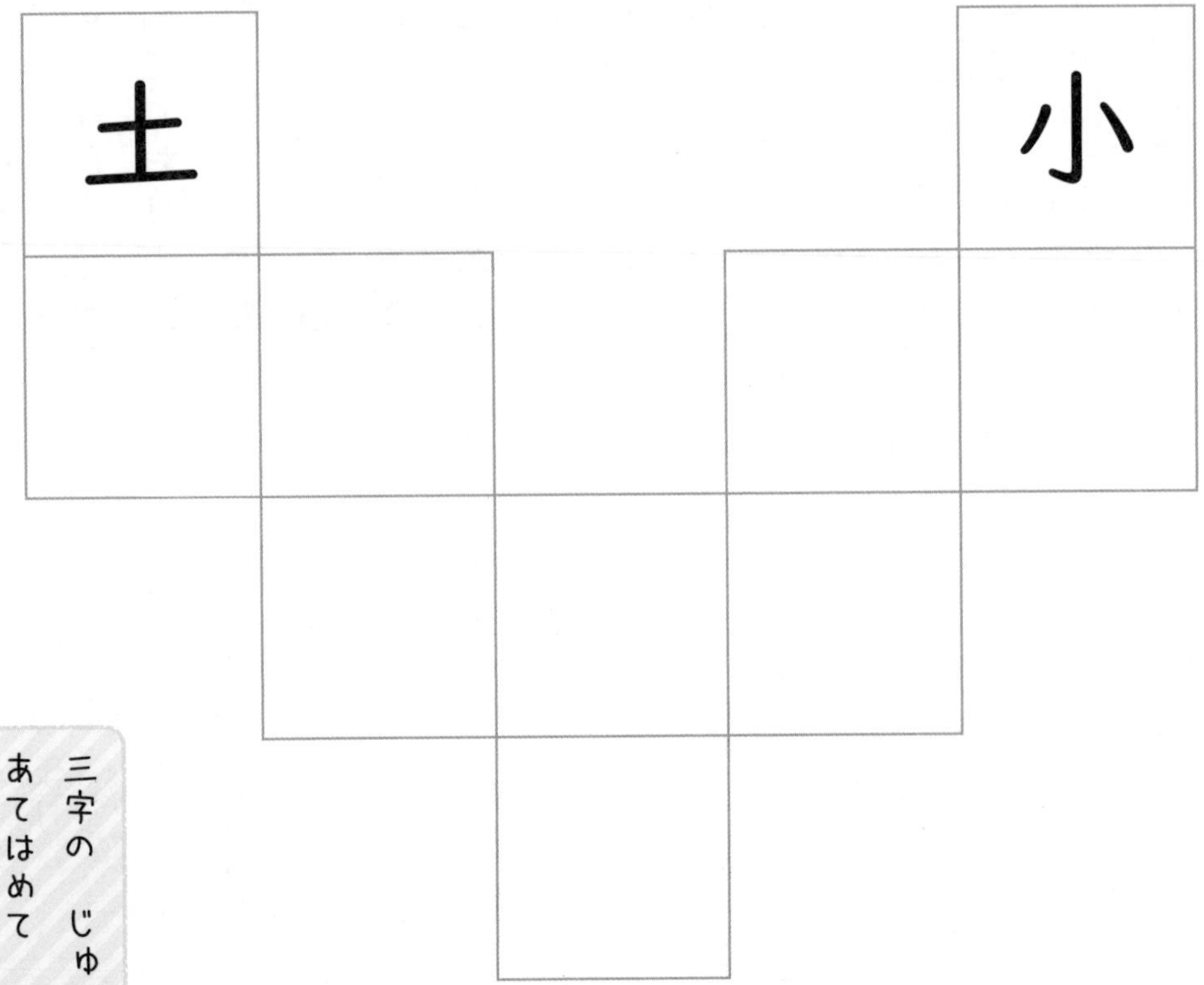
土
小

用心《ようじん》　白紙《はくし》　画用紙《がようし》　図画《ずが》　白鳥《はくちょう》　地図《ちず》

三字の　じゅく語を　まず　あてはめて　みよう。

算数　生活　国語　答え

国語 11

せつ明文《めいぶん》を読《よ》む ②

シール

なまえ　2年　組

時間 30分　合かく 80点

とく点　点

答え→164ページ

月　日

1 **つぎの 文章《ぶんしょう》を 読《よ》んで、あとの といに 答《こた》えましょう。**

画用紙《がようし》を 一まい もって、高《たか》い ところから おとして みましょう。ふわっふわっと おちますね。半分《はんぶん》に 切《き》って おとしても、［①］、ふわっふわっと おちます。

［②］、半分に 切った ものから、はばが 二センチメートルの 細長《ほそなが》い 形《かたち》を 切りとります。これを よこに して おとすと、くるくる 回《まわ》って おちます。おち方《かた》が ずいぶん ちがいますね。

つづいて はばが 四センチメートルの ものと、六センチメートルの ものを 画用紙から 切りとりました。

（えがわ たきお「紙《かみ》が くるくる」）

(1) 画用紙を 一まい もって、どう しましょうと 書《か》いて ありますか。（15点《てん》）

［　　　］

(2) 画用紙を 一まいや 半分に 切って おとすと、どんな ふうに おちますか。（15点）

［　　　］

(3) ［①］、［②］に 入る ことばを つぎから えらんで、記《き》号《ごう》で 答えましょう。（10点）一つ5

ア やはり　**イ** でも

ウ こんどは

① ［　］　② ［　］

(4) 半分に 切った 画用紙から、どんな 形を 切りとりますか。（15点）

［　　　］

チャレンジ

(5) ——線《せん》「これ」は、何《なに》を さして いますか。（15点）

［　　　］

(6) くるくる 回って おちるのは、どんな ふうに した ときですか。（15点）

［　　　］

(7) つづいて、どんな ものを 切りとりましたか。（15点）

［　　　］

組《く》み合《あ》わせ　じゅく語《ご》

もんだい

れい のように、□の 中の かん字を 組《く》み合《あ》わせて、二字の じゅく語《ご》を 作《つく》る と き、つかわない かん字を それぞれ 一つ ずつ 答《こた》えましょう。

目ひょう時間　5分《ふん》

れい

| 肉　母　岩　父　牛 |

答《こた》え　［ 岩 ］

・じゅく語は「牛肉《ぎゅうにく》」「父母《ふぼ》」

(1)

| 今　雲　黄　夜　色 |

［　　］

(2)

| 地　電　土　紙　力 |

［　　］

(3)

| 原　買　書　野　鳴　売　図 |

［　　］

算数　生活　国語　答え

国語 12

せつ明文《めいぶん》を 読《よ》む ③

シール

なまえ
2年　組

答え→164ページ

時間 25分　合かく 80点

とく点　点

月　日

1 つぎの 文章《ぶんしょう》を 読《よ》んで、あとの といに 答《こた》えましょう。

　図《ず》かんに のって いた セミの ぬけがらの じっけんを やって みました。

　じっけんには、タオルと ハンカチが ひつようです。それらを せんたくばさみが ついた ハンガーなどに つるし、それぞれに セミの ぬけがらを つけて いきます。ハンカチの ほうは うまく くっつきません。

　しかし、タオルの ほうには すぐに くっつきました。

　タオルは ハンカチよりも デコボコして いるので、セミの ぬけがらの 足が ひっかかりやすいのです。

　何日《なんにち》か して 見て みると、まだ しっかりと くっついて いました。セミの ぬけがらの 足の ギザギザの おかげです。

(1) じっけんは 何《なに》に のって いましたか。（20点《てん》）

［　　　］

(2) ――線《せん》「それら」とは、何《なん》ですか。（20点）

［　　　］

チャレンジ

(3) この じっけんで わかった ことは 何ですか。［　］に 入る ことばを 書《か》きましょう。（20点）一つ10

・セミの ぬけがらは、［①　　］には よく くっつくが、［②　　］には うまく くっつかない。

(4) セミの ぬけがらの 足が タオルに ひっかかりやすいのは、なぜですか。（20点）

［　　　］

(5) 何日か して 見て みると、どう なって いましたか。（20点）

［　　　］

答え→164ページ 月 日

かん字しりとり

もんだい

スタートから ゴールまで、二字の かん字が しりとりに なって ならんで います。□に 入る かん字を、あとの ▭ から えらんで、しりとりを かんせいさせましょう。

目ひょう時間

5分《ふん》

				スタート
□	→	□		書
↑		↓		↓
元		点		店
↑		↓		↓
□		数		先
		ゴール		
↑				↓
下	←	上	←	□

手	頭
生	読
弱	首
昼	気

いろいろな 読《よ》み方《かた》を あてはめて みよう。

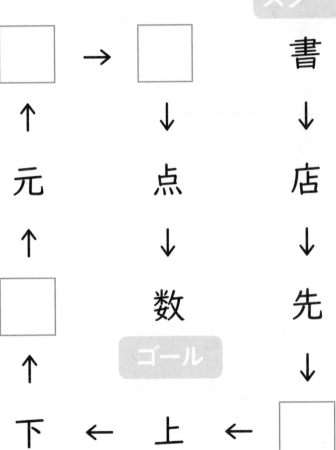

国語

13 せつ明文《めいぶん》を読《よ》む ④

シール

なまえ
2年　組

時間 30分　合かく 80点

とく点　点

月　日

答え→165ページ

1 **つぎの 文章《ぶんしょう》を 読《よ》んで、あとの といに 答《こた》えましょう。**

　どうぶつの せかいでは、てきに 見つかったら 食《た》べられてしまう ことが あります。そのため、体《からだ》の 色《いろ》を まわりの 色に 合《あ》わせて かえ、てきに 見つかりにくく する どうぶつが います。

　ホッキョクウサギは、夏《なつ》の 間《あいだ》は、まわりの 岩《いわ》や しょくぶつに にた はい色を して います。□、冬《ふゆ》に なると、雪《ゆき》が ふって、一めん、まっ白に なるので、ホッキョクウサギの 毛も 白に かわります。

(1) どうぶつの なかには、どのように して、てきに 見つかりにくく して いる ものが いますか。(20点《てん》)

(2) ホッキョクウサギは、夏の 間、何色《なにいろ》を して いますか。(15点)

(3) □に 入る ことばを つぎから えらんで、記号《きごう》で 答えましょう。(10点)

ア けれども　**イ** まず　**ウ** だから

(4) ホッキョクウサギが、白色に かわるのは どんな ときですか。(15点)

チャレンジ

(5) つぎの 文の うち、正しい ものには ○を、まちがって いる ものには ×を つけましょう。(40点)一つ10

㋐ どうぶつは みんな、体の 色が かわらない。

㋑ ホッキョクウサギは、毛の 色が かわる。

㋒ どうぶつの なかには、体の 色が かわる ものが いる。

㋓ ホッキョクウサギは、毛の 色が 茶《ちゃ》色や 黒《くろ》色に かわる。

思考力《しこうりょく》トレーニング

国語⑬

さかさことばさがし

答え→165ページ　月　日

もんだい

れい のように、上から 読《よ》んでも 下から 読んでも 同じ 読み方《かた》に なる ものを さがしましょう。

目ひょう時間

10分《ぷん》

	み	い		や		わ
た	が	け		す	だ	た
い	か	と	か	い	ん	し
や	ぬ	と		い	す	ま
き	か	け		す	が	け
や	が	い		や	す	ま
い	み	し	ん	ぶ	ん	し
た	し	ま	し	た	だ	た
		わ	に	の	に	わ

れい

しんぶんし

さがす ものの ヒント

(1) いかと○○

(2) わにの○○

(3) たしま○○

(4) いけと○○○

(5) やすい○○○

(6) だんす（ダンス）が○○○

(7) たいやき○○○

(8) みがかぬ○○○

(9) わたしまけ○○○○

算数
生活
国語
答え

国語 14

せつ明文《めいぶん》を読《よ》む ⑤

シール

なまえ
2年　組

答え→165ページ

時間 25分　合かく 80点

とく点　点

月　日

1 **つぎの 文章《ぶんしょう》を 読《よ》んで、あとの といに 答《こた》えましょう。**

休みの 日の お昼《ひる》ごはんに 手うちうどんを 作《つく》って みませんか。思《おも》ったより かんたんに でき上がります。

　まず、小麦《こむぎ》こに しおを とかした 水を 入れて まぜます。しおを 入れるのは、うどんに 「こし」を あたえる ためです。この 作《さ》ぎょうを 「水まわし」と いいます。

　[①]、ぼろぼろの じょうたいの きじに なるので、一つに まとめます。

　これを、手や 足で よく こねます。[②]、しばらく ねかせてから、たいらに のばして ほうちょうで ほそ長《なが》く 切《き》れば うどんの できあがりです。

(1) [①]、[②]に 入る ことばを、つぎから えらんで 記《き》号《ごう》で 答えましょう。(20点《てん》)一つ10

ア すると　**イ** ところが　**ウ** そして

① [　　]　② [　　]

(2) うどんに 「こし」が あるのは、何《なん》の はたらきに よる ものですか。(20点)

[　　]

(3) 「水まわし」とは どんな 作ぎょうですか。[ ]に 入る ことばを 書きましょう。(20点)一つ10

・[①]に しおを とかした [②]を 入れる 作ぎょう。

(4) ――線《せん》「これ」は 何《なに》を さして いますか。つぎから えらんで 記号で 答えましょう。(10点)

ア 一つに まとめた きじ。
イ ぼろぼろの きじ。
ウ しおが 入った 水。

[　　]

チャレンジ
(5) まとめた ものを よく こねた あと 何を しますか。[ ]に じゅんに 番号《ばんごう》を 書きましょう。(30点)一つ10

[　　] ほうちょうで ほそ長く 切る。
[　　] たいらに のばす。
[　　] しばらく ねかせる。

答え→165ページ 月 日

ことばパズル ②

もんだい

つぎの 絵《え》の それぞれの 名まえを 書《か》きましょう。その あと、その 名まえの はじめの 文字を つかって ことばを 一つ 作《つく》りましょう。

目ひょう時間 5分《ふん》

(1)

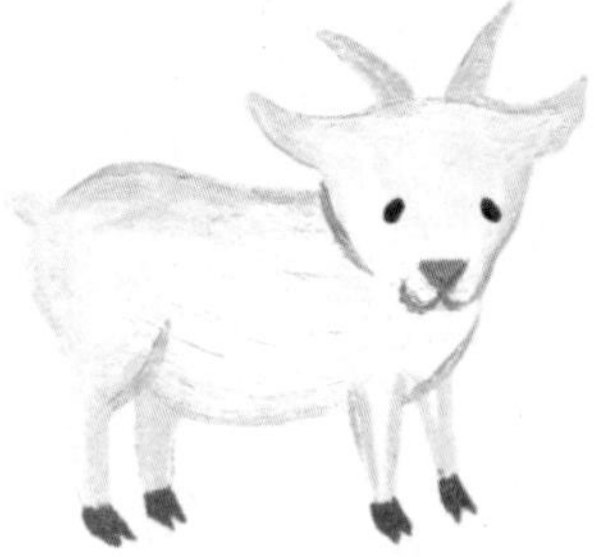

(2)

(3)

(4)

(5)

(6)

ことば

国語 15 チャレンジテスト 2

シール

なまえ

2年 組

答え→165ページ

時間 25分 合かく 80点

とく点 点

月 日

1 つぎの 文章《ぶんしょう》を 読《よ》んで、あとの といに 答《こた》えましょう。

お正月の 前《まえ》には、まどガラスを ふいたり、かん気せんを 外《はず》して あらったり、いつもよりも ねん入りに そうじを します。

一年の 間《あいだ》に たまった よごれを おとす ため、[ ]、お正月の かみさまを むかえる ための 大そうじです。

お正月の 前に 大そうじを するのは、むかしから つづいて きた ならわしです。

きれいな 家《いえ》で、新《あたら》しい 年を むかえると、気もちも あらたまり、今年《ことし》も がんばろうと 思《おも》えます。むかしの 人たちも、そう 思って、こう いう ならわしを まもって きたのでしょう。これからも つづけて いきたいですね。

(1) この 文章は、いつの ことに ついて 書《か》いた ものですか。(10点《てん》)

(2) その ときには、どのように そうじを するのですか。(20点)

(3) この そうじは、何《なん》の ために するのですか。二つ 書きなさい。(20点)一つ10

(4) [ ] に 入る ことばを、つぎから えらんで 記号《きごう》で 答えましょう。(10点)

ア でも **イ** また **ウ** さて

(5) ——線《せん》「きれいな 家」だと どう いう 気もちに なりますか。(20点)

今年も □□□□ という 気もち。

(6) この 文章は、何《なに》に ついて 書かれて いますか。四字で 答えましょう。(20点)

正しい かん字 さがし

答え→165ページ 月 日

もんだい

つぎの□の 中に ある かん字の うち、正しい ものの マスを ぬりつぶして うかび上がって きた かん字を 答《こた》えましょう。

目ひょう時間 5分《ふん》

夏	遠	算	組	番
細	冬	黒	明	黄
紙	歌	弟	買	夜
週	魚	後	園	毎
寺	麦	通	汽	電

［　　］

よく 見て まちがい を さがそう。

国語 16

ものがたりを読《よ》む ①

シール

なまえ
2年 組

時間 25分 合かく 80点

とく点 点

月 日

答え→165ページ

1 **つぎの 文章《ぶんしょう》を 読《よ》んで、あとの といに 答《こた》えましょう。**

よし子さんの お家《うち》も、あすは、クリスマスです。

毛《け》なみの、[①]した、まっ黒《くろ》い ネコは、夜《よ》どおし、えんとつの てっぺんに すわって、サンタクロースの おじいさんが、この お家を まちがいなく 見つけて くれれば いいがと、黄色《きいろ》い 目を ひからせて、見つめて いました。よし子さんは 今夜《こんや》は、きっと、おじいさんが、あたしの ほしくて ほしくて たまらない、小さな 金の くびかざりを もって 来《き》て くれるに ちがいないと 言《い》って、おねんねを しました。

イヌは、家の 中の えんとつの 下を、[②]した しっぽで、きれいに おそうじを しました。せっかく サンタおじいさんが、金の くびかざりを もって えんとつから 下りて 来ても、そこが あまり きれいで なくては、いやな 気もちに なって 帰《かえ》って しまうかも しれないからです。

（おの ひろし「金の くびかざり」）

(1) [①]、[②]に 入る ことばを つぎから えらんで、記《き》号《ごう》で 答えましょう。（20点《てん》）一つ10

① [　　] ② [　　]

ア ごつごつ　イ ふさふさ
ウ つやつや　エ ざらざら

(2) よし子さんは、サンタクロースの おじいさんに、何《なに》が ほしいと おねがいしましたか。（10点）

[　　　　]

(3) ネコと イヌは、それぞれ 何を しましたか。（30点）一つ10

ネコは、[①　　] に すわって、見つめて いた。

イヌは、[②　　] で えんとつの 下を [③　　] した。

チャレンジ
(4) ネコと イヌが、(3)のように して いるのは、どうしてですか。（40点）一つ20

ネコ [　　　　]

イヌ [　　　　]

どうぶつ ことわざ

答え→165ページ　月　日

もんだい

つぎの ことわざの [ ]に 合《あ》う どうぶつを 書《か》き、下の 絵《え》と 線《せん》で むすびましょう。

目ひょう時間 **5分《ふん》**

れい [すずめ]の なみだ
（りょうが とても 少《すく》ない こと。）

(1) [ ]も 木から おちる
（どんな 名人でも、しっぱいする ことが ある こと。）

(2) [ ]に こばん
（ねうちの ある ものでも、わからない 人には、やくに 立《た》たない こと。）

(3) とらぬ [ ]の かわ算用《ざんよう》
（まだ、手に 入れて いないのに あてに すること。）

(4) [ ]の 耳に ねんぶつ
（いくら いっても きき目が ない こと。）

(5) 立つ [ ] あとを にごさず
（よそに うつる ときは あとかたづけを する べきだ。）

国語

17 ものがたりを 読《よ》む ②

シール

なまえ

2年　組

時間 30分　合かく 80点

とく点　点

月　日

答え→165ページ

1 **つぎの 文章《ぶんしょう》を 読《よ》んで、あとの といに 答《こた》えましょう。**

早く めが 出て、赤と 青の すいせんの 花が さけば いいと、毎日《まいにち》 水を やって おりましたが、いつまでも めが 出ません。ある 日、学校から 帰《かえ》って すぐに おにわに 来《き》て みると、たいへんです。お父《とう》さまが おにわ中を [①] ほりかえして、はたけに して おいでに なります。そうして うた子さんを 見ると、やあ、うた子か。お父さんは [②] して わるい ことを した。お前《まえ》の 大切《たいせつ》な すいせんを 二つとも くわで 半分《はんぶん》に 切《き》って しまったから、うらの 草原《くさはら》へ すてて しまった。かんべんして くれ。その かわり、今度《こんど》 すいせんの 花が さく ころに なったら、大きな しなすいせんを 買《か》って やるからと おあやまりに なりました。

うた子さんは なきたいのを やっと がまんして、うらの 草原を さがしましたが、[③] 見つかりませんでした。

（かいじゃく らんぺい「青ずいせん、赤ずいせん」）

(1) [①]～[③]に 入る ことばを つぎから えらんで、記《き》号《ごう》で 答えましょう。(30点《てん》)一つ10

① [　　] ② [　　] ③ [　　]

ア もう　**イ** うっかり　**ウ** すっかり

(2) うた子さんは、何《なに》が さく ことを ねがって いましたか。(10点)

[　　　　　　]

チャレンジ (3) ある 日 おこった たいへんな こととは、どのような ことですか。(20点)

[　　　　　　]

(4) お父さんが うた子さんに あやまって いる ことばの はじまりに、「を つけましょう。(20点)

(5) お父さんの ことばを 聞《き》いて、うた子さんは どう しましたか。(20点)

[　　　　　　]

思《し》考《こう》力《りょく》トレーニング

国語 ⑰

かなづかい めいろ

答え→166ページ

月　日

もんだい

スタートから □の 中に ある かなづかいの うち、正しい ほうを えらんで いくと、どの ゴールに つきますか。ゴールの 記《き》号《ごう》を 答《こた》えましょう。

目ひょう時間

5分《ふん》

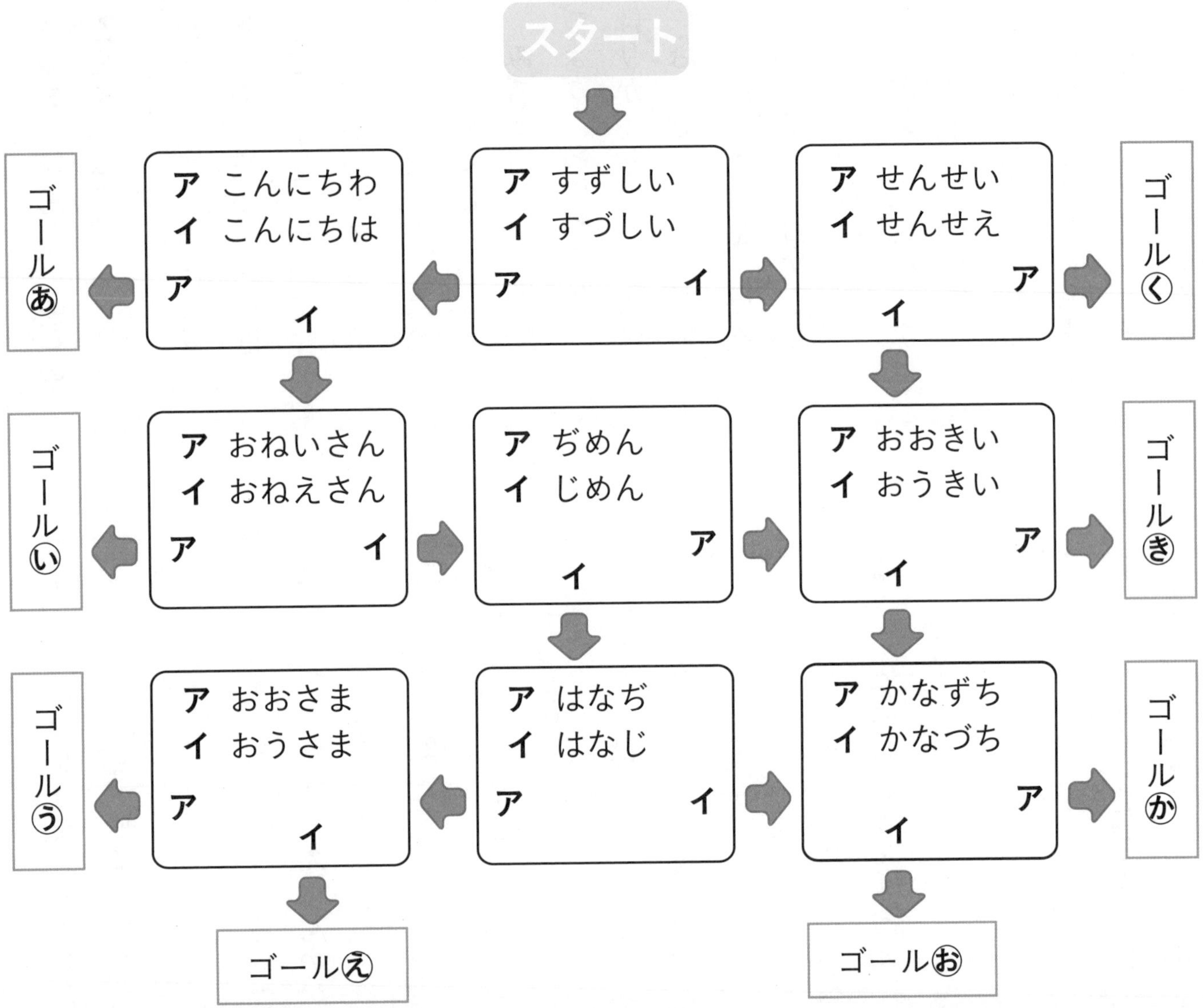
スタート
ア すずしい
イ すづしい
ア こんにちわ
イ こんにちは
ア せんせい
イ せんせえ
ア おねいさん
イ おねえさん
ア ぢめん
イ じめん
ア おおきい
イ おうきい
ア おおさま
イ おうさま
ア はなぢ
イ はなじ
ア かなずち
イ かなづち
ゴールあ
ゴールい
ゴールう
ゴールえ
ゴールお
ゴールか
ゴールき
ゴールく

算数
生活
国語
答え

国語 18 ものがたりを 読《よ》む ③

シール

なまえ
2年　組

時間 30分　合かく 80点

とく点　点

月　日

答え→166ページ

1 **つぎの 文章《ぶんしょう》を 読《よ》んで、あとの といに 答《こた》えましょう。**

　ろばは、前足《まえあし》を まどに のせる ことに なりました。犬は、ろばの せなかに とびあがる ことに しました。ねこは 犬の せなかに よじのぼる ことに しました。おしまいに、［　　］が、ばさばさと とびあがって、ねこの 頭《あたま》の 上に のっかりました。いよいよ したくが できあがると、一、二、三の あいずで、四人組《ぐみ》は いっせいに、音楽《おんがく》を やりだしました。ろばは ひひんと わめきました。犬は わんわん ほえたてました。ねこは にゃおんと なきました。おんどりは こけこっこうと、ときを つくりました。とたんに、まどを つきやぶって、いちどう へやの 中へ とびこみました。がらん、がらん、がらん、音を たてて ガラスは こわれました。

　どろぼうどもは、びっくりぎょうてん、きゃあと さけび声《ごえ》を あげて とびあがりました。

　<u>たいへんな かいぶつ</u>が とびこんで 来《き》た、そうとしか 考《かんが》えません。

（くすやま まさお やく「ブレーメンの 町楽《ちょうがく》たい」〈グリムどうわ〉）

(1) ［　　］に 入る どうぶつの 名まえを 書《か》きましょう。（10点《てん》）

［　　　　］

(2) 四人組は、それぞれ どんな 音楽を やりだしましたか。（60点）一つ15

ろば ［　　　　］

犬 ［　　　　］

ねこ ［　　　　］

おんどり ［　　　　］

(3) チャレンジ どろぼうどもが、びっくりぎょうてんしたのは どうしてですか。（20点）

［　　　　］

(4) ——線《せん》「たいへんな かいぶつ」とは、だれの ことですか。三字で 書きましょう。（10点）

［　　　　］

ことばパズル③

答え→166ページ　月　日

もんだい

つぎの 絵《え》の それぞれの 名まえを 書《か》きましょう。その あと、その 名まえの はじめの 文字を つかって ことばを 二つ 作《つく》りましょう。

目ひょう時間 5分《ふん》

(1)

(2)

(3)

(4)

(5)

(6)

(7)

(8)

(9)

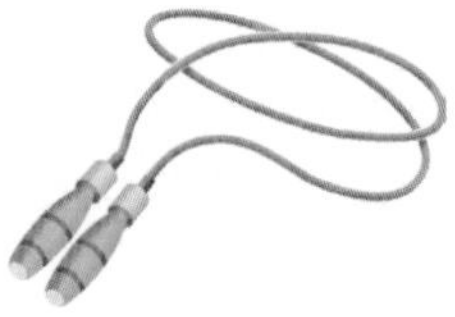

ことば

国語

19 ものがたりを読《よ》む ④

シール

なまえ

2年　組

答え→166ページ

時間 30分　合かく 80点

とく点　点

月　日

1 つぎの 文章《ぶんしょう》を 読《よ》んで、あとの といに 答《こた》えましょう。

「①あった。」

コウくんの マフラーは、林の 外《はず》れの くぼみに おちて いました。

草色《くさいろ》の マフラーを とったら、ふきのとうが 三つ、とけかかった 雪《ゆき》の 間《あいだ》から、顔《かお》を のぞかせて いました。［①］

「あ。」

にこっと して、みんなが 顔を 見合《みあ》わせました。

ねこやなぎの かたい つぼみが ゆれて、雪どけの においが しました。

（②おまえ、春《はる》を つれて きて くれたんだな。）

と、コウくんは、心《こころ》の 中で 北風《きたかぜ》に 言《い》いました。

ヒュルルル ヒュルルルと 北風は わらって、海の 遠《とお》くに ふきすぎて いきました。

海が、［②］ 草色に 光《ひか》ったようでした。

（ごとう りゅうじ「草色のマフラー」）

(1) ［①］、［②］に 入る ことばを つぎから えらんで、記《き》号《ごう》で 答えましょう。（20点《てん》）一つ10

ア ぜんぜん　イ きらっと
ウ くるっと　エ ちょっぴり

① ［　　］　② ［　　］

(2) ——線《せん》①「あった」ものは、何《なん》ですか。（20点）

［　　　　］

(3) みんなが にこっと して、顔を 見合わせたのは、何《なに》が うれしかったからですか。つぎから えらんで、記号で 答えましょう。（20点）

ア コウくんの マフラーが 見つかったから。
イ 雪の 間から、ふきのとうが 顔を のぞかせて いたから。

［　　］

(4) ——線②「おまえ」とは、だれの ことですか。（20点）

［　　　　］

(5) チャレンジ この ばめんから つたわって くる 気もちに 合う ほうを えらんで、記号で 答えましょう。（20点）

ア 春が きた よろこび。
イ 春が まだ 遠い さびしさ。

［　　］

かん字たし算《ざん》

答え→166ページ 月 日

もんだい

つぎの □ に、数字《すうじ》を あらわす かん字を 書《か》き入れ、それらの 数字を ぜんぶ 足《た》した 答《こた》えを 書きましょう。

目ひょう時間 **5分《ふん》**

(1) 石の 上にも □① 年
（がまんして いれば、いつかは せいこうすると いう こと。）

(2) □② 聞《ぶん》は □③ 見《けん》に しかず
（人の 話《はなし》を 何回《なんかい》も 聞《き》くよりも、自分《じぶん》の 目で たしかめた ほうが よく 分《わ》かると いう こと。）

(3) つるの □④ 声《こえ》
（なかなか きまらない ときに、力の ある 人が たった 一言《ひとこと》 言《い》っただけで きまる こと。）

(4) 早おきは □⑤ 文《もん》の とく
（早く おきると、すこし とくを すると いう こと。）

□① ＋ □② ＋ □③ ＋ □④ ＋ □⑤ ＝ ［　　］

「文《もん》」は、むかしの お金の 数《かぞ》え方《かた》だよ。

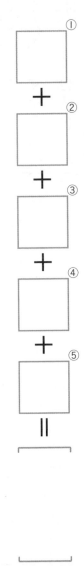

国語 20 ものがたりを 読《よ》む ⑤

シール

なまえ
2年　組

答え→166ページ

時間 25分　合かく 80点

とく点　点

月　日

1 つぎの 文章《ぶんしょう》を 読《よ》んで、あとの といに 答《こた》えましょう。

メグは、また おせっ教《きょう》を つづけました。

「それから、エミイは、気むずかしやで、かたくるしいわ。今《いま》は かわいいけど、気を つけないと 大人《おとな》に なったら、がちょうみたいに 気どりやさんに なるわ。上品《じょうひん》ぶらない ときは、しとやかなのも、いい ことばも すきだけど、あんたの ませた ことばは、ジョウの 下品《げひん》な ことばと おなじように、よく ないわ。」

「ジョウが おてんばで、エミイが 気どりやさんなら、ねえさん、あたしは なあに?」と、ベスは じぶんも おせっ教されたがって □を はさみました。

「あなたは、かわいい 子、ただ それだけよ。」

メグは、やさしく そう いいましたが、これには、だれも はんたいしませんでした。


(オルコット作《さく》、みずたに まさる やく「わかくさものがたり」)

(1) だれが だれに、おせっ教を して いる 場《ば》めんですか。(20点《てん》)一つ10

［①　］が［②　］に。

(2) メグは、エミイや ジョウの ことを どんな せいかくだと 思《おも》って いますか。合《あ》う ものを つぎから えらんで、記号《きごう》で 答えましょう。(40点)一つ20

エミイ［　］　ジョウ［　］

ア 下品　**イ** なまけもの　**ウ** うそつき　**エ** 気むずかしや

(3) ——線《せん》「ませた ことば」とは、どんな ことばですか。つぎから えらんで、記号で 答えましょう。(10点)

ア 大人のような ことば
イ けんかの ときの ことば
ウ やさしい ことば

［　］

(4) □に 入る ことばを つぎから えらんで、記号で 答えましょう。(10点)

ア 手　**イ** 耳　**ウ** 口

［　］

チャレンジ
(5) ベスの ことを、みんなは どう 思って いますか。(20点)

［　］

くだもの　さがし

答え→166ページ　月　日

もんだい

□の 中の くだものの 名まえを パズルから たて よこ ななめで さがし出し、けしましょう。 のこった 三字で ことばを 一つ 作《つく》りましょう。

目ひょう時間 5分《ふん》

さ	み	か	ん	ご
り	く	き	ぷ	う
ん	り	ら	い	め
ご	む	あ	ん	ず
ち	ば	な	な	ぼ

かき　うめ　りんご
バナナ　みかん　くり
プラム　あんず
さくらんぼ

「バナナ」と「プラム」は ひらがなに 直《なお》して さがしてね。

のこった 三字で できる ことばも くだものだよ。

［　　　］

国語 21

しを 読《よ》む ①

シール

なまえ

2年　組

答え→166ページ

時間 20分　合かく 80点

月　日

とく点　点

1 **つぎの しを 読《よ》んで、あとの といに 答《こた》えましょう。**

おうち やすゆき

バッタ
草の 色《いろ》から
ピョンと とびだす バッタ
じっとしてれば
はっぱと おんなじ バッタ
ピョンと とばなきゃ
見つからないのに バッタ

バッタ
草の 色から
ピョンと とびだす バッタ
じっとしてたら
はっぱに なっちゃう バッタ
バッタだからね
ピョンと とびたい バッタ

(1) バッタは、どこから ピョンと とびだすのですか。(20点《てん》)

(2) バッタは、じっと して いれば 何《なに》と 同《おな》じですか。(20点)

チャレンジ (3) バッタが 見つからないように するには、どう したら いい ですか。(20点)

(4) この しを 作《つく》った 人が いちばん いいたい ことは、どのように 書《か》かれて いますか。よい ものを 一つ えらんで、記号《きごう》で 答えましょう。(10点)

ア 二回《にかい》 くりかえして 書かれて いる。
イ かたかなで 書かれて いる。
ウ 太《ふと》く 書かれて いる。

(5) この しの だい名と して よい ものを 一つ えらんで、記号で 答えましょう。(10点)

ア はっぱの うた
イ バッタの うた
ウ 草の うた

(6) バッタは、どう したいのですか。(20点)

国語㉑ かくれた かん字

答え→166ページ

月　　日

もんだい

かん字の 上に はっぱが おちて きました。もとの かん字を 考《かんが》えて、書《か》きましょう。

目ひょう時間 5分《ふん》

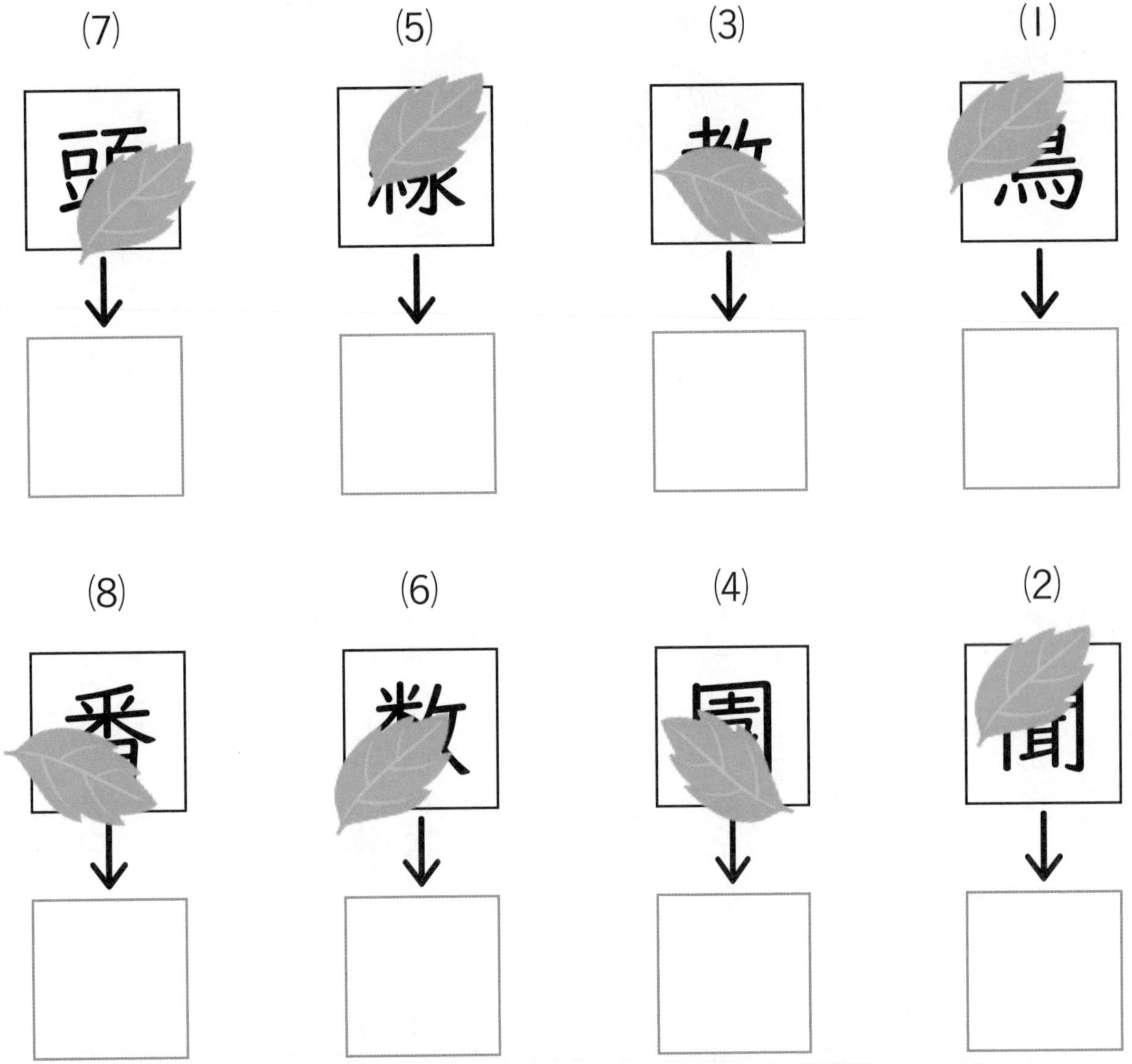

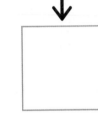

しを 読《よ》む ②

シール

なまえ 2年 組

時間 20分 合かく 80点

とく点 点

月 日

答え→166ページ

1 **つぎの しを 読《よ》んで、あとの といに 答《こた》えましょう。**

てつぼう

いとい しげさと

てつぼうは　きみを
まって　います
ひくい　ほうのも
たかい　ほうの　てつぼうも
きみを　①まって　います

きみが　さかあがりするのを
きみが　しりあがりするのを
きみが　あしかけあがりする
のを
てつぼうは　②まって　います

きみが　こないと
てつぼうは　ただの　てつぼう
です
□　てつぼうです

てつぼうは　まって　います
きみが　まえまわりするのを
きみが　うしろまわりするのを
きみが　だいしゃりんするのを
てつぼうは　こんな　こさめの
ふる　ひ
いつまでも　きみを　まって
います

(1) この　しは、いくつに　分《わ》かれて　いますか。(20点《てん》)

(2) ――線《せん》①「まって　います」は、だれを　まって　いるのですか。(20点)

(3) チャレンジ ――線②「まって　います」は、何《なに》を　まって　いるのですか。(30点)

(4) □に　入る　ことばを　つぎから　えらんで、記号《きごう》で　答えましょう。(30点)

ア 楽《たの》しい
イ さみしい
ウ よう気な
エ おかしな

ことば作《づく》り ①

答え→166 ページ 月　日

もんだい

れい のように □に 文字を 入れて ことばを 作《つく》りましょう。

目ひょう時間 5分《ふん》

(1)

れい ケーキ（ケ ー キ）

□ー□

□ー□

□ー□

□ー□

□ー□

(2)

れい だいこん（だ い こ ん）

□い□ん

□い□ん

□い□ん

□い□ん

□い□ん

□い□ん

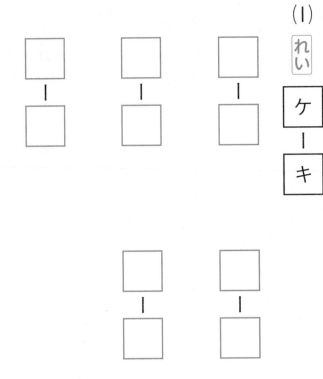

国語 23

しを 読《よ》む ③

シール

なまえ
2年　組

答え→166ページ

時間 30分　合かく 80点

とく点　点

月　日

1 **つぎの しを 読《よ》んで、あとの といに 答《こた》えましょう。**

□

こわせ たまみ

なみは 手かな。
うみの 手かな。
①なみうちぎわで
②ぱっと ひらいた。

なみは 手かな。
白い 手かな。
③貝がら 一つ
ぱっと なげた。

なみは 手かな。
つないだ 手かな。
なみうちぎわを
ぱっと かこんだ。

(1) ここに 書《か》かれて いる ことを、この しを 作った 人は どこから 見て いますか。つぎから 一つ えらんで、記号《きごう》で 答えましょう。（15点《てん》）

ア 家《いえ》の 中　**イ** はまべ
ウ 海《うみ》の 中

[　　]

(2) ――線《せん》①「なみうちぎわ」とは どこですか。（15点）

はまべで、[　　　　]が うちよせる ところ。

(3) ――線②「ぱっと ひらいた」のは 何《なん》ですか。（15点）

[　　　　]

(4) ――線③「貝がら 一つ ぱっと なげた」は、何の ようすを あらわして いますか。つぎから 一つ えらんで、記号で 答えましょう。（15点）

ア さくしゃが 海へ 貝がらを なげた ようす。
イ なみが 貝がらを なみうちぎわに はこんだ ようす。
ウ 貝がらが すなはまに うまって いた ようす。

[　　]

チャレンジ
(5) さくしゃが「なみ」に ついて そうぞうして いると いう ことが わかる ことばを、しの 中から さがして、二字で 書きましょう。（20点）

[　　]

(6) しの だい名と して よい ものを つぎから 一つ えらんで、記号で 答えましょう。（20点）

ア 手
イ なみは 手かな
ウ ぱっと ひらいた

[　　]

ことば作《づく》り　めいろ①

答え→166ページ　月　日

もんだい

○の 中には 矢《や》じるしの かん字を あつめて できる じゅく語《ご》の 読《よ》みが 書《か》かれて います。ア・イの かん字を 組《く》み合《あ》わせて できる じゅく語を 答《こた》えましょう。

目ひょう時間

5分《ふん》

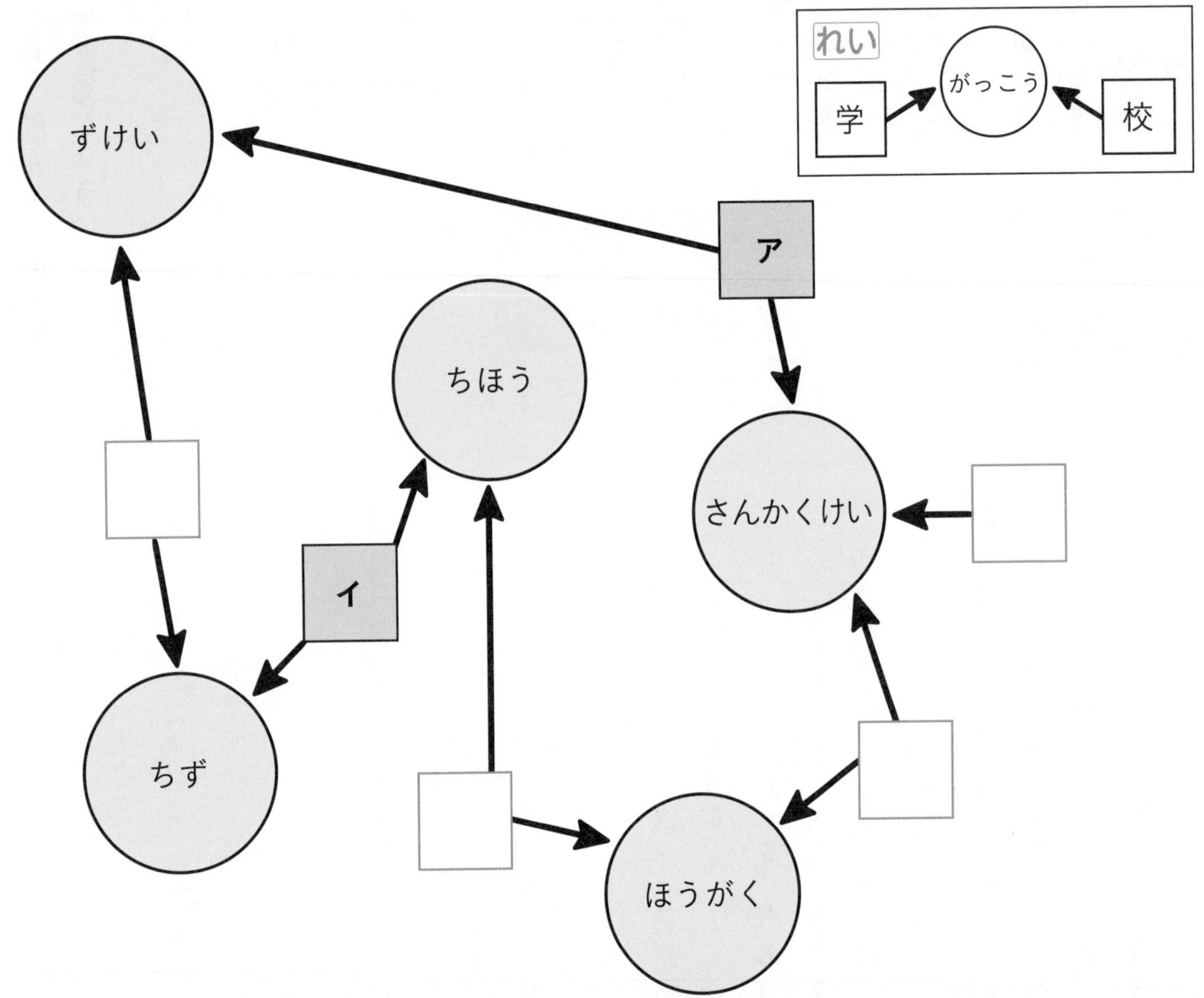

国語 24 チャレンジテスト 3

シール

なまえ　2年　組

答え→166ページ

時間 30分　合かく 80点

とく点　点

月　日

1 つぎの 文章《ぶんしょう》を 読《よ》んで、あとの といに 答《こた》えましょう。

　家《いえ》へ 帰《かえ》って しばらくの 間《あいだ》は、わたしも 楽《たの》しく くらして いました。しかし、まもなく、わたしは、［　　］ その 日 その 日を おくる ことが、いやに なりました。そして、海《うみ》の 上へ のり出して、なみの 上を とぶように 走《はし》ったり、ほづなを びゅうびゅう うならせて ふいて ゆく、風《かぜ》の 音を 聞《き》いたり したくて、たまらなく なりました。

　そこで、わたしは、いそいで いろいろの しなものを 買《か》い あつめ、もう 一ど、外国《がいこく》へ しょうばいに 出かける ことに しました。

　それから、つごうの よさそうな 船《ふね》に のって、おおぜいの しょう人たちと いっしょに、いよいよ 二どめの こうかい（船で 海を わたる こと）に 出かけました。

（きくち かんやく「アラビヤンナイト 四、船乗《ふなの》りシンドバッド」）

(1) ［　］に 入る ことばを つぎから えらんで、記号《きごう》で 答えましょう。（20点《てん》）

［　　］

ア こそこそ　イ ぶらぶら

ウ せかせか

(2) その 日 その 日を おくる ことが いやに なった 「わたし」は、何《なに》を したく なりましたか。二つ 書《か》きましょう。（40点）一つ20

［　　］

［　　］

(3) もう 一ど 外国へ しょうばいに 出かける ために、「わたし」は 何を しましたか。（20点）

［　　］

(4) チャレンジ この 文章には、いつの 「わたし」の 気もちや 行《こう》どうが 書《か》かれて いますか。□に 入る ことばを 文章の 中から 四字で ぬき出しましょう。（20点）

・一どめと 二どめの □□□□ の 間。

かん字パズル②

答え→167ページ
月　日

もんだい

つぎの□に、[ ]から えらんだ ことばを 一語《ご》ずつ はめこみましょう（上から下、左から 右へ 読《よ》みます）。

目ひょう時間　5分《ふん》

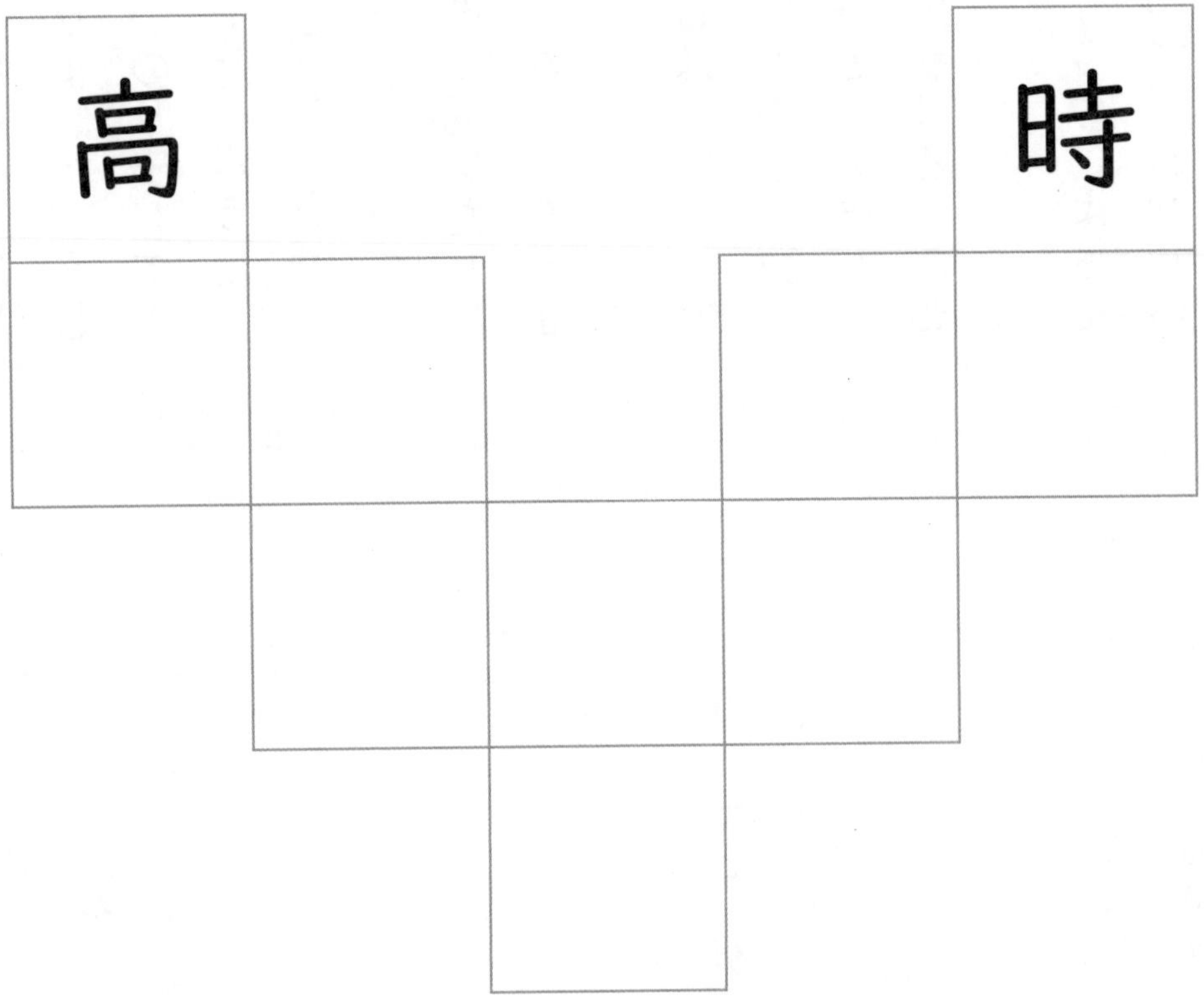

村中　学校　人生　中学生　山村　人間

国語

25 作文《さくぶん》の力 ①

シール

なまえ　2年　組

答え→167ページ

時間 30分　合かく 80点

とく点　点

月　日

1 点《てん》(、)と 丸《まる》(。)が 正しく つかわれて いる 文の 記号《きごう》に、○を つけましょう。 (10点《てん》)

ア 子犬が。元気《げんき》に 走《はし》り回《まわ》る、

イ 子犬が、元気に 走り回る。

ウ 子犬が 元気に。走り回る、

2 つぎの 文に、点(、)を 四つ、丸(。)を 二つ 書《か》き入れましょう。 (30点)一つ5

日曜日《にちようび》に 昼《ひる》ごはんを 食《た》べて
いたら きゅうに ぐらっと し
ました 上を 見ると 電気《でんき》の
ひもが ゆれて いました

3 つぎの [　]に じゅんに 番号《ばんごう》を 入れて、文を 作《つく》りましょう。 (20点)一つ10

(1)
[　]おいしい
[　]ぱくぱくと
[　]おかしを
[1]友《とも》だちが
[　]食べて います。

(2)
[1]楽《たの》しい
[　]雨で
[　]遠足《えんそく》が
[　]来週《らいしゅう》に
[　]のびました。

チャレンジ

4 つぎの 文章《ぶんしょう》を あとの げんこう用紙《ようし》に 書きましょう。かぎ(「 」)や 丸(。)を つかったり、行《ぎょう》を かえたりして、正しく 書きましょう。 (40点)

ひろこちゃんが、あさがおの花が、さいたよと、うれしそうに言《い》いました

ひ

じゅく語《ご》パズル②

答え→167ページ　月　日

もんだい

つぎの□には、かん字が　一字　入ります。矢《や》じるしの　方《ほう》こうに　読《よ》むと　じゅく語《ご》が　できるように、かん字を　書《か》きましょう。

目ひょう時間　5分《ふん》

(1)

母 ↓ □

子 ← □ → 友

□ ↓ 切

(2)

数 ↓ □

朝 → □ → 光

□ ↓ 曜

(3)

子 ↑ □

大 → □ → 女

□ ↑ 雪

算数　生活　国語　答え

国語

26 作文《さくぶん》の 力②

シール

なまえ
2年　組

答え→167ページ

時間 30分　合かく 80点

とく点　点

月　日

1 **つぎの 文章《ぶんしょう》を 読《よ》んで、あとの といに 答《こた》えましょう。**

先週《せんしゅう》の 水曜日《すいようび》に、しょう店《てん》がいの 見学に 行《い》きました。

[①]、先生から ちゅういを 聞《き》きました。ならんで、お店《みせ》の ようすを よく 見るようにと 言《い》われました。

[②]、しょう店がいまで、バスに のって 行きました。グループごとに バスに のりました。

しょう店がいでは、くだものやさん、やおやさん、ようふくやさん、パンやさんなどを 見ました。くだものやさんでは、店の 人に しつもんを しました。ぼくは、

お店の じゅんびは、どの くらい かかりますか。

と しつもんしました。

[③]、お店の 人に おれいを 言《い》って 帰《かえ》りました。お店の 人たちの しごとは たいへんだなと 思《おも》いました。

(1) しょう店がいの 見学に 行ったのは いつですか。(5点《てん》)

[　　]

(2) [①]～[③]に 入る ことばを つぎから えらんで、記《き》号《ごう》で 答えましょう。(15点)一つ5

ア さいごに　イ つぎに　ウ はじめに

①[　]　②[　]　③[　]

(3) バスには、どのように して のりましたか。(10点)

[　　]

(4) しょう店がいでは、どんな お店を 見ましたか。四つ 書《か》きましょう。(40点)一つ10

[　　] [　　] [　　] [　　]

(5) 文章の 中に かぎ(「 」)を 一つ つけましょう。(10点)

チャレンジ
(6) 「ぼく」は しょう店がいの 見学を して、どんな ことを 思いましたか。(20点)

[　　]

国語㉖　おかし　あて　クイズ

答え→167ページ　月　日

もんだい

つぎの　四人は、それぞれ、すきな　おかしが　ちがい、あめ、クッキー、せんべい、ポテトチップスの　うちの　一つが　すきです。それぞれの　人が　すきな　おかしを　答《こた》えましょう。

目ひょう時間　**5分《ふん》**

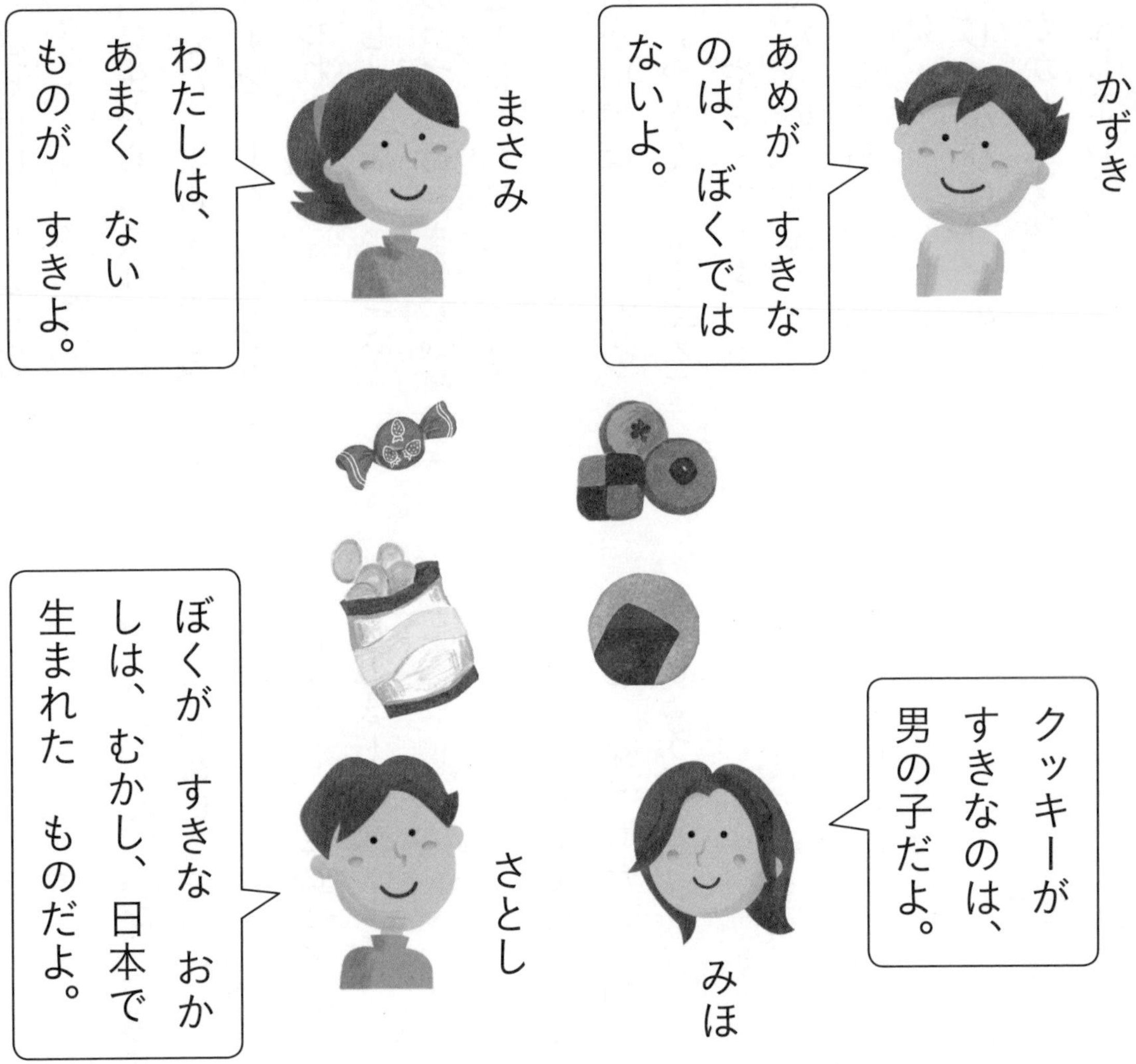

かずき
あめが　すきなのは、ぼくではないよ。
まさみ
わたしは、あまく　ない　ものが　すきよ。
みほ
クッキーが　すきなのは、男の子だよ。
さとし
ぼくが　すきな　おかしは、むかし、日本で　生まれた　ものだよ。

かずき［　　　　］

まさみ［　　　　］

みほ［　　　　］

さとし［　　　　］

国語

27 作文《さくぶん》の力③

算数　生活　国語　答え

シール

なまえ　2年　組

答え→167ページ

時間 30分　合かく 80点　とく点　点

月　日

1 つぎの　文章《ぶんしょう》を　読《よ》んで、あとの　といに　答《こた》えましょう。

　そうじは　クラスぜんいんで　します。教室《きょうしつ》と　ろう下と　なかよし学級《がっきゅう》を　そうじします。はんごとに　する　ことが　きまって　います。

　わたしは　一ぱんなので、今《こん》週《しゅう》は、教室の　ほうきがかりです。ほうきで　教室の　すみずみまで　きれいに　はきます。教室の　前《まえ》から　後《うし》ろに　はきます。つくえを　みんな　後ろに　はこんで　しまうからです。来週《らいしゅう》は、はこびがかりです。一週間《いっしゅうかん》ごとに　かかりが　かわります。はこびがかりは、つくえと　いすを　はこびます。ほうきがかりさんが　はいて　くれたら、はこびます。

　ほかに、ぞうきんがかり、黒《こく》ばんがかり、ろう下がかり、なかよし学級がかりが　あります。じゅん番《ばん》に　まわって　くるので、それぞれの　かかりで　きれいに　そうじします。

(1) そうじは、だれが　しますか。(10点《てん》)

(2) そうじする　場《ば》所《しょ》を　三つ　書《か》きましょう。(30点)一つ10

(3) 「わたし」は、今週は　何《なに》がかりですか。(10点)

チャレンジ (4) ほうきがかりが、教室の　前から　後ろに　はくのは、なぜですか。(20点)

(5) 来週は、何がかりで、どんな　しごとを　しますか。(20点)一つ10

かかり

しごと

(6) そうじの　かかりは、ぜんぶで　いくつ　ありますか。(10点)

ことば作《づく》り ②

答え→167ページ　月　日

もんだい
れい のように □に 文字を 入れて ことばを 作《つく》りましょう。

目ひょう時間 5分《ふん》

(1) れい セ－タ－

□－□－

□－□－

□－□－

(2) れい おんどけい

お□□□い

お□□□い

お□□□い

(3) れい しんかんせん

□ん□ん□ん

□ん□ん□ん

□ん□ん□ん

いろいろな 文字を あてはめて みよう。

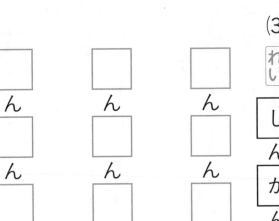

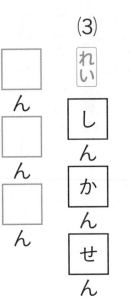

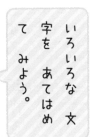

算数　生活　国語　答え

国語 28

作文《さくぶん》の力④

シール

なまえ

2年　組

答え→167ページ

時間 30分　合かく 80点

とく点　点

月　日

1 れいのように、「だれが(は)　何《なに》を　どう　する。」「何が(は)　どう　なる。」の　二つの　文を　作《つく》りましょう。

れい　犬が　ミルクを　こぼした　場合《ばあい》。

①「犬」を　主語《しゅご》に　した　とき。

[犬が(は)　ミルクを　こぼしました。]

②「ミルク」を　主語に　した　とき。

[ミルクが(は)　こぼれました。]

(1) 弟《おとうと》が　おもちゃを　こわした　場合。（20点《てん》）一つ10

①「弟」を　主語に　した　とき。

[　　　　]

②「おもちゃ」を　主語に　した　とき。

[　　　　]

(2) ひろしが　テレビを　つけた　場合。（20点）一つ10

①「ひろし」を　主語に　した　とき。

[　　　　]

②「テレビ」を　主語に　した　とき。

[　　　　]

2 つぎの　文の　中に　点《てん》(、)を　二つ、丸《まる》(。)を　五つ、かぎ(「　」)を　二つ　つけましょう。（45点）一つ5

お母《かあ》さんに
あしたは　おべんとうが　いるん
だよ
と　言《い》いました　お母さんは　いそ
がしそうでしたが
がんばって　作《つく》るよ
と　言って　くれました　あしたの
おべんとうが　とても　楽《たの》しみです

チャレンジ

3 つぎの　[　]に　合《あ》う　ことばを　あとから　えらんで、記号《きごう》で　答《こた》えましょう。（15点）一つ5

妹《いもうと》は　生まれて　[①]　間《ま》も
ないのに、[②]　して　います。
ぼくも　太《ふと》って　いた　[③]。

ア　まるまると
イ　そうです
ウ　まだ

思《し》考《こう》力《りょく》トレーニング

国語㉘

入れかえことば

答え→167ページ　月　日

もんだい

れい のように、文字を 入れかえて 下の いみの ことばを 作《つく》りましょう。

目ひょう時間 5分《ふん》

れい ぬしを こかす
↓「こしを ぬかす」…とても おどろく こと。

(1) またを しく
↓「　　」…何《なに》も 言《い》えなく なるほど、かんしんする こと。

(2) いちが かるく
↓「　　」…おしゃべりで 何《なん》でも 言って しまう こと。

(3) なかに はける
↓「　　」…とくいに なって、自《じ》まんする こと。

(4) はた がないた
↓「　　」…あい手が 強《つよ》すぎて かなわ ない こと。

それぞれに 体の ぶ分《ぶん》の 名まえが 入った かんようくに なるよ。

国語 29 チャレンジテスト 4

シール

なまえ　2年　組

答え→167ページ

時間 30分　合かく 80点

とく点　点

月　日

1 **つぎの 文章《ぶんしょう》を 読《よ》んで、あとの といに 答《こた》えましょう。**

ぼうやは、はねを 広《ひろ》げました。それから、[①]

お母《かあ》さんは、くちばしで、ぼうやを [②] やろうと しました。[③]、いいの。ぼく、一人《ひとり》で するよ。と、ペンギンの ぼうやは いいました。

なんて、元気《げんき》の いい ぼうやだろう。お父《とう》さんペンギンは にっこりしました。

（いぬい とみこ「長《なが》い 長い ペンギンの 話《はなし》」）

チャレンジ

(1) [①]に 入る 文を、つぎの [ ]に 番号《ばんごう》を 入れて、作《つく》りましょう。（20点《てん》）

[　] 小さな 足を
[　] 下に
[　] もじもじさせました。
[1] おなかの
[　] ちぢめて いた、

(2) [②]に 入る ことばを つぎから えらんで、記号《きごう》で 答えましょう。（10点）

ア 立たせて　イ 立って

[　　]

(3) [③]に 入る ことばを つぎから えらんで、記号で 答えましょう。（10点）

ア すると　イ では　ウ だから

[　　]

(4) 文章の 中に かぎ（「 」）を 二つ つけましょう。（20点）一つ10

2 **――線《せん》の ことばの つかい方《かた》で、よい ほうに ○を つけましょう。**（20点）一つ10

(1)
ア 先生が くださった。
イ 先生が くれた。

(2)
ア おきゃくさんが 食《た》べた。
イ おきゃくさんが めし上がった。

3 **つぎの ことばを つかって、文を 作りましょう。**（20点）

・ぜんぜん……ない。

[　　　　　]

かん字　線足《せんた》しクイズ

答え→167ページ　月　日

もんだい

れいのように「口」に　線《せん》を　いくつか　足《た》して　できる　かん字を　たくさん　考《かんが》えましょう。

目ひょう時間　5分《ふん》

れい　「一」に　―線を　一本　足しましょう。

・一＋一→二
・一＋｜→十

(1)「口」に　―線を　一本　足しましょう。

□　□

(2)「口」に　―線を　二本　足しましょう。

□　□　□

(3)「口」に　―線を　三本　足しましょう。

□　□　□　□

「口」の　大きさや　形《かたち》、―線の　長《なが》さや　むきは　かえて　いいよ。

国語

30 しあげテスト1

シール

なまえ
2年　組

時間 30分　合かく 80点

とく点　点

月　日

答え→168ページ

1 **つぎの 文章《ぶんしょう》を 読《よ》んで、あとの といに 答《こた》えましょう。**

おおぜいの 人が くらすように なった 町では、よく 火じが おきるように なりました。家《いえ》どうしが 近《ちか》いので、すぐに もえ広《ひろ》がって、大火《おおか》じに なります。そこで、火じに たいする そなえが ひつように なりました。

[①] 作《つく》ったのは 火の見やぐらです。火の見やぐらは、高《たか》い たてもので、そこに のぼると 遠《とお》くまで 見えます。それで、火じを 一早く 見つけ、広がるのを ふせぐ ことが できるのです。

[②] 天水《てんすい》おけです。やねから おちる 雨水が おけに たまるように して おき、火を けすのに つかったのです。

(1) どうして よく 火じが おきるように なったのですか。（20点《てん》）

［　　　　］

(2) [①]・[②]に 入る ことばを つぎから えらんで、記《き》号《ごう》で 答えましょう。（20点）一つ10

ア さいごに　**イ** まず
ウ つぎは　**エ** だから

① ［　　］　② ［　　］

(3) 火の見やぐらを つかうと 火じを どうする ことが できますか。（20点）

［　　　　］

(4) 天水おけは どのような しくみで 水が たまるのですか。（20点）

［　　　　］

(5) チャレンジ 天水おけは、何《なん》の ために 作られたのですか。つぎから えらんで、記号で 答えましょう。（20点）

［　　］

ア 大火じに なった ときに 早く にげる ため。
イ 火じが おきた ことを まわりに 知《し》らせる ため。
ウ 大火じに ならないように する ため。
エ 火じが おこらないように する ため。

国語 ㉚

赤い もの さがし

答え→168ページ

月　日

もんだい

□に ある 赤い ものの 名まえを たて よこ ななめで さがし出し、けして いきましょう。のこった 六文字で できる 赤い ものを 二つ 答《こた》えましょう。

目ひょう時間

10分《ぷん》

し	ご	あ	さ	ひ	て	り
よ	ぽ	す	と	ん	あ	あ
う	と	こ	と	か	か	か
ぼ	ん	う	と	え	か	し
う	む	よ	が	で	ぶ	ん
し	ゆ	う	ひ	ら	ま	ご
や	と	り	い	と	し	う

あさひ
ポスト
ゆうひ
とりい
かえで
こうよう
あかかぶ
とうがらし
てんとうむし
あかしんごう
しょうぼうしゃ

「ポスト」は ひらがなに 直《なお》して さがしてね。できる ことばは、二つとも 三文字の ことばだよ。

［　　　］［　　　］

国語 31

しあげテスト②

シール

なまえ　2年　組

答え→168ページ

時間 30分　合かく 80点　とく点　点　月　日

1 **［　］に 合《あ》う ことばを えらんで、記号《きごう》で 答《こた》えましょう。**（36点《てん》）一つ4

(1) ① ［　］が 交《こう》さ点《てん》を 通《とお》る。

② ［　］が 貝を ひろう。

③ ［　］が 草を 食《た》べる。

ア トラック　**イ** 牛《うし》　**ウ** 妹《いもうと》

(2) ① 母《はは》が ［　］を あむ。

② 父《ちち》が ［　］を 切《き》る。

③ 船《ふね》が ［　］を わたる。

ア 海《うみ》　**イ** 木　**ウ** セーター

(3) ① 先生が ピアノを ［　］。

② ぼくは 野原《のはら》を ［　］。

③ 花の たねを ［　］。

ア かける　**イ** まく　**ウ** ひく

チャレンジ **2** **つぎの □に 合う ひらがな 一字を 書《か》きましょう。**（20点）一つ5

ぼく①□ おいも②□ 食べました。おなか③□ いっぱい④□ なりました。

3 **つぎの 文に、点（、）を 一つずつ つけましょう。**（20点）一つ5

(1) ぼくは 野《や》きゅうが 大すきです。

(2) 妹《いもうと》は お人形《にんぎょう》で あそび わたしは 絵《え》を かきました。

(3) 今《こん》どは 弟《おとうと》が 行《い》く ことに なりました。

(4) ぼくの 書いた 手紙《てがみ》が 先生に とどきました。

4 **つぎの ことばの いみを えらんで、記号で 答えましょう。**（24点）一つ4

(1) たちまち ［　］

ア すぐに　**イ** ふいに　**ウ** ゆっくり

(2) とつぜん ［　］

ア ひじょうに　**イ** きゅうに　**ウ** 前《まえ》もって

(3) ひとりでに ［　］

ア しぜんに　**イ** むりやり　**ウ** まったく

(4) どなる ［　］

ア やぶる　**イ** さけぶ　**ウ** 引《ひ》っぱる

(5) すっかり ［　］

ア がっかり　**イ** 少《すこ》し　**ウ** ぜんぶ

(6) すます ［　］

ア 気どる　**イ** ふざける　**ウ** きらう

すい理《り》 クイズ

答え→168ページ 月 日

もんだい

みきさんは、シュークリームを 買《か》いに しょう店《てん》がいに 行《い》きます。お店《みせ》の 場《ば》しょを お兄《にい》さんに 聞《き》きました。どの 店に 行けば よいか 記号《きごう》で 答《こた》えましょう。

目ひょう時間 10分《ぷん》

ア	くだものや	イ
ウ	エ	電気《でんき》や

くだものやの となりは、前《まえ》に くつを 買《か》った 店だよ。 そこは、お肉《にく》やの むかいだったね。 たしか、本やの となりは、ケーキやでも 電気やでも なかったよ。

国語 32 しあげテスト③

シール

なまえ　2年　組

答え→168ページ

時間 30分　合かく 80点

とく点　点

月　日

1 **つぎの 文章《ぶんしょう》を 読《よ》んで、あとの といに 答《こた》えましょう。**

わかい つばきの、やわらかい はは すっかり むしりとられて、①みすぼらしい つえの ような ものが 立って いただけでした。

りすけさんは、とんだ ことに なったと 思《おも》って、顔《かお》を まっかに しながら、あわてて 木から つなを ときました。そして もうしわけに、牛《うし》の 首《くび》ったまを、たづなで ぴしりと うちました。

しかし、②そんな ことぐらいでは、地《じ》ぬしは ゆるして くれませんでした。地ぬしは 大人《おとな》の りすけさんを、まるで 子どもを しかるように、さんざん しかりとばしました。そして 自《じ》てん車の サドルを パンパン たたきながら、こう いいました。

さあ、何《なん》でも かんでも、もとのように はを つけて しめせ。

③これは むりな ことで ありました。

（にいみ なんきち「牛を つないだ つばきの 木」）

(1) ——線《せん》①「みすぼらしい つえの ような もの」は、ほんとうは 何ですか。（20点《てん》）

［　　　　］

(2) りすけさんが とんだ ことに なったと 思ったのは、何《なに》が 何を したからですか。［　］に 入る ことばを 書《か》きましょう。（20点）一つ10

・［①　　］が、［②　　］を 食《た》べて しまったから。

(3) ——線②「そんな」が さして いる ぶ分《ぶん》に、〰〰線を 引《ひ》きましょう。（15点）

(4) 地ぬしは りすけさんを どのように しかりましたか。（15点）

［　　　　］

チャレンジ
(5) ——線③「これ」とは、どんな ことですか。（20点）

［　　　　］

(6) 文章の 中に かぎ（「　」）を 一つ つけましょう。（10点）

ことば作《づく》り めいろ ②

答え→168ページ

月　日

もんだい

○の 中には 矢《や》じるしの かん字を あつめて できる じゅく語《ご》の 読《よ》みが 書《か》かれています。ア〜エに あてはまる 文字を あとの □に 入れて ことばを 作《つく》りましょう。

目ひょう時間 10分《ぷん》

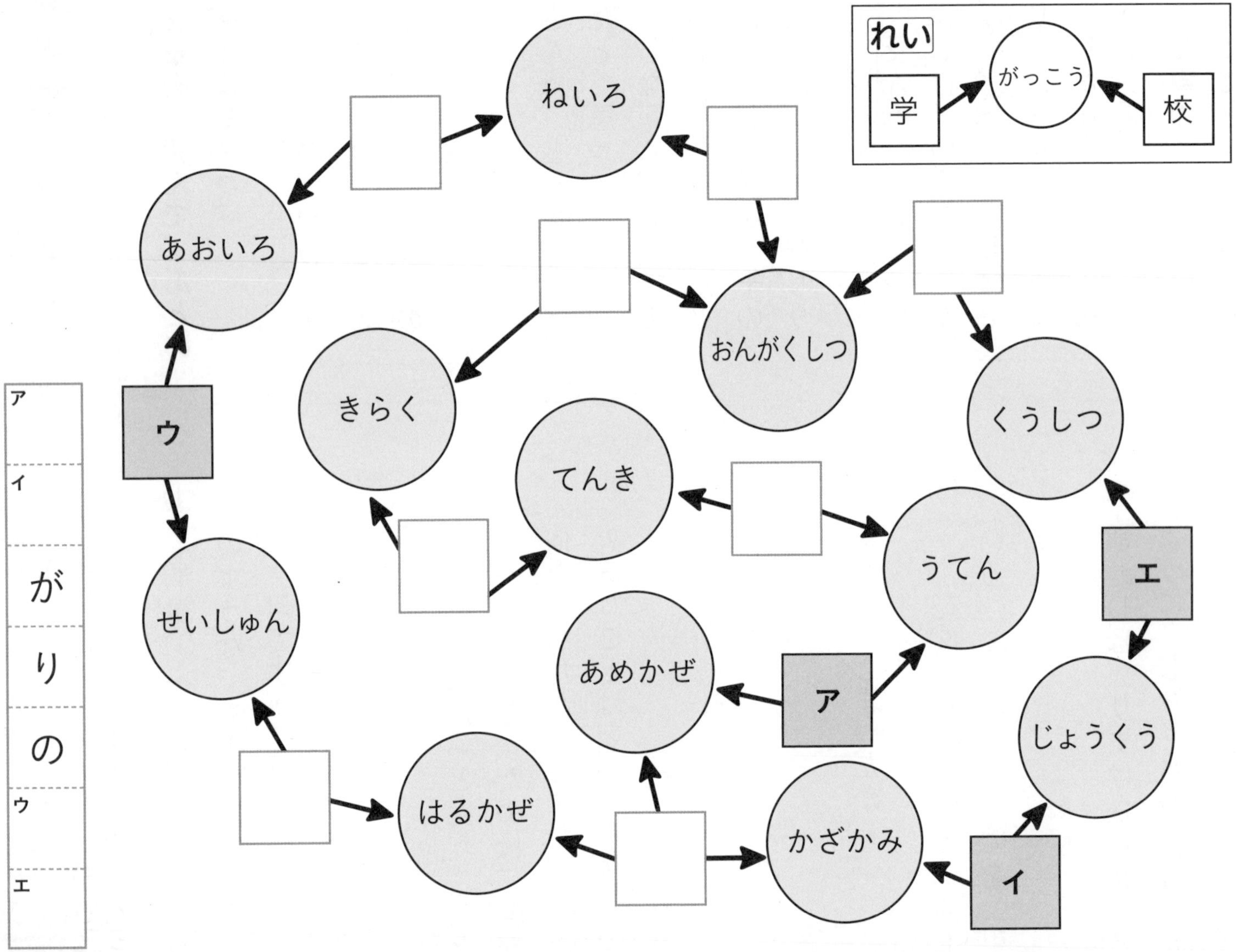

答え 2年

●おうちの方へ●

お子さまに問題のポイントや注意点をわかりやすく説明できるように，アドバイスや注意をつけましたので，ご参照ください。生活科の学習では，学校や地域によって活動や体験が異なり，さまざまな学習内容が考えられます。お子さまの学習の実態に応じてご指導いただきますように，お願いいたします。

算数

1 ひょうと　グラフ　1ページ

1 (1)**あきらさん**

(2) **8** (回《かい》目)

(3)

回	1	2	3	4	5	6	7	8	9	10
あきら	○	×	○	×	○	×	×	△	○	×

(4)

	○	
○	○	
○	○	
○	○	
○	○	○
かち	まけ	あいこ

(5) **4** (回)

2 (1)

くだもの	いちご	りんご	みかん	ぶどう	メロン
人数(人)	5	1	3	4	1

(2)

○				
○			○	
○		○	○	
○		○	○	
○	○	○	○	○
いちご	りんご	みかん	ぶどう	メロン

思考力トレーニング　算数 1　2ページ

(1)**10**(まい)　(2)**9**(まい)　(3)**11**(まい)
(4)**14**(まい)

2 たし算 ①　3ページ

1 **4，20，10，4，37**

2 (1)

	2	7
+	4	1
	6	8

(2)

	5	9
+	1	4
	7	3

(3)

		8
+	7	2
	8	0

3 (1)**39**　(2)**75**　(3)**53**　(4)**80**　(5)**93**　(6)**90**
(7)**81**　(8)**90**

4 (しき)**27+46=73**　(答《こた》え)**73**(ページ)

思考力トレーニング　算数 2　4ページ

(1)
(2)
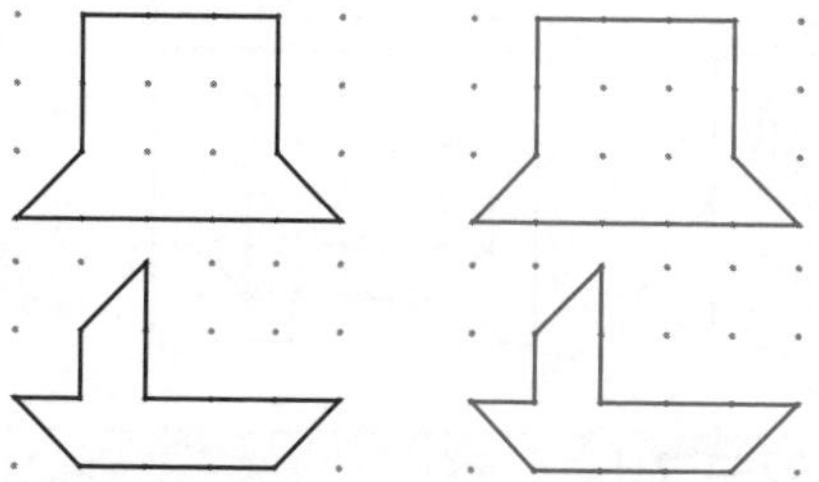

3 ひき算 ①　5ページ

1 (1)**一**　(2)**十**　(3)**17**　(4)**十，8**

注意　十の位，一の位など位の名称は，漢数字でなければ不正解です。

2 (1)

	7	8
−	1	5
	6	3

(2)

	3	2
−		4
	2	8

(3)

	8	6
−	8	0
		6

3 (1)**39**　(2)**45**　(3)**5**　(4)**50**　(5)**28**　(6)**62**
(7)**46**　(8)**8**

4 (しき)**81−47=34**　(答《こた》え)**34**(まい)

思考力トレーニング　算数 3　6ページ

(1)**3**　(2)**6**　(3)**5**　(4)**4**

4 たし算と　ひき算 ①　7ページ

1 (1)**34−9**　(2)**36+18**　(3)**71−23**
(4)**52−15−15** または **52−(15+15)**

2 (しき)**35−8=27**　(答《こた》え)**27**(こ)

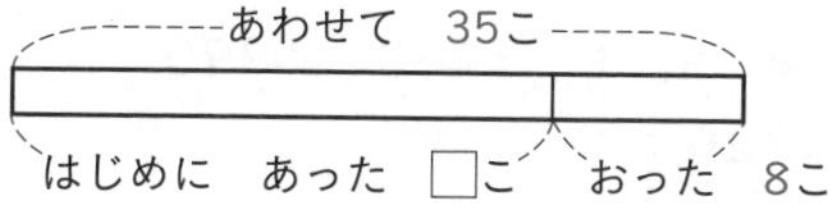

3 (しき)**34−27=7**　(答え)**7**(人)

4 (しき)**13+29=42**　(答え)**42**(まい)

5 (しき)**23+19=42**　**60−42=18**
(答え)**18**(こ)

アドバイス　式は，60−(23+19)=18 でもよい。
3 4 5とも，2のような図をかくと，数と数の関係がとらえやすくなります。

思考力トレーニング　算数 4　8ページ

(1)**20**(こ)　(2)**21**(こ)　(3)**21**(こ)　(4)**26**(こ)

5 1000までの　数 ①　9ページ

1 (1)**325**　(2)**403**

2 (1)**816**　(2)**909**　(3)**250**　(4)**400**

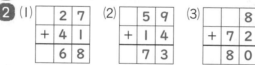

3 (1)4，6，5　(2)35　(3)699，700，701
(4)400，410，420　(5)1000　(6)980

4 (1)<　(2)=

5 (1)140　(2)80　(3)560　(4)500　(5)700
(6)800

思考力トレーニング　算数 5　10 ページ

(1)
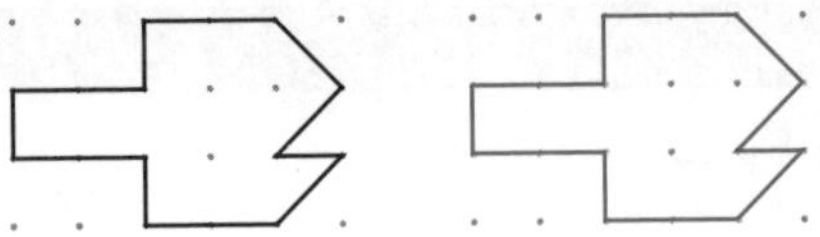

(2)

6 1000までの　数 ②　11 ページ

1 (1)707　(2)4，9，1　(3)430　(4)990
(5)499　(6)320

2 (1)>　(2)<

3 (1)447 円　(2)347 円　(3)427 円

4 (しき)120−80=40　(答《こた》え)40(円)

5 (左から)400，850

アドバイス　1 つの目もりがいくらを表しているかしっかり考えさせます。

思考力トレーニング　算数 6　12 ページ

(1)1　(2)3

7 時こくと　時間 ①　13 ページ

1 (1)35 分間《ふんかん》　(2)40 分間

2 (1)午後《ごご》 4 時《じ》 55 分　(2)午後 11 時

3 (1)午後 3 時 55 分　(2)午後 2 時 55 分

4 (1)75　(2)150　(3)180　(4)2，10　(5)3，30

思考力トレーニング　算数 7　14 ページ

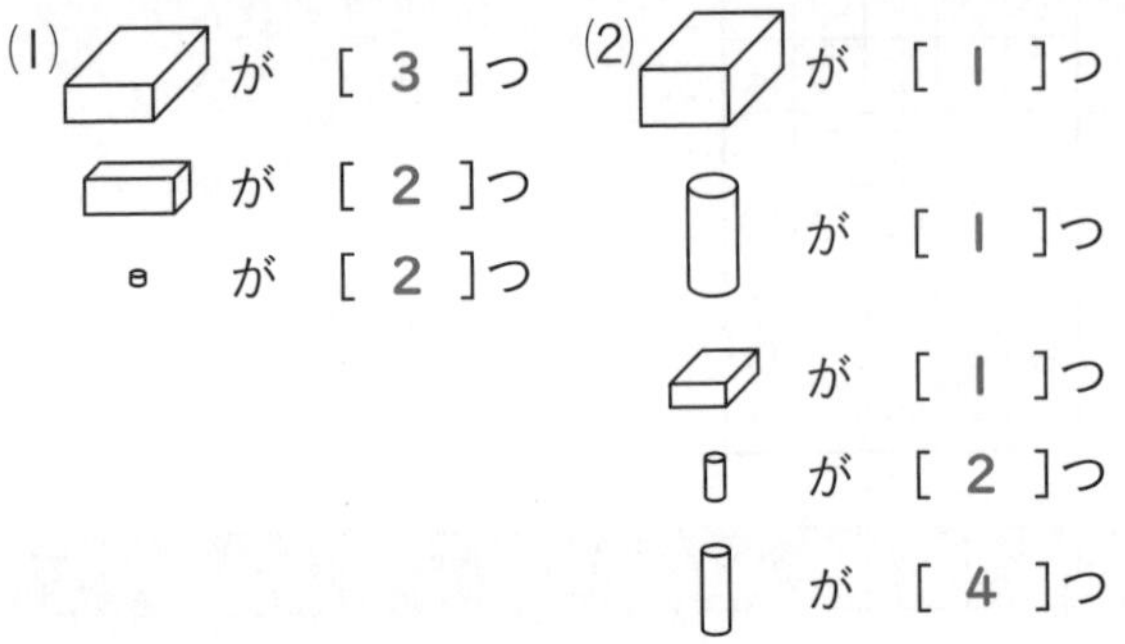
(1)
が　[3]つ
が　[2]つ
が　[2]つ
(2)
が　[1]つ
が　[1]つ
が　[1]つ
が　[2]つ
が　[4]つ

8 時こくと　時間 ②　15 ページ

1 (1)午前《ごぜん》　(2)午後《ごご》　(3)24　(4)2

2 (1)午前 10 時《じ》 30 分《ぷん》　(2)午後 1 時

3 25 分間《ふんかん》

4 30 分間

5 午前 7 時 10 分

思考力トレーニング　算数 8　16 ページ

(1)
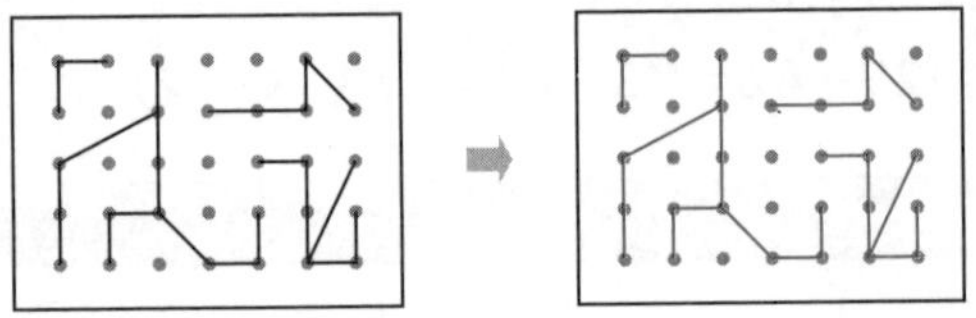

(2)
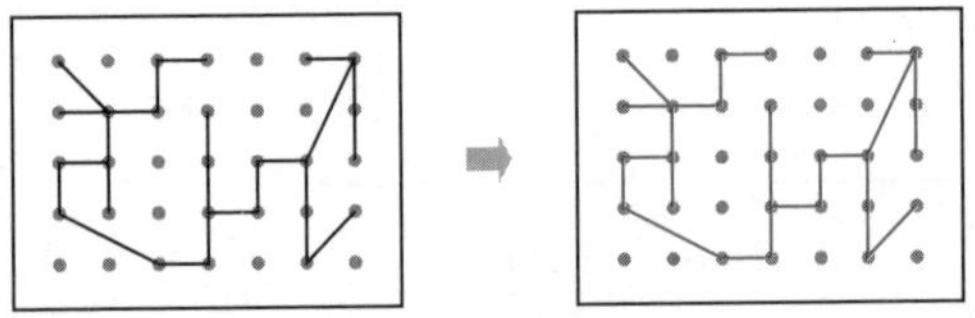

9 チャレンジテスト 1　17 ページ

1 (1)245　(2)385，390　(3)8，5

2 (1)47　(2)19

3 (1)88　(2)90　(3)37　(4)47

4 5 回《かい》

5 (しき)52−18=34　(答《こた》え)34(こ)

6 (1)

☀	○	○	○	○	○
☁	○	○	○		
☂	○	○			

(2)雨

思考力トレーニング　算数 9　18 ページ

(1)
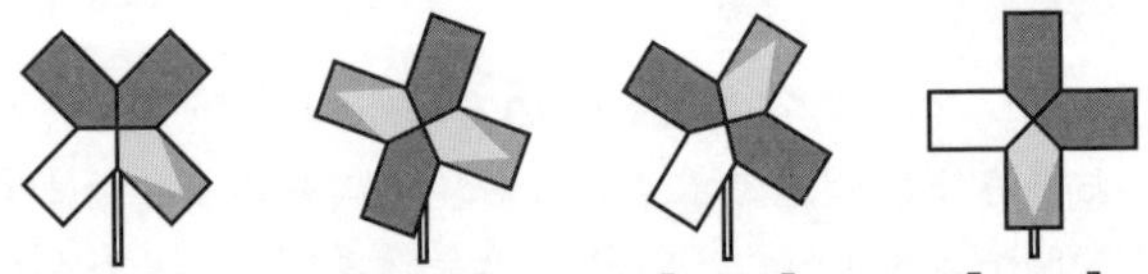
[　]
[　]
[○]
[　]

(2)
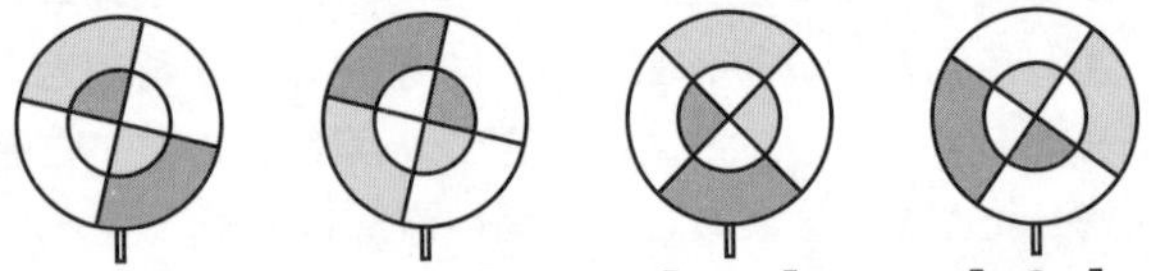
[　]
[　]
[　]
[○]

10 長さ ①　19 ページ

1 (1) 1 (cm)　(2) 2 (cm) 5 (mm)　(3) 4 (cm) 2 (mm)
(4) 7 (cm) 6 (mm)　(5) 10 (cm) 6 (mm)

2 (1) 7 cm　(2) 7 cm 5 mm　(3) 11 cm

注意　1 ～ 2 mm の誤差は，正答にしてください。

3 (1)10　(2)50　(3)13　(4)5　(5)9，6　(6)3，3

4 (1) 2 (本)　(2) 5 (本)

5 (しき)70−32−16=22　(答《こた》え)22(cm)

アドバイス　32+16=48，70−48=22 または，70−(32+16)=22 なども考えられます。

思考力トレーニング　算数 10　20 ページ

(ことばの　しき)
ぜんぶの　こ数《すう》(−)もらった　こ数(=)はじめの　こ数
(しき)14(−)7(=)7　(答《こた》え)7 こ

11 長さ ②　21 ページ

1 100，1000

2 (1)4　(2)800　(3)280　(4)604　(5)806

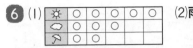

3 イ(→)エ(→)ア(→)ウ(→)オ
4 (1)5, 60　(2)8, 35　(3)1, 60　(4)4, 5
5 (しき) 1 m 37 cm＋15 cm＝1 m 52 cm
(答《こた》え) 1 (m)52(cm)
6 (しき) 1 m 82 cm－1 m 35 cm＝47 cm
(答え)47(cm)

思考力トレーニング　算数⑪　22ページ

1	4	3	2
2	3	4	1
3	2	1	4
4	1	2	3

12 水の　かさ ①　23ページ

1 イ(→)エ(→)ア(→)ウ
2 (1)3　(2)5, 6　(3)25　(4)100　(5)4
3 (1)2, 2(または,)22　(2)1, 7(または,)17
4 (しき)1 L 4 dL＋2 L 4 dL＝3 L 8 dL
(答《こた》え) 3 (L) 8 (dL)

思考力トレーニング　算数⑫　24ページ

(1)
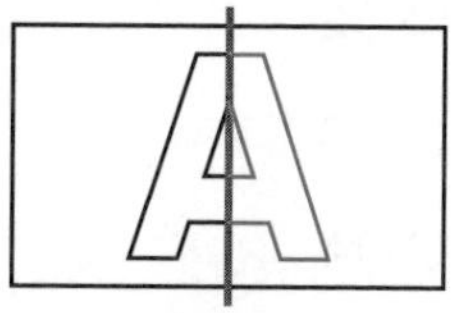
(2)
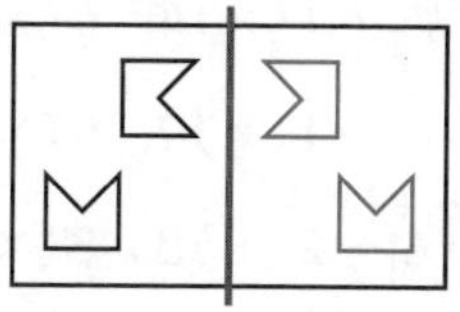
(3)
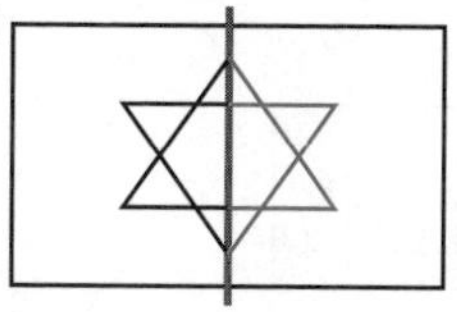
(4)
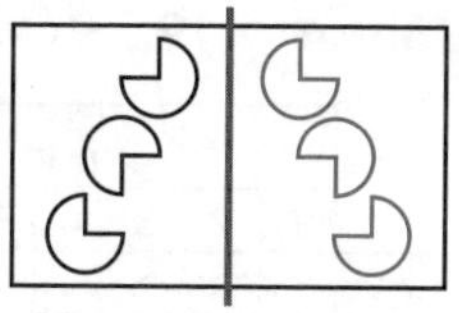

13 水の　かさ ②　25ページ

1 (1)20　(2)300　(3)1000　(4)5　(5)5　(6)45
2 (1)＜　(2)＞　(3)＞　(4)＝　(5)＞　(6)＜　(7)＜
3 3 (ばいぶん)
4 (1)5, 4　(2)7　(3)2, 7
5 (しき) 2 L－2 dL＝1 L 8 dL
(答《こた》え) 1 (L) 8 (dL)

思考力トレーニング　算数⑬　26ページ

(1)3　(2)2

14 たし算 ②　27ページ

1 (1)152　(2)133　(3)112　(4)150　(5)115
(6)136　(7)128　(8)152　(9)300　(10)900
(11)900　(12)482　(13)656　(14)892
2 (1) 78 ＋27 ＝ 105　(2) 24 ＋99 ＝ 123　(3) 76 ＋38 ＝ 114
3 (1)(しき)35＋63＝98　(答《こた》え)98(円)
(2)(しき)98＋50＝148　(答え)148(円)

思考力トレーニング　算数⑭　28ページ

(1)12(まい)　(2)16(まい)　(3)15(まい)
(4)18(まい)

15 ひき算 ②　29ページ

1 (1)73　(2)84　(3)83　(4)39　(5)47　(6)52
(7)200　(8)400　(9)500　(10)405　(11)117
(12)564
2 (1) 108 －43 ＝ 65　(2) 100 －36 ＝ 64　(3) 125 －78 ＝ 47
3 (しき)128－34＝94　(答《こた》え)94(ページ)
4 (しき)176－88＝88
(答え)男の子(が)　88(人　多《おお》い)

思考力トレーニング　算数⑮　30ページ

(ことばの　しき)
出て　いった　人数《にんずう》(＋)のこりの　人数(＝)はじめの　人数
(しき)6(＋)5(＝)11　(答《こた》え)11 人

16 たし算と　ひき算 ②　31ページ

1 (しき)25＋7＝32　(答《こた》え)32(まい)
2 (しき)32－18＝14　(答え)14(こ)
3 (しき)28－19＝9　(答え)9(こ)
4 (しき)108－69＝39　(答え)39(人)
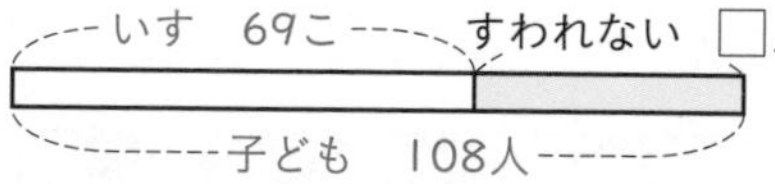

思考力トレーニング　算数⑯　32ページ

(1)5　(2)5　(3)1　(4)3

17 3つの　数の　計算　33ページ

1 (1)80　(2)44　(3)45　(4)64　(5)20
2 (1) 25 ＋16 ＋[41] ＝ [82]　(2) [17] ＋[28] ＋[19] ＝ [64]
3 (1)(しき)29＋28＝57　(答《こた》え)57(人)
(2)(しき)57－49＝8　(答え)8(人)
4 (1)(しき)15＋(28＋27)＝70　(答え)70(こ)
(2)(しき)43－(17＋16)＝10　(答え)10(こ)

思考力トレーニング　算数⑰　34ページ

(1)6⊞3⊟2＝7　(2)6⊟3⊟2＝1
(3)6⊟3⊞2＝5　(4)6⊞3⊞2＝11
(5)9⊟5⊞3＝7　(6)9⊟5⊟3＝1
(7)9⊞5⊞3＝17　(8)9⊞5⊟3＝11

18 10000までの　数　35ページ

1 (1)4307　(2)4500　(3)3458
2 (1)3894　(2)5040　(3)8007
3 (1)990, 1000, 1020
(2)5000, 5200, 5300
(3)9996, 9997, 10000
4 ウ(→)ア(→)エ(→)イ
5 (1)1300　(2)1200　(3)8400　(4)1000
(5)800　(6)5000
6 (しき)1400−700=700　(答《こた》え)700(円)

思考力トレーニング　算数⑱　36ページ

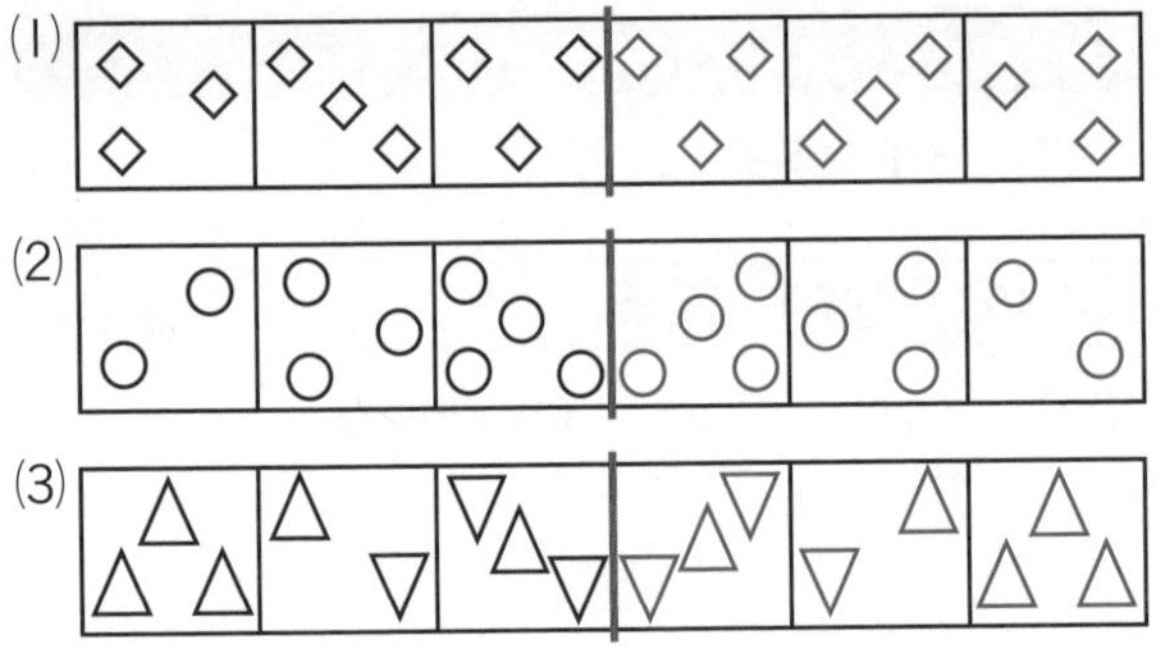

19 チャレンジテスト 2　37ページ

1 (1)111　(2)123　(3)152　(4)162　(5)94
(6)83　(7)67　(8)59
2 (1)26　(2)110　(3)20　(4)30
(5) 2 m 31 cm　(6) 2 m 29 cm　(7) 9 m 95 cm
3 (1)=　(2)>
4 (1)9999　(2)10000　(3)5000
5 (しき)36−8+17=45　(答《こた》え)45(人)
アドバイス　36+(17−8)=45, 36+17−8=45
なども考えられます。

6 (しき)140−50=90　125−90=35
(答え)35(cm)
アドバイス　140−125=15　50−15=35 としても
かまいません。

思考力トレーニング　算数⑲　38ページ

(1)21(こ)　(2)20(こ)　(3)28(こ)　(4)24(こ)

20 かけ算 ①　39ページ

1 (1) 2 (ばい)　(2) 2 (ばい)　(3) 2 (ばい)
(4) 4 (ばい)　(5) 8 (ばい)
2 (1)2×3　(2)4×3　(3)6×5　(4)8×6
3 (1)8　(2)15　(3)21　(4)45　(5)36　(6)18
(7)15　(8)16　(9)16　(10)28　(11)14　(12)18
(13)20　(14)30　(15)24　(16)24　(17)12　(18)6
4 (しき)5×4=20　(答《こた》え)20(人)
5 (しき)5×7=35　(答え)35(こ)

思考力トレーニング　算数⑳　40ページ

(ことばの　しき)
女の子の　数《かず》(+)数の　ちがい(=)男の子の　数
(しき)9(+)7(=)16　(答《こた》え)16人

21 かけ算 ②　41ページ

1

2
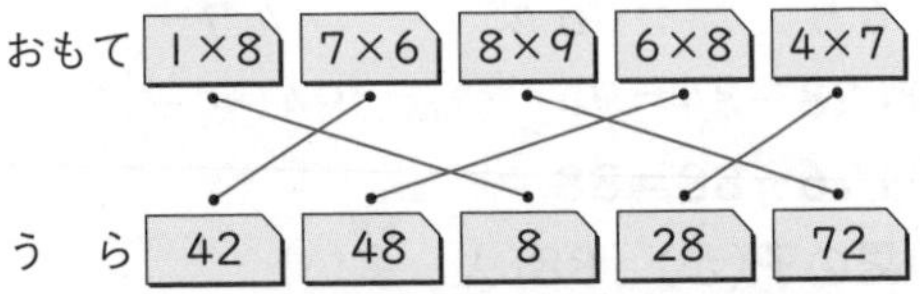
おもて
1×8
7×6
8×9
6×8
4×7
うら
42
48
8
28
72

3 (しき)7×4=28　(答《こた》え)28(日)
4 (1)16　(2)32　(3)63　(4)36　(5)54　(6)45
(7)7　(8)49　(9)56　(10)81　(11)72　(12)42
5 (しき)4×9=36　(答え)36(cm)
6 (しき)7×7=49　(答え)49(こ)
7 (しき)6×8=48　(答え) 4 (cm) 8 (mm)
アドバイス　1 cm=10 mm なので,
48 mm=4 cm 8 mm となります。

思考力トレーニング　算数㉑　42ページ

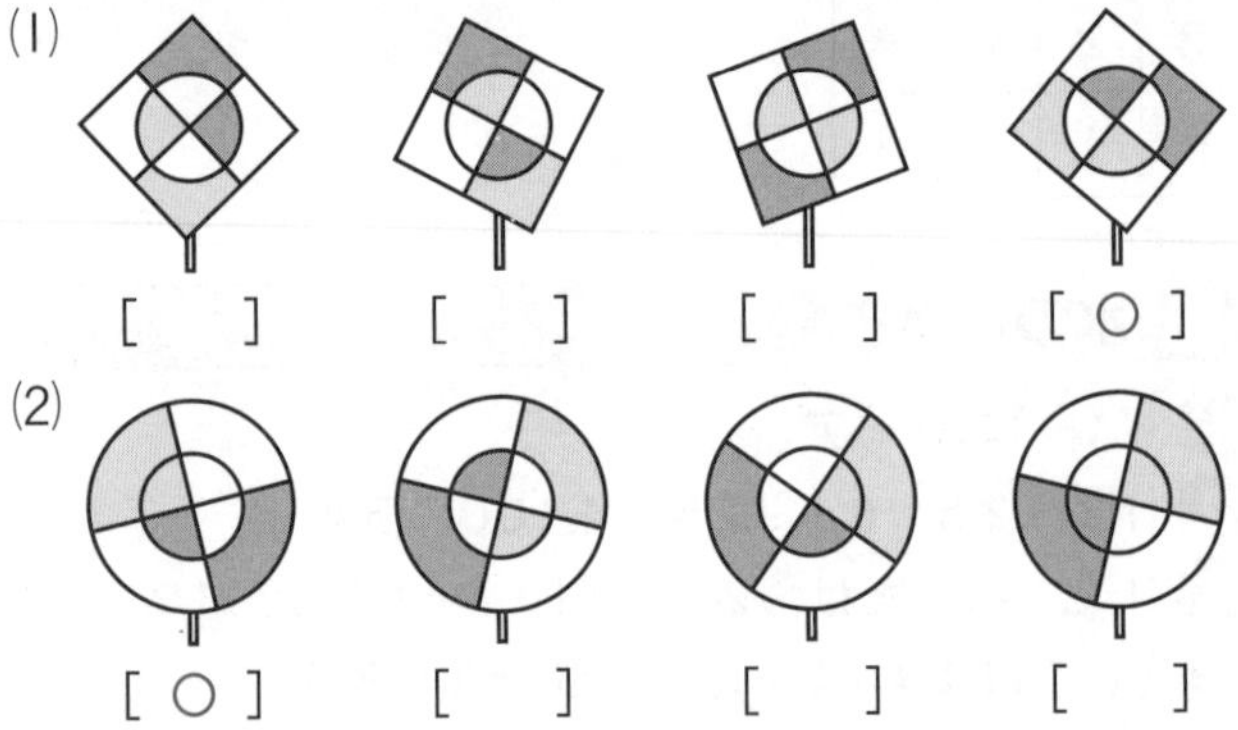
(1)
[○]
(2)
[○]

22 かけ算 ③　43ページ

1 4 …1(×)4, 4(×)1, 2(×)2
9 …1(×)9, 9(×)1, 3(×)3
16 …2(×)8, 8(×)2, 4(×)4
36 …4(×)9, 9(×)4, 6(×)6

2

		かける数《かず》								
		1	2	3	4	5	6	7	8	9
かけられる数	2	2	4	6	8	10	12	14	16	18
	3	3	6	9	12	15	18	21	24	27
	4	4	8	12	16	20	24	28	32	36
	5	5	10	15	20	25	30	35	40	45

3 (1)8　(2)32　(3)56　(4)45　(5)12　(6)42
(7)21　(8)49　(9)81

4 (1)(しき)4×5=20　(答《こた》え)20(cm)
(2)(しき)6×7=42　(答え)42(cm)

5 (しき)8×3=24　(答え)24(こ)

思考力トレーニング　算数㉒　44ページ

(1)8⊟5⊞2=5　(2)8⊞5⊟2=11
(3)8⊞5⊞2=15　(4)8⊟5⊟2=1
(5)16⊟4⊟7=5　(6)16⊞4⊞7=27
(7)16⊞4⊟7=13　(8)16⊟4⊞7=19

23 かけ算 ④　45ページ

1 (1)(9×4)=9+9+9+9=36
(2)(6×6)=6+6+6+6+6+6=36
(3)(5×7)=5+5+5+5+5+5+5=35
(4)(8×4)=8+8+8+8=32

2

		かける 数《かず》								
		1	2	3	4	5	6	7	8	9
かけられる数	6	6	12	18	24	30	36	42	48	54
	7	7	14	21	28	35	42	49	56	63
	8	8	16	24	32	40	48	56	64	72
	9	9	18	27	36	45	54	63	72	81

3 (1)20　(2)22　(3)24　(4)55　(5)60　(6)33
(7)48　(8)88　(9)90

アドバイス　かける数が 1 増えると，答えはかけられる数だけ増えるので，
(1)2×10=2×9+2=18+2=20
(2)2×11=2×10+2=20+2=22

4 (しき)4×6=24　(答《こた》え)24(人)

5 (しき)8×5=40　(答え)40(人)

6 (しき)7×3=21　(答え)21(こ)

思考力トレーニング　算数㉓　46ページ

(1)
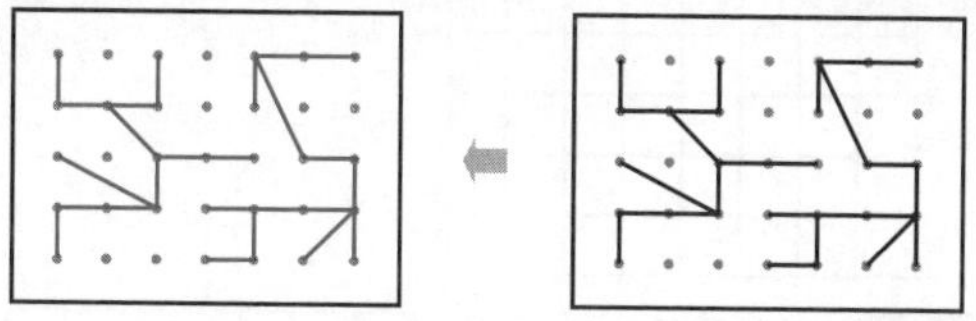

(2)
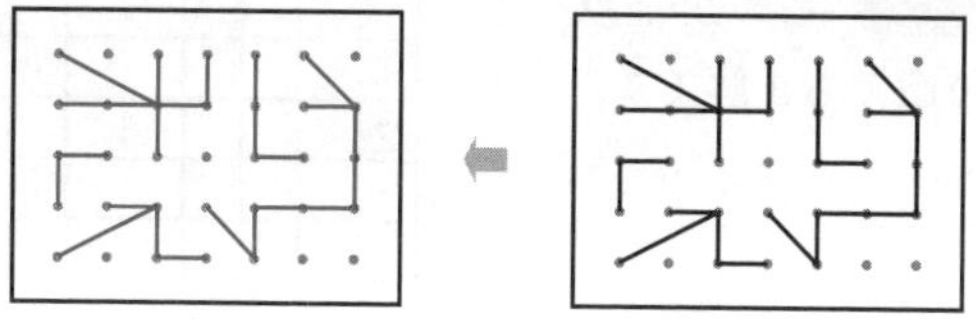

24 いろいろな　もんだい　47ページ

1 (1)(しき)37−18=19
(答《こた》え)19(人)
(2)(しき)7×5=35
(答え)35(こ)
(3)(しき)27+19=46
(答え)46(ページ)

2 4(cm)

アドバイス　40−22=18　22−18=4 または，22+22=44　44−40=4

3 (しき)52+9=61　52−6=46
61−46=15
(答え)15(こ)

アドバイス　まず，お姉さんと妹のひろった数を出します。そして，2つの数をくらべます。

別解　9+6=15

わたしを中心にして，数の違いを考えます。

4 (れい) 4本ずつ　たばに　なった　花が，8たば　あります。花は，ぜんぶで　何本《なんぼん》ですか。

思考力トレーニング　算数㉔　48ページ

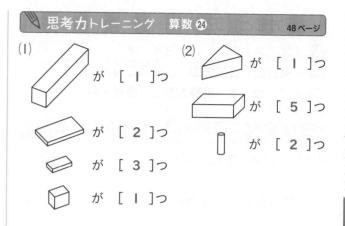

(1)
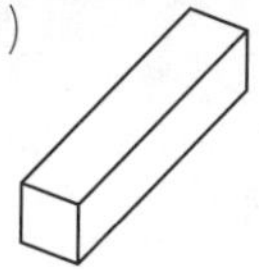
が [1]つ
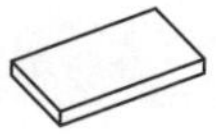
が [2]つ

が [3]つ

が [1]つ

(2)
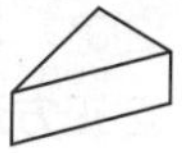
が [1]つ
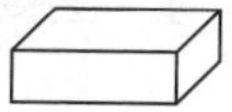
が [5]つ

が [2]つ

25 三角形と　四角形　49ページ

1 (1)イ，ウ，エ，カ，ケ，サ　(2)イ，サ
(3)エ，ケ

2 (れい)(1)
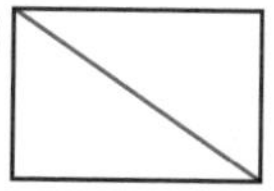
(2)
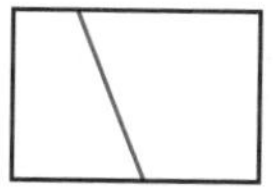

アドバイス　(1)は，頂点と頂点を結ぶと，2通りの答えがみつけられます。
(2)は，向かい合う辺の上に2点をとり，それを結ぶと様々な答えがみつかります。

3 (れい)(1)
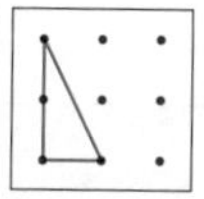
(2)
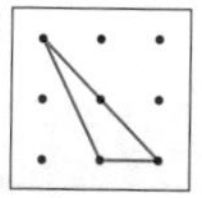
(3)
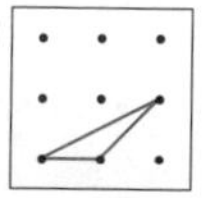
(4)
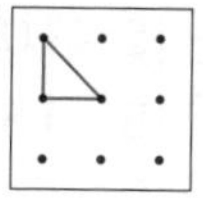
(5)
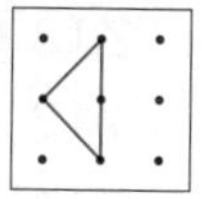

思考力トレーニング　算数㉕　50ページ

(ことばの　しき)
ねこの　数《かず》(−)数の　ちがい(=)犬の　数
(しき)16(−)9(=)7　(答《こた》え) 7ひき

26 長方形と　正方形 ①　51ページ

1 (1)**エ，ス**　(2)**ア，コ**　(3)**イ，オ**
2 (1)**長方形《ちょうほうけい》**　(2)**正方形《せいほうけい》**　(3)**直角三角形《ちょっかくさんかくけい》**
3 (1)**ア，ウ，オ**　(2)**長方形と　直角三角形**

思考力トレーニング　算数㉖　52ページ

(1)**11**　(2)**12**　(3)**15**　(4)**10**

27 長方形と　正方形 ②　53ページ

1 (れい)

(1)
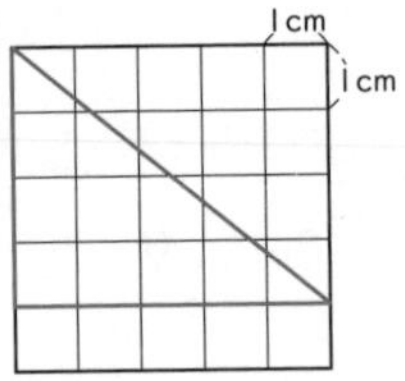

(2)
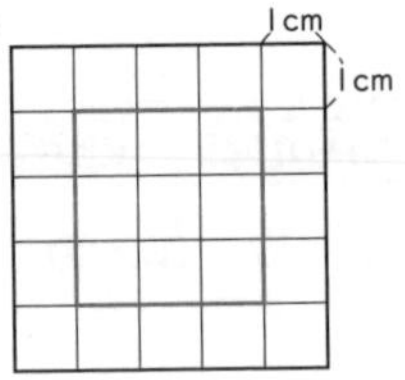

(3)
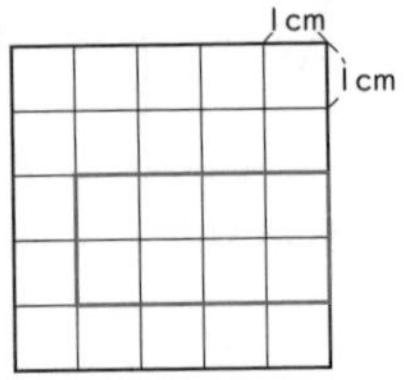

2 (1)**ウ**　(2)**イ，エ**
3 **5 cm**

思考力トレーニング　算数㉗　54ページ

(1)13⊞8⊞5＝26　(2)13⊟8⊞5＝10
(3)13⊟8⊟5＝0　(4)13⊞8⊟5＝16
(5)14⊟5⊟7＝2　(6)14⊞5⊞7＝26
(7)14⊞5⊟7＝12　(8)14⊟5⊞7＝16

28 はこの　形　55ページ

1 (1)

①	8	12	6	正方形《せいほうけい》
②	8	12	6	長方形《ちょうほうけい》

(2) **2**（つずつ）　(3) **4**（本ずつ）

2 (れい)
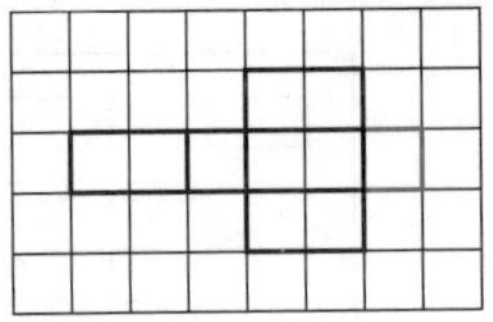

アドバイス　右の図の㋐，㋑，㋒の位置でも正解です。
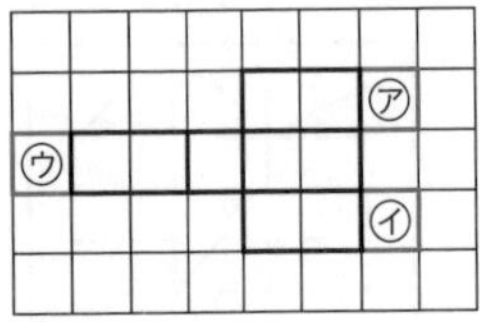

3 (1)**さいころの　形《かたち》**
(2)①…**⑥**，②…**④**，③…**⑤**　(3)
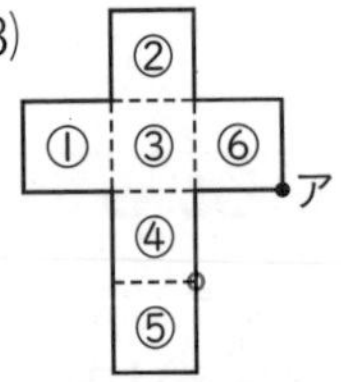

思考力トレーニング　算数㉘　56ページ

(1)
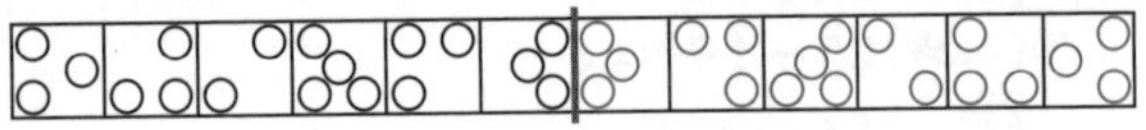

(2)
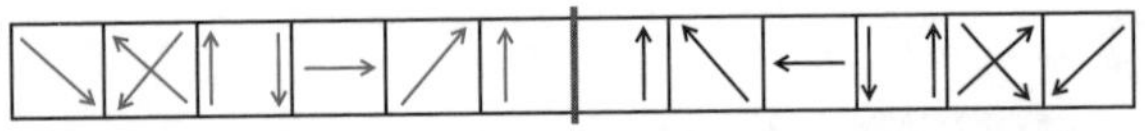

(3)
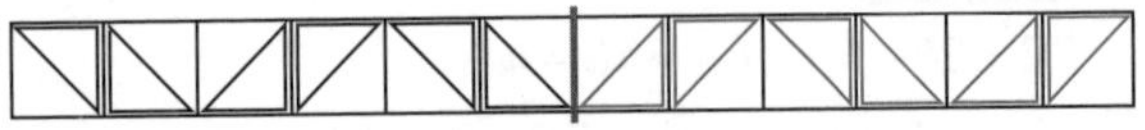

29 分数　57ページ

1 (1) $\frac{1}{2}$　(2) $\frac{1}{4}$　(3) $\frac{1}{4}$　(4) $\frac{1}{2}$
2 **イ，オ**
3 (れい)

(1)
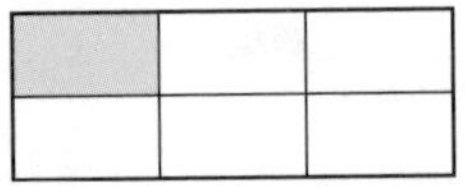

(2)
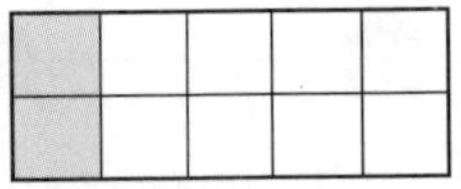

(3)
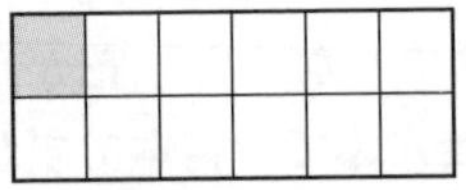

(4)
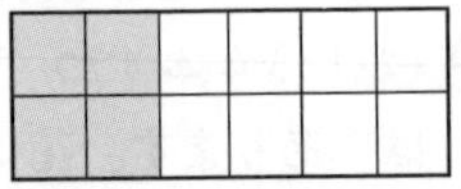

(5)
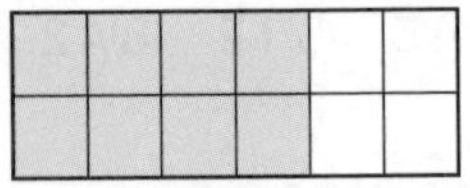

(6)
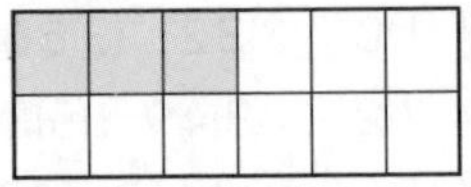

思考力トレーニング　算数㉙　58ページ

(1)**25**（こ）　(2)**25**（こ）　(3)**28**（こ）　(4)**22**（こ）

30 チャレンジテスト 3　59ページ

1 (1)**10**　(2)**32**　(3)**30**　(4)**32**　(5)**42**　(6)**72**
(7)**8**　(8)**56**　(9)**21**　(10)**63**　(11)**45**　(12)**28**
(13)**36**　(14)**16**　(15)**81**
2 (しき)**8×6＝48**　(答《こた》え)**48**(本)
3 (1)
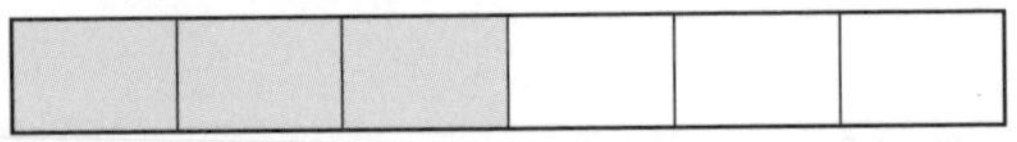

(2)
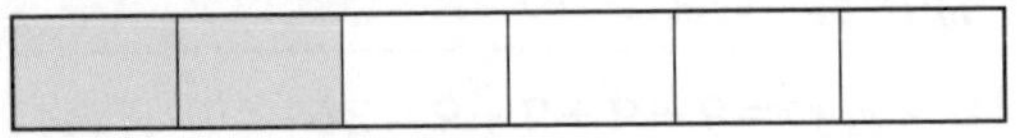

4 (1)**正方形《せいほうけい》**　(2)**直角三角形《ちょっかくさんかくけい》**　(3) **8**（つぶん）
5 (1) 4 cm … **4**（本），5 cm … **4**（本），
7 cm … **4**（本）
(2) **8**（つ）

思考力トレーニング　算数㉚　60ページ

4	1	3	2
2	3	4	1
1	4	2	3
3	2	1	4

31 しあげテスト ①　61ページ

1 (1)**2468**　(2)**8642**
2 (1)**59**　(2)**92**　(3)**134**　(4)**132**　(5)**42**
(6)**36**　(7)**45**　(8)**36**
3 (1)**30**　(2)**1**　(3)**90**

4 (1)**正方形《せいほうけい》** (2)**長方形《ちょうほうけい》**

5 (1)(しき)**18−5=13** (答《こた》え)**13**(番目《ばんめ》)

(2)(しき)**37−13+1=25** (答え)**25**(番目)

アドバイス (1)18 番目より 5 人前とは，18 番目を含めて 5 人前になります。18−5=13 と求めます。

(2)13−1=12　37−12=25 としてもかまいません。13 をひくと，まいさんの位置もなくなるから，1 をもどすことになります。

思考力トレーニング　算数㉛　62 ページ

(1)**2** (2)**6** (3)**3** (4)**4**

32 しあげテスト②　63 ページ

1 (1)**762** (2)**865** (3)**227** (4)**225** (5)**28** (6)**54** (7)**56**

2 (1)**エ** (2)と(3)は右の図《ず》

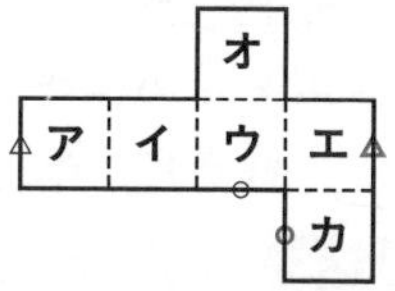

3 18…**2(×)9，9(×)2，3(×)6，6(×)3**

24…**3(×)8，8(×)3，4(×)6，6(×)4**

4 (1)**805** (2)**20，7**

5 (しき)**150−65−55=30** (答《こた》え)**30**(cm)

アドバイス 65+55=120　150−120=30

または，150−(65+55)=30 も考えられます。

思考力トレーニング　算数㉜　64 ページ

(1)19−4−9=6　(2)19+4−9=14

(3)19−4+9=24　(4)19+4+9=32

(5)24+8−9=23　(6)24−8+9=25

(7)24+8+9=41　(8)24−8−9=7

生活

1 2年生に　なったよ　65 ページ

1 (1)**図書室《としょしつ》** (2)**ほけん室** (3)**体《たい》いくかん** (3)**音楽室《おんがくしつ》**

アドバイス 場所のなまえを正しく書くことができるだけでなく，どんなことをする場所なのかを説明することができるようにしましょう。

2 (1)**チューリップ** (2)**タンポポ**

(3)**ナナホシテントウ(テントウムシ)**

(4)**モンシロチョウ(チョウ)**

(5)**ダンゴムシ** (6)**オオバコ**

アドバイス 1 年生の 1 年間で，いろいろな生き物にふれてきました。絵にある生き物は，比較《ひかく》的よく見かけるものです。すべての生き物になまえがあることを伝え，すがた，大きさ，色などにちがいがあることに気づかせましょう。

思考力トレーニング　生活①　66 ページ

2 町たんけんに　でかけよう　67 ページ

1 (1)，(2)，(3)，(4)，(5)に○

注意 懐中《かいちゅう》電灯は必要ないでしょうが，○をつけていたら理由を聞いてみましょう。子どもなりの理由があれば，よいでしょう。探検の目的に合わせて，何を持っていくかを自分で考えることが大切です。

2 (1)**イ** (2)**エ** (3)**ア** (4)**オ** (5)**ウ**

アドバイス (5)ビニールハウスの中はあたたかく，明るくなっています。このようなところでは，冬でも夏野菜が育てやすくなります。

思考力トレーニング　生活②　68 ページ

3 野さいを　そだてよう　69 ページ

1 (1)**トマト** (2)**ダイコン**

(3)**キュウリ** (4)**サツマイモ**

(5)**トウモロコシ** (6)**ニンジン**

(7)**ナス** (8)**ネギ**

2

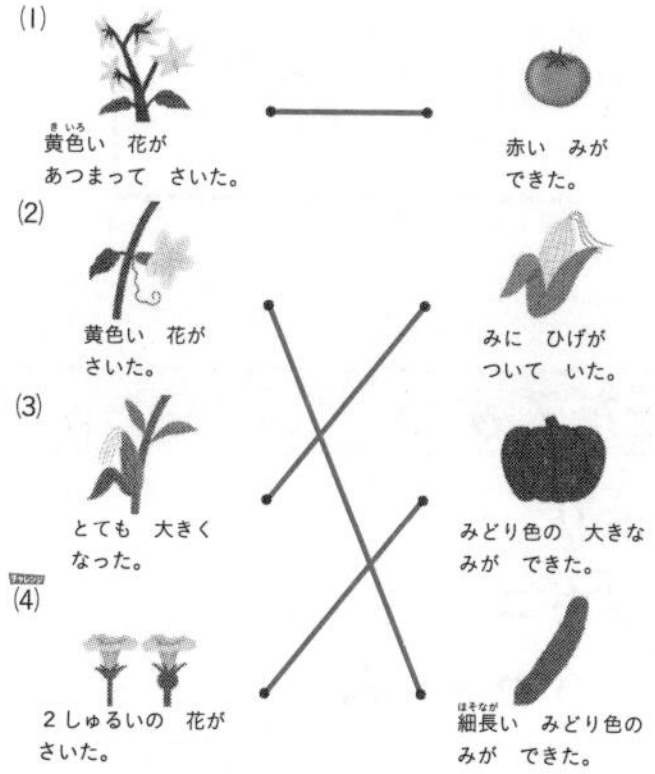

アドバイス 植物によって，そのようすは大きくちがっているので，野菜ごとの特徴《とくちょう》をおさえながら観察を続けることが大切です。

＜野菜のなえのようすと，とれた実の組み合わせを判断するポイント＞

トマト…花が房《ふさ》のように集まって咲《さ》くので，実も連なってできます。

キュウリ…花びらのもとの部分が長い花と，花びらのもとの部分が短い花の２種類の花が咲きます。花びらのもとの部分が長い花をよく観察すると，小さいキュウリの実のような形をした部分があります。

トウモロコシ…花は，実の先についているひげと，くきの先に見られます。

カボチャ…花びらのもとがふくらんでいる花と，花びらのもとがふくらんでいない花の２種類の花が咲きます。花びらのもとがふくらんでいる花が，成長して実ができる花です。

思考力トレーニング　生活❸　70ページ

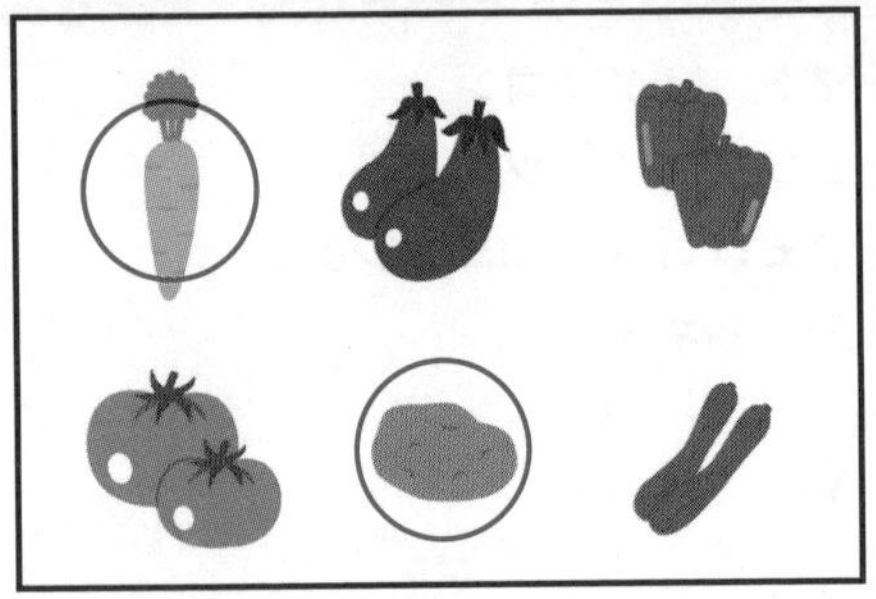

4 生きものを　そだてよう　71ページ

1 (1)**ウサギ**　(2)**ニワトリ**
(3)**あおむし**　(4)**ザリガニ**
(5)**おたまじゃくし**　(6)**カタツムリ**

注意 (3)は「よう虫」でもよいでしょう。

2 (1)①**イ**　②**ウ**　③**エ**　④**ア**
(2)**6**

アドバイス トノサマバッタとカブトムシは，６本のあしが，すべて胸についています。他にもからだが頭，胸，腹の３つの部分に分かれているなどの共通点があります。

思考力トレーニング　生活❹　72ページ

アドバイス アヒルは水鳥で，水辺にすんでいます。そのため，あしには水かきがついています。

5 夏が　やって　きた　73ページ

1 (1)，(2)，(4)**に○**
アドバイス 夏は気温が高いため，水辺での遊びが盛んになります。また，生き物の活動が活発になるため，採集や観察の機会が多くなります。この機会を利用して，身近な生き物を観察し，その特徴《とくちょう》を覚えるようにするとよいでしょう。また，地域で夏に行われる行事に積極的に参加するとよいでしょう。

2 (1)**夏《なつ》**　(2)**あつかった**　(3)**35 ど**
アドバイス 夏日，真夏日，猛暑《もうしょ》日は，最高気温がそれぞれ 25 ℃，30 ℃，35 ℃を超えた日と決められています。

思考力トレーニング　生活❺　74ページ

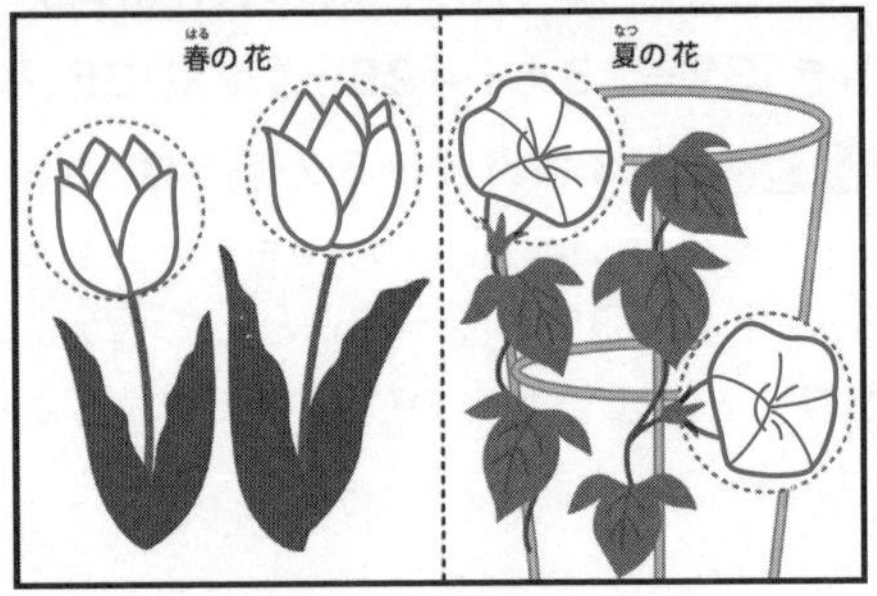

注意 代表的な春の花であるチューリップ，代表的な夏の花であるアサガオがかけていれば正解です。葉の形からチューリップ，アサガオを見分けられるようにしておくとよいでしょう。

6 つくって　あそぼう　75ページ

1 **ペットボトルのふた，カップめんの入れもの，ストロー，竹ぐし，牛《ぎゅう》にゅうパックに○**
アドバイス 牛乳パックが車体《たい》になります。ストローに竹串を通し，その端《はし》には，真ん中に穴をあけたペットボトルのふたを差しこんでタイヤにします。また，風を受ける部分はカップめんの入れ物でつくります。

2 (1)**ウ**
(2)**後《うし》ろの　タイヤの　むきを　前《まえ》の　タイヤの　むきと　同《おな》じに　する。**
(3)**てつ**

注意 (2)タイヤの取りつけ方が，前のタイヤと後ろのタイヤでちがっています。うまく動くようにするには，タイヤをつないでいる棒を，それぞれ同じ向きにする必要があります。タイヤの取りつけ方について考え，適切な説明が書けているならばよいでしょう。
(3)クリップは鉄でできています。磁石は，鉄を引きつける性質をもっています。

思考力トレーニング　生活❻　76ページ

何《なに》が　できるかな？
ウサギ

7 秋が　やって　きた　77ページ

1 (1)**に○**

注意 季節を判断するポイントを絵の中から探します。(1)の絵の中に見られるサツマイモは，秋に収穫される代表的な野菜です。また，(2)の絵の中に見られるツクシやタンポポは，春に見られます。

2 (1)**エ**　(2)**イ，ウ**
(3)**(れい)クリが　たくさん　とれるから。**

アドバイス (3)クリは秋に収穫されます。このクリを使った食品が，秋には多く店に並びます。また，その季節に多くとれる食材を使って，私たちが口にする食品はつくられています。それぞれの季節に店に並ぶ商品を見ていると，その季節に多くとれる農産物をある程度予想することができます。いろいろな商品を見て，農産物の収穫時期について考えるのもよいでしょう。

思考力トレーニング　生活❼　78ページ

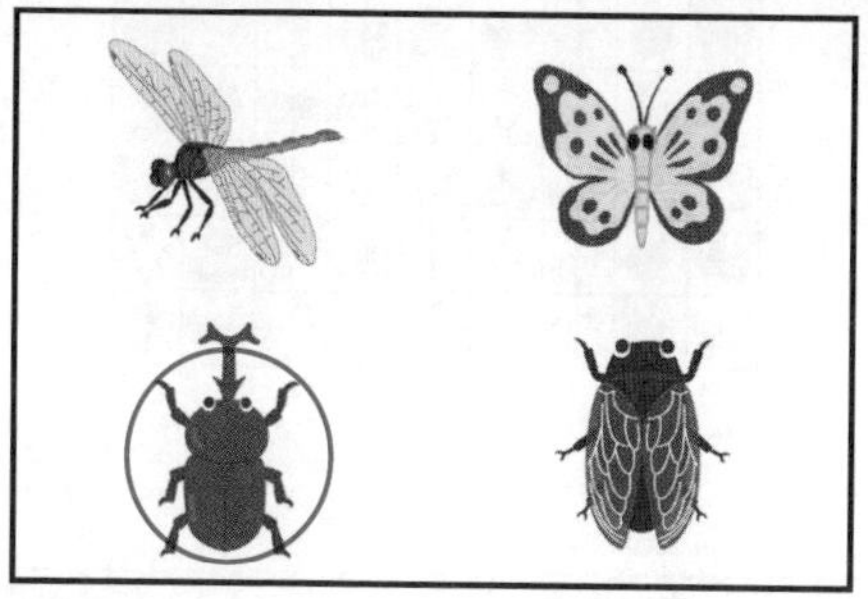

アドバイス トンボは水中に，チョウは葉の裏に，セミは木に産卵します。

8 遠くへ　出かけよう　79ページ

1 (1)〜(4)**すべてに○**

アドバイス (1)行き先をしっかり確認します。
(2)他のお客さんに迷惑をかけないように静かに乗ります。
(3)優先席でなくても，お年寄りや体の不自由な方などには席をゆずることも大切です。
(4)バスから降りるときなど，左右に気をつけて，安全にバスを利用します。

2 (1)**ア，イ**　(2)①**ウ**　②**イ**　(3)**ゆう先せき**

アドバイス (1)少し離れた場所へ行くときは，電車やバスを使うと便利です。電車やバスに乗るためにかかる運賃をどのように支払うのかを覚えるためにも，交通機関を利用する機会を多くもつとよいでしょう。
(3)優先席は，小さな子どもを連れている方，妊婦《にんぷ》の方，お年寄り，体の不自由な方が優先的に座ることができる座席です。また，座席が空いているときは，転倒防止のため，小さな子どもは進んで座るようにします。

思考力トレーニング　生活❽　80ページ

カニ→ニワトリ→リス→
スイカ→カマキリ→リンゴ

9 冬が　やって　きた　81ページ

1 (1)**ウ**　(2)**イ**
(3)**ア**

2 (1)

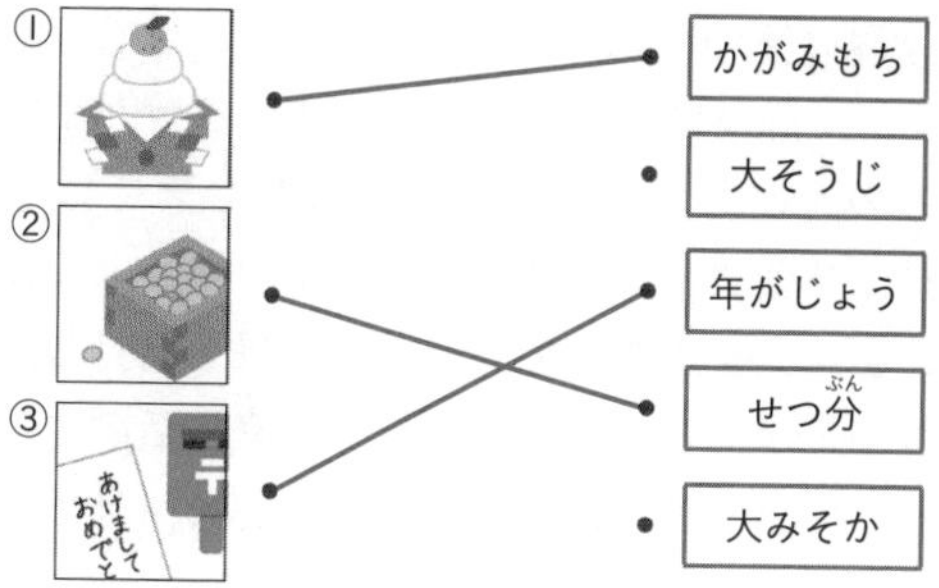
①
②
③
あけましておめでと
かがみもち
大そうじ
年がじょう
せつ分《ぶん》
大みそか

(2)①**ハクサイ**　②**ダイコン**
(3)**土の　中**

アドバイス (2)ダイコンやハクサイは，冬の代表的な野菜です。冬に食べる野菜は，いつごろ，どのようにしてつくられているかを調べるのもよいでしょう。
(3)カエルは冬になると見かけなくなります。これは，カエルが冬の間は土の中にもぐっているためです。これを冬眠といいます。

思考力トレーニング　生活 ⑨　82ページ

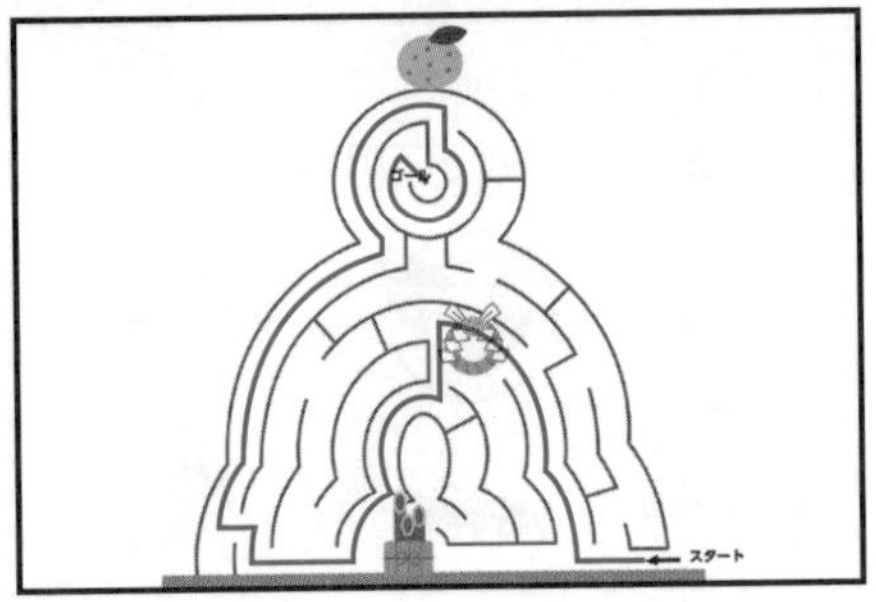

スタート

10 できるように　なったよ　83ページ

1 (1)①**おわった　後《あと》**　②**大きな**　③**ゆっくり**

(2)①**タイトル**　②**しゃしん**

アドバイス (1)話している人のほうを見て，話が終わるまで，静かにきちんと聞きます。自分が話すときは，後ろの人にも伝わるように，大きな声ではっきりと，ゆっくり話すとよいです。自分ができるようになったことを意識することで，自分の成長を自覚し，自信をもつことができるので，学校や家庭生活の中で，がんばってできるようになったことを認め，ほめてあげましょう。

2 (1)**あいさつ**　(2)**水やり**

(3)**(れい)・紙《かみ》しばい，絵本《えほん》，かべ新聞《しんぶん》，ポスターなどを　つくって　はっぴょうする。**

・知《し》らせたい　人に　手紙を　書《か》く。　など

> 注意 (3)伝える手段が，子どもなりに筋道を立ててしっかりと考えられたものであれば，正解としてよいでしょう。

思考力トレーニング　生活 ⑩　84ページ

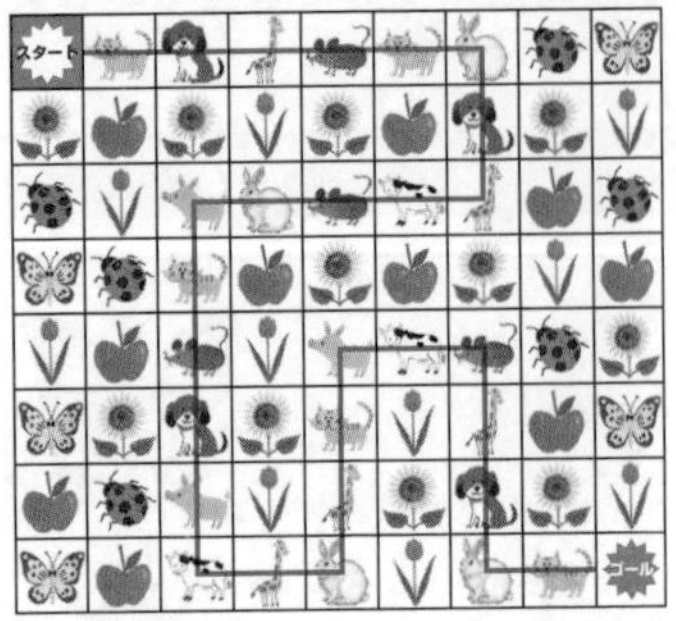

スタート

11 大きく　なったよ　85ページ

1 (1)**①と③に○**

(2)**電話《でんわ》(手紙《てがみ》，電子メール，ファックス)**

(3)①**50 cm**　②**120 cm**

2 (1)**イ**

(2)**トイレットペーパー，新聞紙《しんぶんし》，ダンボール，いんさつ用《よう》の　紙など**

アドバイス 紙の資源は，リサイクルによって，いろいろなものにつくり変えられています。リサイクルとは，資源を再利用することをいいます。

思考力トレーニング　生活 ⑪　86ページ

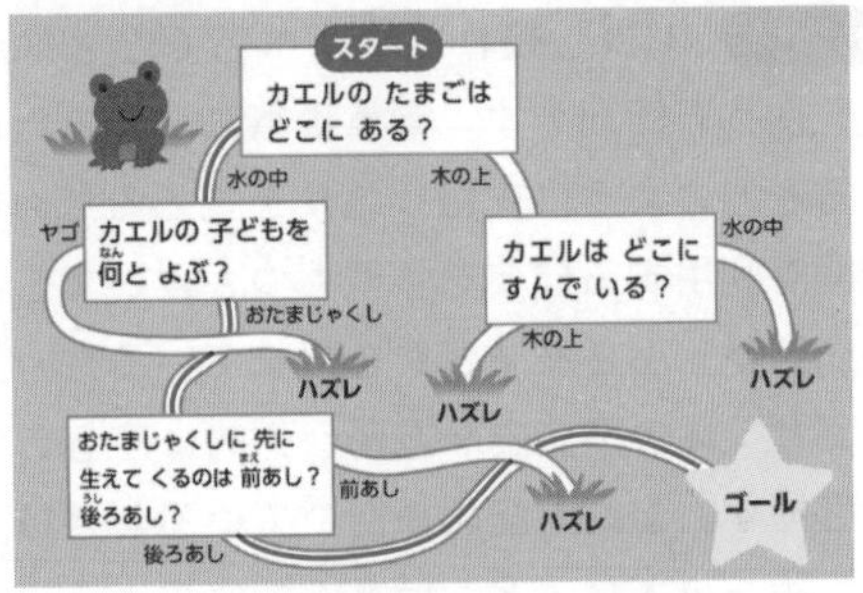

スタート
カエルの たまごは どこに ある？
水の中
木の上
ヤゴ
カエルの 子どもを 何《なん》と よぶ？
おたまじゃくし
カエルは どこに すんで いる？
水の中
木の上
ハズレ
ハズレ
ハズレ
おたまじゃくしに 先に 生えて くるのは 前《まえ》あし？ 後《うし》ろあし？
前あし
後ろあし
ハズレ
ゴール

12 しあげテスト　87ページ

1 (1)**イ**　(2)**ミニトマト**　(3)**ね**

アドバイス (1)(2)実のようすから，ミニトマトであることを見分けられるようにしましょう。

(3)ミニトマトのからだは，根，茎《くき》，葉の３つの部分からできています。このうち根は土中にあり，ミニトマトのからだを土に固定したり，水や養分を吸収したりするはたらきがあります。

2 (1)クワガタ　(2)あおむし　(3)ヤゴ ― 水の　中／草むらや　はたけ／木の　みき

アドバイス あおむしは葉を食べるので，はたけの作物の葉の裏などによくいます。また，ヤゴはトンボの幼虫で，トンボが水中にうんだたまごがかえって，水中でくらしています。

3 (1)①**大きな**　②**記《き》ろく**　③**あいさつ(おれい)**

(2)①**ウ**　②**イ**　③**ア**　④**エ**

アドバイス 手紙を送るときは，はがきや封筒などを使いますが，送る郵便物の重さなどによって，はりつける切手の値段が変わることを伝えるとよいでしょう。

思考力トレーニング　生活 ⑫　88ページ

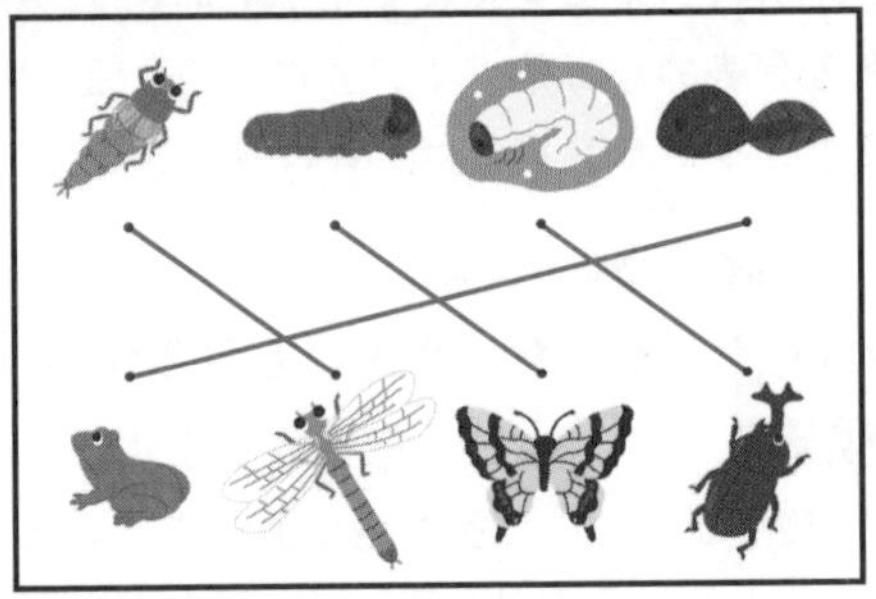

国語

1 かん字の　読み書き ①　89ページ

1 (1)きょう　(2)けさ　(3)まいにち
(4)たいせつ　(5)おんどく　(6)さくぶん
(7)おとな　(8)じかん　(9)かしゅ　(10)しんぶん

2 (1)かあ・とう　(2)はは・ちち　(3)ふぼ
(4)おんな・こ　(5)じょし　(6)おとこ・こ
(7)だんし　(8)く　(9)こ　(10)き

3 (1)当番　(2)交通　(3)毛糸　(4)公園　(5)図画
(6)遠足　(7)午前　(8)午後　(9)名人　(10)雨戸

> 注意　漢字を覚えるときは，とめ・はね・はらい・折れなどもきちんと覚えるようにしましょう。

4 (1)合・会　(2)上手・下手

思考力トレーニング　国語 ①　90ページ

外国語・色紙

2 かん字の　読み書き ②　91ページ

1 (1)春・風　(2)麦　(3)頭・顔　(4)走　(5)算数
(6)考　(7)生活　(8)計算　(9)会話　(10)歌手

2 (1)イ　(2)ア　(3)ア

3 (1)外　(2)妹(兄)　(3)左　(4)後ろ(後)　(5)新しい
(6)少ない　(7)遠い　(8)細い　(9)弱い　(10)高い

4 れい (1)毎年・毎日　(2)図画・地図
(3)色紙・おり紙　(4)工場・広場　(5)読書・音読

思考力トレーニング　国語 ②　92ページ

(1)絵　(2)星　(3)回　(4)親　(5)朝

3 かん字の　読み書き ③　93ページ

1 れい (1)村・校　(2)草・花　(3)話・読
(4)道・通　(5)休・何

2 (1)考える　(2)話す　(3)食べる　(4)行う　(5)通う
(6)楽しい　(7)教える　(8)細かい

3 (1)**14**　(2)**11**　(3)**16**　(4)**10**　(5)**7**

> アドバイス　(5)は，「辶」で，三画です。

4 (1)おとな　(2)ひとり　(3)ついたち(いちにち)
(4)はつか(にじゅうにち)　(5)とうざいなんぼく
(6)しゅんかしゅうとう

5 親友・生活・野原(原野)・当番（順不同《じゅんふどう》）

思考力トレーニング　国語 ③　94ページ

(1)国　(2)本　(3)門

> 注意　(1)のように，音読みと訓読みがちがうものに気をつけましょう。

4 ことばの　つかい方 ①　95ページ

1 (1)ニュース　(2)ケチャップ
(3)クリスマスプレゼント　(4)ニャーニャー
(5)トランペット

2 ぼく~~わ~~、こ~~お~~えんの　ま~~へ~~を　と~~う~~り、
　　は　　う　　　　　え　　　お
ゆうびんき~~ゆ~~くの　ほう~~え~~　はし~~つ~~て
　　　　　ょ　　　　　へ　　　っ
いきました。おね~~い~~さんと　い×しょに
　　　　　　　　え　　　　　っ
きって~~お~~　かいました。
　　　を

3 (1)イ・ア　(2)イ・イ　(3)イ・ア

4 (1)くらい　(2)せまい　(3)ひくい　(4)やすい
(5)かたい

思考力トレーニング　国語 ④　96ページ

(1)やさい　(2)どうぶつ（いきもの）　(3)のりもの
(4)虫（こん虫）

5 ことばの　つかい方 ②　97ページ

1 (1)イ　(2)ア　(3)イ　(4)ア

> アドバイス　相手に合わせてことばづかいが変わることをよく理解しましょう。

2 (1)ア　(2)ア　(3)イ　(4)ウ　(5)ア　(6)ウ

3 (1)パン・工場《こうじょう》　(2)青(い)・空　(3)はく・もの
(4)は・ブラシ　(5)大(きい)・男　(6)のむ・水
(7)雪《ゆき》・けしき　(8)ふで・はこ

4 (1) れい 弟《おとうと》は　まったく　やさいを　食《た》べない。
(2) れい ぜひ、うちに　あそびに　来《き》て　ください。

思考力トレーニング　国語 ⑤　98ページ

(1)ア　(2)ア　(3)イ　(4)イ　(5)ア

6 ことばの　つかい方 ③　99ページ

1 (1)ア　(2)ア　(3)イ　(4)ア　(5)イ　(6)イ　(7)イ
(8)ア　(9)イ　(10)ア

> 注意　発音するときの音で覚えるのではなく，ことばとして覚えるようにしましょう。

2 (1)ウ　(2)イ　(3)エ　(4)ア

3 (1)①ウ　②ア　③エ　④オ　(2)レンズ

4 れい 手に　すみが　ついて　まっ黒《くろ》に　なって
しまった。

思考力トレーニング　国語 ⑥　100ページ

(1)だいこん・くじゃく・ライオン　（ことば）らくだ
(2)すずめ・くり・りす　（ことば）くすり

7 かたかなで　書く　ことば　101ページ

1 (1)ア・イ・ウ・オ（順不同《じゅんふどう》）　(2)イ
(3)㋐①　㋑④　㋒③　㋓②　㋔①

2 れい (1)バス・プリン　(2)カナダ・エリザベス
(3)ニャー・ゴロゴロ

思考力トレーニング　国語 7　102ページ

太

いえ	はな	にんぎょう	びよういん	おんな	かみなり	かがみ
にほん	つばめ	ひろば	**ぽんぷ**	がいこく	えいご	たいこ
じゅうす	**かれんだあ**	**あめりか**	**ぺんぎん**	**びすけっと**	**ばとかあ**	**とらっく**
にもつ	あさひ	**ぷりん**	りょこう	**いぎりす**	おなか	きつね
おかし	**すいす**	いもうと	おしゃかさま	いろがみ	**ばれえぼうる**	さかな
こんくりいと	べんきょう	せんせい	**ろんどん**	おじぞうさま	こうばん	**あんでるせん**
ひがし	ゆき	みどり	えにっき	かぜ	おべんとう	くすりばこ

8 主語と　述語　103ページ

1 (1)ぼくは　(2)先生が　(3)花が

2 れい(1)山が　(2)水が　(3)ひこうきが

3 (1)歌《うた》いました　(2)きれいです　(3)行《い》きました

4 れい(1)しずかです　(2)とびました

(3)おれました　(4)わらいました

5 れい(1)あそびました　(2)来《き》ました

(3)帰《かえ》りました　(4)書《か》きました

思考力トレーニング　国語 8　104ページ

(1)ぶた　(2)しか　(3)いか　(4)いるか　(5)かえる

(のこった　どうぶつ) さる

9 チャレンジテスト 1　105ページ

1 (1)ようか　(2)けらい

2 (1)交わる　(2)晴れる

3 (1)紙　(2)曜　(3)聞　(4)学

4 (1)走《はし》る＋さる　(2)町《まち》＋外《はず》れ(る)

5 (1)うれしい(楽《たの》しい)　(2)ふかい

6 (1)5　(2)5

7 アメリカ・ジョン・エレベーター・ボタン (順不同《じゅんふどう》)

8 れい犬が　えさを　食《た》べる。

思考力トレーニング　国語 9　106ページ

イ

みじか	あま	いた	**うれ**	あたたか	かしこ	わる
ひど	あさ	**かな**	**くる**	**たの**	なが	たか
ひく	**さび**	**やさ**	**おそろ**	**そうぞう**	**おい**	あか
あや	**たのも**	**あたら**	**うつく**	**すず**	**くわ**	**なつか**
あつ	とお	ちいさ	**すばら**	ひろ	にが	から
おも	おおき	**たくま**	**そそっか**	かわ	すご	はや

10 せつ明文を　読む ①　107ページ

1 (1)たて　(2)イ

(3)おりまげた　ところが　羽《はね》に　なったからかもしれません。

(4)「羽の　ある，……　(5)イ

思考力トレーニング　国語 10　108ページ

土				小
地	図		白	鳥
	画	用	紙	
		心		

11 せつ明文を　読む ②　109ページ

1 (1)高《たか》い　ところから　おとして　みましょう。

(2)ふわっふわっと　おちる。　(3)①ア　②ウ

(4)はばが　二センチメートルの　細長《ほそなが》い　形《かたち》。

(5)れいはばが　二センチメートルの　細長い　形に　切《き》りとった　画用紙《がようし》。

(6)(はばが　二センチメートルの　細長い　形に切りとった　画用紙を) よこに　して　おとした　とき。

(7)はばが　四センチメートルの　ものと，六センチメートルの　もの。

アドバイス 文章を読みながら，イメージしましょう。実際に実験してみると，もっとわかりやすいでしょう。

思考力トレーニング　国語 11　110ページ

(1)雲　(2)紙　(3)鳴

アドバイス 熟語は，(1)今夜・黄色　(2)土地・電力　(3)売買・図書・野原(原野)です。

12 せつ明文を　読む ③　111ページ

1 (1)図《ず》かん

(2)タオルと　ハンカチ

(3)①タオル　②ハンカチ

(4)れいタオルは (ハンカチよりも) デコボコしているから。

(5)れい(セミの　ぬけがらが　タオルに) まだしっかりと　くっついて　いた。

思考力トレーニング　国語 12　112ページ

				スタート
気	→	弱		書
↑		↓		↓
元		点		店
↑		↓		↓
手		数		先
↑		ゴール		↓
下	←	上	←	頭

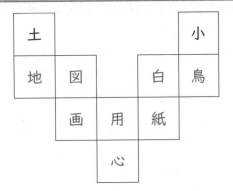

13 せつ明文を　読む ④
113ページ

1 (1) れい 体《からだ》の　色《いろ》を　まわりの　色に　合《あ》わせて　かえる。

(2)はい色　(3)ア

(4) れい 冬《ふゆ》に　なって，雪《ゆき》が　ふって，一めんが　まっ白に　なった　とき。

(5)㋐×　㋑○　㋒○　㋓×

思考力トレーニング　国語⑬
114ページ

	み	い		や		わ
た	が	け		す	だ	た
い	か	と	か	い	ん	し
や	ぬ	と		い	す	ま
き	か	け		す	が	け
や	が	い		や	す	ま
い	み	し	ん	ぶ	ん	し
た	し	ま	し	た	だ	た
		わ	に	の	に	わ

14 せつ明文を　読む ⑤
115ページ

1 (1)①ア　②ウ

(2)しお

(3)①小麦《こむぎ》こ　②水

(4)ア

(5)（右から）3・2・1

思考力トレーニング　国語⑭
116ページ

(1)やぎ　(2)こま

(3)のこぎり　(4)みかん

(5)きりん　(6)おに

（ことば）おこのみやき

15 チャレンジテスト 2
117ページ

1 (1)お正月の　前《まえ》

(2) れい いつもよりも　ねん入りに　そうじを　する。

(3) れい 一年の　間《あいだ》に　たまった　よごれを　おとす　ため。

お正月の　かみさまを　むかえる　ため。

(4)イ　(5)がんばろう

(6)大そうじ（ならわし）

思考力トレーニング　国語⑮
118ページ

円

夏	遠	算	組	番
細	冬	黒	明	黄
紙	歌	弟	買	夜
週	魚	後	園	毎
寺	麦	通	汽	電

16 ものがたりを　読む ①
119ページ

1 (1)①ウ　②イ

(2)（小さな）金の　くびかざり

(3)①えんとつの　てっぺん

②しっぽ　③（きれいに）おそうじ

(4)（ネコ） れい サンタクロースの　おじいさんが，この　お家《うち》を　まちがいなく　見つけて　くれれば　いいがと　思《おも》ったから。

（イヌ） れい サンタおじいさんが，えんとつから　下りて　来《き》ても，そこが　あまり　きれいで　なくては，いやな　気もちに　なって　帰《かえ》って　しまうかも　しれないから。

思考力トレーニング　国語⑯
120ページ

(1)「さる」も　木から　おちる

(2)「ねこ」に　こばん

(3)とらぬ「たぬき」の　かわ算用《さんよう》

(4)「馬」の　耳に　ねんぶつ

(5)立つ「鳥」あとを　にごさず

17 ものがたりを　読む ②
121ページ

1 (1)①ウ　②イ　③ア

注意 ①直前に「おにわ中」とあるので，「完全に，ことごとく」という意味の「すっかり」が入ります。

(2)赤と　青の　すいせんの　花

(3) れい お父《とう》さまが　おにわ中を　ほりかえして，はたけに　して　いた　こと。

注意 「お父さんがすいせんを切ってしまったこと。」という内容でも正解です。

(4)「やあ，うた子か。……」

(5) れい なきたいのを　やっと　がまんして，うらの　草原《くさはら》で　すいせんを　さがした。

思考力トレーニング　国語⑰　122ページ

㋓

アドバイス かなづかいが正しいものは，

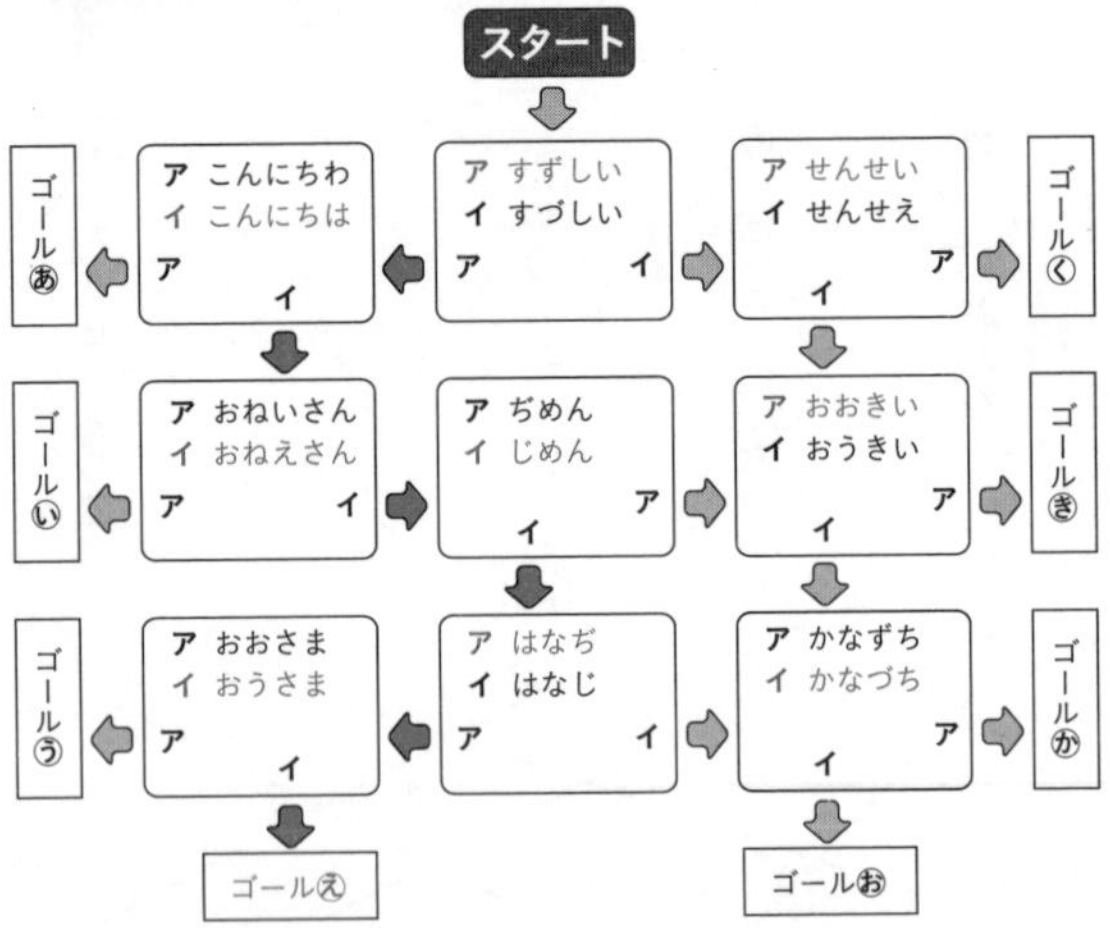

スタート
ア こんにちわ
イ こんにちは
ア すずしい
イ すづしい
ア せんせい
イ せんせえ
ア おねいさん
イ おねえさん
ア ぢめん
イ じめん
ア おおきい
イ おうきい
ア おおさま
イ おうさま
ア はなぢ
イ はなじ
ア かなずち
イ かなづち
ゴール㋐
ゴール㋑
ゴール㋒
ゴール㋓
ゴール㋔
ゴール㋕
ゴール㋖
ゴール㋗

18 ものがたりを　読む ③　123ページ

1 (1)おんどり
(2)(ろば)ひひん（と　わめいた。）
(犬)わんわん（ほえたてた。）
(ねこ)にゃおん（と　ないた。）
(おんどり)こけこっこう(と，ときを　つくった。)
(3)れい たいへんな　かいぶつが　とびこんで
来《き》たと　考《かんが》えたから。
(4)四人組《ぐみ》

注意 (3)は「四人組がとびこんだから。」という内容が書かれていても正解です。

思考力トレーニング　国語⑱　124ページ

(1)ハブラシ　(2)まくら　(3)なみだ　(4)つき
(5)のはら　(6)ひこうき　(7)りんご　(8)なふだ
(9)なわとび
(ことば)なのはな・ひなまつり

19 ものがたりを　読む ④　125ページ

1 (1)①エ　②イ
(2)コウくんの　（草色《くさいろ》の）マフラー
(3)イ　(4)北風《きたかぜ》　(5)ア

思考力トレーニング　国語⑲　126ページ

(1)①三　(2)②百　③一　(3)④一　(4)⑤三
（答《こた》え）108（百八）

20 ものがたりを　読む ⑤　127ページ

1 (1)①メグ　②エミイ
(2)(エミイ)エ　(ジョウ)ア
(3)ア　(4)ウ　(5)かわいい　子

思考力トレーニング　国語⑳　128ページ

いちご

21 しを　読む ①　129ページ

1 (1)草の　色《いろ》から　（とびだす。）　(2)はっぱ
(3)れい ピョンと　とばないように　する。（じっとしている。）
(4)ア　(5)イ
(6)ピョンと　とびたい。

アドバイス 繰り返しの表現を使った，リズム感のある詩です。問題でたずねられている言葉を詩の中に探すと，すぐ答えが見つかります。

思考力トレーニング　国語㉑　130ページ

(1)鳥　(2)聞　(3)教　(4)園　(5)線　(6)数　(7)頭
(8)番

22 しを　読む ②　131ページ

1 (1)五つ　(2)きみ
(3)れい (きみが)　さかあがりや　しりあがりや　あしかけあがりするのを
(4)イ

思考力トレーニング　国語㉒　132ページ

(1)れい ルール・ボート・スープ・ガーゼ・ビール・ゴール・ノート・カーブなど
(2)れい けいさん・かいだん・かいいん・にいさん・かいさん・かいがん・えいえんなど

23 しを　読む ③　133ページ

1 (1)イ　(2)なみ　(3)なみ　(4)イ　(5)かな　(6)イ

思考力トレーニング　国語㉓　134ページ

地形

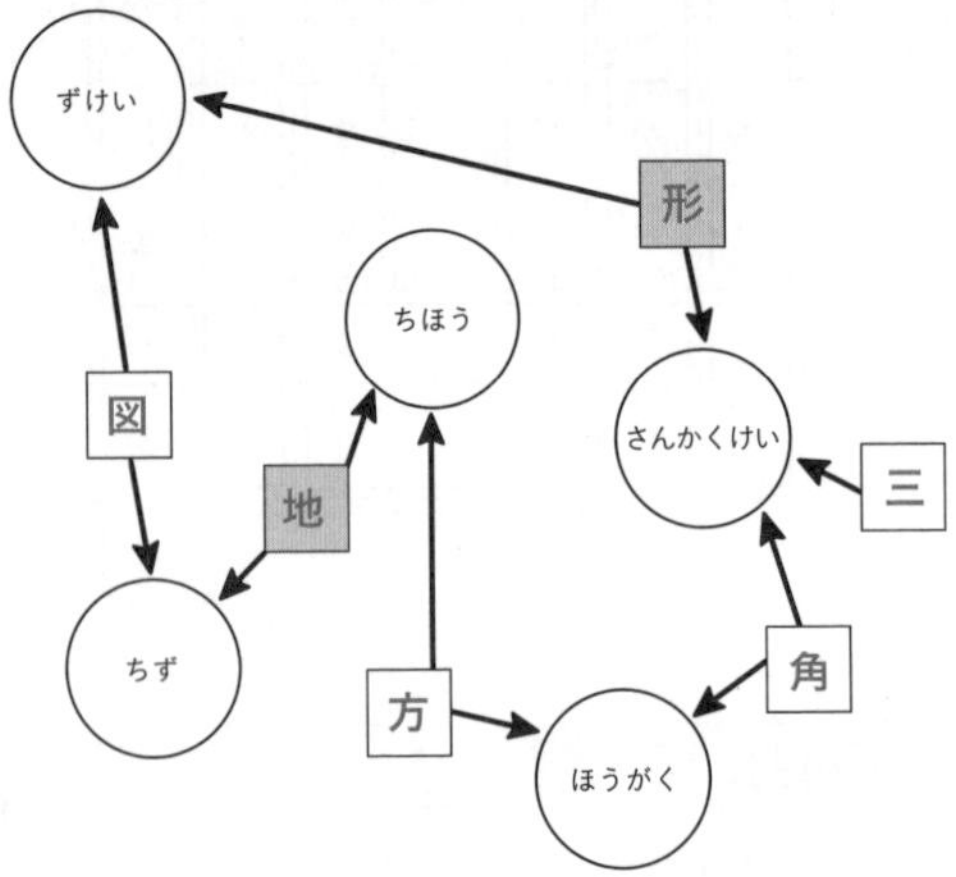

ずけい
形
図
ちほう
地
さんかくけい
三
ちず
方
角
ほうがく

24 チャレンジテスト 3　135ページ

1 (1)イ
(2)れい・海《うみ》の　上へ　のり出して，なみの　上を　とぶように　走《はし》る　こと。
ほづなを　びゅうびゅう　うならせて　ふいてゆく，風《かぜ》の　音を　聞《き》く　こと。
(3)れい いそいで　いろいろの　しなものを　買《か》いあつめた。
(4)こうかい

思考力トレーニング　国語 ㉔　136ページ

高				時
山	村		人	間
	中	学	生	
		校		

25 作文の　力 ①　137ページ

1 イ

2 日曜日《にちようび》に，昼《ひる》ごはんを　食《た》べて　いたら，きゅうに　ぐらっと　しました。上を　見ると，電気《でんき》の　ひもが，ゆれて　いました。

3 (右から)⑴２４３（１）５／３２４（１）５
⑵（１）３２４５

4 右の　とおり

と	¬	
、	あ	ひ
う	さ	ろ
れ	が	こ
し	お	ち
そ	の	ゃ
う	花	ん
に	が	が
言	、	、
い	さ	
ま	い	
し	た	
た	よ	
。	」。	

注意　原稿用紙の使い方もしっかりと身につけるようにしましょう。また，点や丸の使い方にも慣れるようにしましょう。

思考力トレーニング　国語 ㉕　138ページ

⑴親　⑵日　⑶男

26 作文の　力 ②　139ページ

1 ⑴先週《せんしゅう》の　水曜日《すいようび》
⑵①ウ　②イ　③ア
⑶グループごとに　のった。
⑷くだものやさん・やおやさん・ようふくやさん・パンやさん（順不同《じゅんふどう》）
⑸「お店《みせ》の……かかりますか。」
⑹お店の　人たちの　しごとは　たいへんだなと　思《おも》いました。

思考力トレーニング　国語 ㉖　140ページ

（かずき）クッキー　（みほ）あめ
（まさみ）ポテトチップス
（さとし）せんべい

アドバイス　さとし→まさみ→かずき→みほの順に考えましょう。

27 作文の　力 ③　141ページ

1 ⑴クラスぜんいん
⑵教室《きょうしつ》・ろう下・なかよし学級《がっきゅう》（順不同《じゅんふどう》）
⑶教室の　ほうきがかり
⑷つくえを　みんな　後《うし》ろに　はこんで　しまうから。
⑸（かかり）はこびがかり
（しごと）つくえと　いすを　はこぶ。
⑹六つ

思考力トレーニング　国語 ㉗　142ページ

⑴ れい スーパー・コーヒー・ビーバー・クーラー・コーナー・チーターなど
⑵ れい おきどけい・おおわらい・おてつだい・おこづかい・おまじない・おもしろいなど
⑶ れい さんぜんえん・よんぷんかん・よんばんせん・でんごんばん・さんねんぶんなど

28 作文の　力 ④　143ページ

1 ⑴①弟《おとうと》が(は)　おもちゃを　こわしました。
②おもちゃが(は)　こわれました。
⑵①ひろしが(は)　テレビを　つけました。
②テレビが(は)　つきました。

2 お母《かあ》さんに，
「あしたは　おべんとうが　いるんだよ。」
と　言《い》いました。お母さんは　いそがしそうでしたが，
「がんばって　作《つく》るよ。」
と　言って　くれました。あしたの　おべんとうが　とても　楽《たの》しみです。

3 ①ウ　②ア　③イ

思考力トレーニング　国語 ㉘　144ページ

⑴したを　まく　⑵くちが　かるい
⑶はなに　かける　⑷はが　たたない

アドバイス　それぞれの慣用句の意味も覚えておきましょう。また，よく耳にする慣用句も合わせて覚え，使えるようになるとよいでしょう。

29 チャレンジテスト ４　145ページ

1 ⑴（右から）４２５（１）３　⑵ア　⑶ア
⑷「いいの。……するよ。」
「なんて，……ぼうやだろう。」

2 ⑴ア　⑵イ

3 れい わたしは，スポーツに　ぜんぜん　きょうみが　ない。

思考力トレーニング　国語 ㉙　146ページ

⑴ れい 日・中
⑵ れい 古・目・田など
⑶ れい 虫・百・早・自など

アドバイス 他に(2)には「白・右・石・由・申・占・甲・可・旧・旦」など，(3)には「曲・司・吉・舌・仲・合・団・因・吐」などがあります。

30 しあげテスト ① 147ページ

1 (1)れい 町が　でき，そこで　おおぜいの　人が　くらすように　なったから。

(2)①イ　②ウ

(3)れい 火じを　一早く　見つけ，広《ひろ》がるのを　ふせぐ　ことが　できる。

(4)れい やねから　おちる　雨水が　おけに　たまる　しくみ。

(5)ウ

注意 「火の見やぐら」と「天水おけ」は、江戸時代に火事に対する備えとして作られたものです。どちらも火事がおこらないようにするものではなく，燃え広がらないようにするためのものです。

思考力トレーニング　国語 ㉚ 148ページ

りんご・とまと（順不同《じゅんふどう》）

31 しあげテスト ② 149ページ

1 (1)①ア　②ウ　③イ

(2)①ウ　②イ　③ア

(3)①ウ　②ア　③イ

2 ①は(が)　②を　③が(は)　④に

3 (1)ぼくは，　(2)妹《いもうと》は　お人形《にんぎょう》で　あそび，

(3)今《こん》どは，　(4)ぼくの　書《か》いた　手紙《てがみ》が，

4 (1)ア　(2)イ　(3)ア　(4)イ　(5)ウ　(6)ア

アドバイス 言葉を増やし，その意味を理解して，ふだんから使う機会を多く持つようにしましょう。

思考力トレーニング　国語 ㉛ 150ページ

エ

アドバイス それぞれ，アくつや，イ本や，ウ肉や，エケーキやです。

32 しあげテスト ③ 151ページ

1 (1)つばきの　木

(2)①牛《うし》　②れい つばきの　は

(3)(もうしわけに、) 牛の　首《くび》ったまを，たづなで　ぴしりと　うちました。

(4)れい (大人《おとな》なのに)　まるで　子どもを　しかるように　さんざん　しかりとばした。

(5)れい もとのように　つばきの　はを　つける　こと。

(6)「さあ、何《なん》でも……しめせ。」

思考力トレーニング　国語 ㉜ 152ページ

雨上（がりの）青空

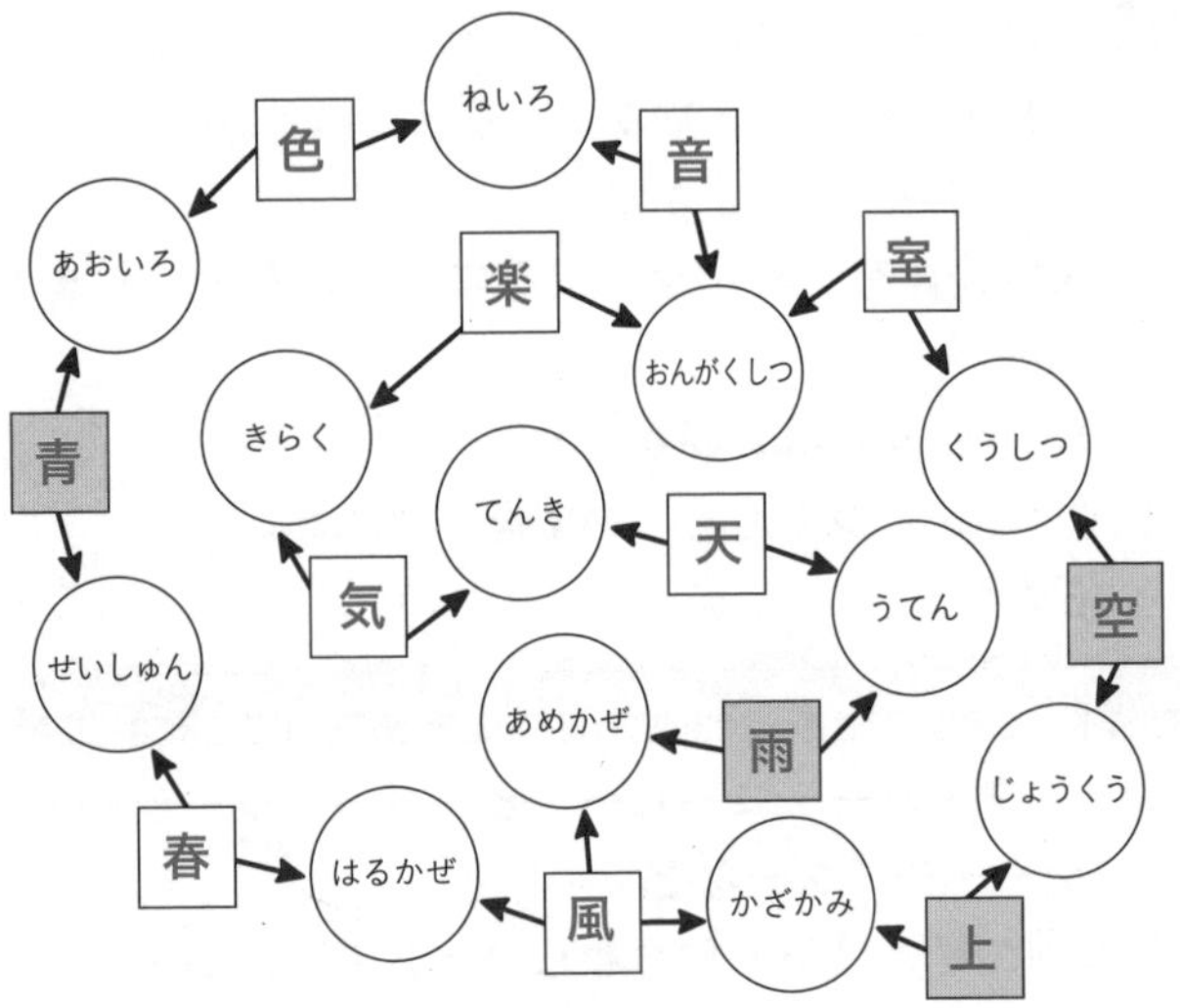